Abhinavagupta (um 950 bis frühes 11. Jahrhundert n. Chr.) war einer der bedeutendsten Geister, die Indien je hervorgebracht hat. Seine vielfältige Begabung erstreckte sich auf so verschiedene Gebiete wie Philosophie, Ästhetik, Poetik, Musiktheorie, Sanskrit-Grammatik, alle Schulen und Texte des Tantrismus und, als Krönung aller Erkenntnis, auf die Mystik. Aus seinem reichen Schrifttum hat Bettina Bäumer sieben Kapitel aus dem *Tantrasāra* (»Die Essenz der Tantras«) sowie den Großteil der Hymnen ausgewählt, die jeweils nach einer ausführlichen Einführung in deutscher Übersetzung dargeboten werden. Eine umfangreiche Einleitung skizziert den Śivaismus von Kaschmir und informiert über Abhinavaguptas Leben und Werk.

Prof. Dr. Dr. h. c. Bettina Bäumer, 1940 in Salzburg geboren, ist eine der besten Kennerinnen des Sanskritschrifttums, mit Übersetzungen einiger Grundtexte ins Deutsche und Englische. Sie lebt seit über 50 Jahren in Varanasi, Indien, wo sie zurzeit eine Forschungsbibliothek leitet (Abhinavagupta Research Library). Sie war Gastprofessorin an den Universitäten von Wien, Bern und Salzburg und Fellow am Indian Institute of Advanced Study, Shimla. Ihre Spezialgebiete sind der nichtdualistische Śivaismus von Kaschmir, indische Kunst und Ästhetik, insbesondere Tempelarchitektur und Theorie von Odisha (Ostindien). Sie ist auch engagiert im interreligiösen Dialog zwischen Hinduismus und Christentum, besonders in ihrer langjährigen Rolle als Präsidentin der Abhishiktananda Society, Delhi.

VERLAG DER
WELTRELIGIONEN
TASCHENBUCH
22

BETTINA BÄUMER

DIE SPIRITUALITÄT DER TANTRAS

ABHINAVAGUPTAS
DIE ESSENZ DER TANTRAS UND *HYMNEN*

VERLAG DER
WELTRELIGIONEN

Die Ausgabe wird gefördert durch
die Udo Keller Stiftung Forum Humanum

Klimaneutral
Druckprodukt
ClimatePartner.com/14438-2110-1001

Aktualisierte und erweiterte Neuauflage
Erste Auflage 2022

Erstveröffentlichung in der Benziger Verlag AG Zürich 1992
Umschlaggestaltung: Hermann Michels und Regina Göllner
Satz: Satz-Offizin Hümmer GmbH, Waldbüttelbrunn
Druck: Pustet, Regensburg
Printed in Germany
ISBN 978-3-458-72022-5

www.insel-verlag.de

DIE SPIRITUALITÄT DER TANTRAS

श्रीगुरवे शिवाय नमः

śrīgurave śivāya namaḥ

Swami Lakshman Joo Brahmacari,
dem Meister

INHALT

VORWORT

Der sogenannte Śivaismus von Kaschmir ist eines der reichsten und eindrücklichsten religiös-philosophischen Systeme des Hinduismus mit einer vollständig ausgearbeiteten Philosophie, einer hoch entwickelten Mystik, einem an Symbolik reichen Ritual und einer theologisch fundierten Ästhetik und Psychologie. Trotz seiner umfangreichen Literatur auf all diesen Gebieten ist er im Westen noch fast unbekannt, und auch in Indien wurde er bis vor kurzem nicht unter den philosophischen Schulen gelehrt, weil er nicht zur vedischen Orthodoxie gehört wie die sechs klassischen Systeme (Darśana).

Schon hier muss betont werden, dass dieses System, wie fast alle indische Philosophie, nicht mit einem abendländischen Denksystem verglichen werden kann, auch wenn es dessen epistemologischen Ansprüchen genügen würde; denn es handelt sich um ein Denken, das aus der mystischen Erfahrung entspringt und wieder zu ihr hinführen will. Es kann nie von der Spiritualität getrennt werden, die es trägt, weshalb Praxis und Theorie, Yoga und Jñāna, nur in Verbindung miteinander sinnvoll sind.

Es sind heutzutage im Westen viele, meist falsch verstandene Theorien und Praktiken des Tantrismus verbreitet, doch die authentische Tradition, wie sie im Śivaismus von Kaschmir überliefert ist, ist noch kaum bekannt. Wie bei allen spirituellen Traditionen, die heute verflachen und dem Missbrauch ausgesetzt sind, geht es auch hier darum, zu den Quellen zurückzukehren und sie in ihrer Reinheit und Lebendigkeit neu zu entdecken. Der vorliegende Band will einen Beitrag in dieser Richtung leisten. Es ist mir dabei bewusst, wie schwierig es ist, eine so umfassende Tradition auf wenigen Seiten darzustellen.

Hier mag ein persönliches Geständnis am Platz sein. Dieses System übt seit über 50 Jahren eine große Faszination auf mich aus, weshalb ich zunächst begonnen habe, seine Texte im Original zu studieren. Der Kontakt mit den Vermittlern und Interpreten dieser Tradition in europäischen Sprachen, Lilian Silburn und Jaideva Singh, sowie mit den Pandits[1] von Banaras, Gopinath Kaviraj, H. N. Chakravarty und V. V. Dvivedi, hat mich weiter in diesem Studium ermutigt. Doch verdanke ich es der Begegnung mit dem letzten Meister der Tradition, Swami Lakshman Joo,[2] dass ich einen direkten Zugang zu ihr gewinnen konnte und die Texte in ihrem erfahrungsgemäßen Kontext zu begreifen begann. Der Unterschied zwischen dem bloßen Lesen und der lebendigen Begegnung mit der Tradition kann damit verglichen werden, ob jemand den Himalaya nur auf der Landkarte gesehen oder ihn selbst durchwandert hat.

Wenn man eine religiöse Tradition wieder ins Bewusstsein rufen will, so bedeutet das auch, dass man an deren Relevanz für die geistige Situation der Zeit glaubt. Es ist nicht zufällig, dass zum Beispiel die deutsche Indologie sich zu verschiedenen Zeiten bestimmten Traditionen zugewandt hat[3] wie dem Veda in der frühen, von der Romantik beeinflussten Zeit, dann dem Vedānta und später dem Buddhismus. Abgesehen von der oberflächlichen ›Mode‹ des Tantrismus enthält die Spiritualität des kaschmirischen Śivaismus Elemente, die der Menschheit am Wendepunkt der heutigen Zeit eine große geistige Hilfe sein können – um nur einen Aspekt zu erwähnen: die positive Bewertung der Welt und des Leibes im Licht einer hoch entwickelten Mystik.

[1] Pandit: traditioneller Sanskrit-Gelehrter.

[2] Seine Bücher (siehe Literaturverzeichnis) sind unter den Namen Pandit Lakshman Raina, Rājānaka Lakṣmaṇa sowie Swami Lakshman Jee erschienen (Joo, ausgesprochen wie *dschu*, ist in Kaschmiri ein Suffix, das Ehrerbietung ausdrückt).

[3] Vgl. Wilhelm Halbfass, *Indien und Europa, Perspektiven ihrer geistigen Begegnung*, Basel und Stuttgart 1981, wo er diese geistesgeschichtlichen Zusammenhänge nachweist.

Darüber hinaus scheint gerade diese Tradition besonders geeignet zu sein, in einen spirituellen Dialog mit dem Christentum einzutreten, der aber noch kaum begonnen hat.[1] Dieser Dialog der religiösen Traditionen auf der spirituellen Ebene ist heute mehr denn je nötig, wenn nicht der Fundamentalismus die Religionen zu Werkzeugen der Trennung statt der Vereinigung der Menschen machen soll. Doch kann dieses brennende Thema hier nur angedeutet werden.

Dieses Buch erschien in seiner ursprünglichen Fassung unter dem Titel »Abhinavagupta, Wege ins Licht« in der Reihe »Klassiker der östlichen Meditation: Spiritualität Indiens«. Nicht zuletzt war es der Anregung des Herausgebers dieser Reihe, Martin Kämpchen, zu verdanken, dass es seinerzeit das Licht des Tages erblickte. Der Erfolg und das hohe Niveau dieser Reihe über Indiens Spiritualität waren die Frucht seines engagierten Einsatzes. Sie hat in den Lesern ein authentisches Bild der reichen spirituellen Traditionen Indiens erweckt und einen Dienst des Brückenschlags zwischen den Religionen geleistet.

In den dreißig Jahren seit dem ersten Erscheinen dieses Buches ist sehr viel an Forschungsarbeit auf dem Gebiet des nichtdualistischen Śivaismus von Kaschmir geleistet worden. Texte und Übersetzungen wurden publiziert[2] und es gibt neue Forschungsergebnisse gerade auch in Bezug auf Abhinavagupta. Im Zug des tausendjährigen Jubiläums seiner Geburt in den Jahren 2016-2021 fand eine Reihe von Konferenzen statt, die seinen einmaligen Beitrag zu verschiedenen Disziplinen wie Philosophie, Ästhetik, Tantra, Hermeneutik, Poetik, Musikwissenschaft usw. in ein neues Licht gerückt haben (teilweise noch unpubliziert). Ergebnisse dieser Forschungen sind auch in diese neubearbeitete Einführung in den großen Mystiker eingeflossen.

Für diese Neuausgabe wurde nicht nur der gesamte Text

[1] Vgl. das Seminar über »Śaiva and Christian Mysticism«, Rajpur, November 1990, siehe Literaturverzeichnis (hg. von B. Bäumer).

[2] Dafür verweise ich auf das Literaturverzeichnis.

durchgesehen und die Literatur aktualisiert, sondern auch ein weiteres Kapitel aus dem *Tantrasāra* hinzugefügt. Darüber hinaus wird nun auch der Sanskrittext der Stotras in Devanāgarī und Transkription geboten.

Nach dreißig Jahren hat das Thema der Spiritualität der Tantras an Brisanz gewonnen und ist ein wichtiger Beitrag zu einem authentischen Verständnis einer höchst relevanten spirituellen Integration der Welt mit dem Göttlichen. Diese umfassende Spiritualität kann auf die aktuellen Probleme einer von Konflikten befallenen und gespaltenen Welt angewendet werden und zur Einheit beitragen.[1]

Varanasi, den 24. September 2021 Bettina Bäumer

[1] Vgl. eine Konferenz über Naturwissenschaft und Spiritualität: *Science and Spirituality. Bridges of Understanding*, hg. von Bettina Sharada Bäumer, Shivam Srivastava, Shimla (IIAS) und New Delhi 2020, besonders den Beitrag über »Trika Śaivism of Kashmir and its Insights for a Dialogue with Science«.

EINLEITUNG

Abhinavagupta (Mitte des 10. bis 11. Jahrhundert), Meister auf den Gebieten der Mystik, der Philosophie, der Ästhetik und Poetik, der Musikwissenschaft und Dramaturgie, und Gelehrter aller Schulen des Tantrismus, ist der bedeutendste Vertreter des kaschmirischen Śivaismus, dessen Werk, sowohl in Indien wie in Europa, erst im 20. Jahrhundert in all seinen Dimensionen wiederentdeckt wurde. Bevor wir auf seine Werke eingehen, müssen wir in Kürze den historischen Hintergrund, seine Quellen sowie die Metaphysik und Spiritualität des Tantrismus im Allgemeinen und des Śivaismus erhellen.

Der Śivaismus von Kaschmir

Der Name »kaschmirischer Śivaismus«[1] hat sich allgemein eingebürgert als Bezeichnung der nichtdualistischen Schule des Śivaismus in Kaschmir, die sich selbst aus einer Mehrzahl von tantrischen und philosophisch-mystischen Traditionen zusammensetzt. *Śivaismus* ist zunächst eine allgemeine Bezeichnung für alle Traditionen, deren höchster Gott und absolutes Prinzip *Śiva* ist, »der Gnädige«. Mit anderen Namen wird er auch *Mahādeva*, »der große Gott«, *Parameśvara*, »der höchste Herr«, *Śaṅkara*, »der Friedensspender«, *Śambhu*, »der Glückbringende, Gütige«, genannt, in dieser Tradition aber besonders *Bhairava*, »der Furchtbare«. Diesen Namen erklärt Abhinavagupta auf verschiedene Weise:

Er wird Bhairava genannt, weil Er das Universum trägt, al-

[1] Geprägt von J. C. Chatterji, *Kashmir Shaivism*, 1914. Die genauen Angaben zu abgekürzt zitierter Literatur finden sich im Literaturverzeichnis am Ende.

les erfüllt, und indem er es trägt, ist er auch getragen (d.h. immanent). Er ist der in allem erklingende Laut (*rava*) durch sein Bewusstsein, und er beschützt alle, die in der Welt des *saṃsāra* von Furcht (*bhaya*) erfüllt sind.[1]

Während dieses Merkmal des Glaubens an Śiva allen śivaitischen Traditionen gemeinsam ist, unterscheiden sie sich stark voneinander, was die Theologie, die religiöse Praxis und auch die Spiritualität betrifft. Um nur einige Traditionen zu nennen, die in Kaschmir vor dem 10. Jahrhundert existierten: Der Śaiva Siddhānta, der noch heute in Südindien sehr lebendig ist und das Tempelritual bestimmt, enthält eine dualistische Lehre, die zwischen Seele und Gott auch noch im Zustand der Erlösung unterscheidet. Die Religion der Pāśupata war eine extrem asketische Schule, und ebenso der Kult von Lakulīśa. Die Tradition der Kāpālika (der »Schädeltragenden«) enthält ebenfalls Praktiken, die die gesellschaftlichen Normen überschreiten. Diese Schulen wurden daher auch als »der Weg des Überschreitens« (*atimārga*) bezeichnet.

Es ist nicht möglich, hier eine Geschichte des Śivaismus und seiner verschiedenen Ausformungen zu skizzieren, und wir müssen uns darauf beschränken, die Schule zu definieren, die als »kaschmirischer Śivaismus« bezeichnet wird. Da es im Kaschmir des Mittelalters mehrere Schulen des Śivaismus gab, wäre es präziser, dieses System »nichtdualistischer Śivaismus von Kaschmir« zu nennen. Dieser Name ist natürlich eine Fremdbezeichnung, die sich auf den geographischen Ort bezieht, wo die Tradition entstanden ist, auch wenn sie keinesfalls auf Kaschmir beschränkt blieb. Andere Namen haben die Autoren der Schule selber verwendet, wie: *Śivādvayavāda* oder *Śivādvaita*, »die Lehre von der Nichtdualität mit Śiva«, *Trika*, »die dreifaltige Lehre«, *Svātantryavāda*, »die Lehre von der göttlichen Freiheit« (oder: von der absoluten Autonomie), *Bhairavaśāstra* oder *Bhairavaśāsana*, »die Tradition des höchsten Gottes Bhairava«, oder auch *Pratyabhijñā*, »die Lehre vom Wie-

[1] Vgl. TĀ I.95-96, den Beginn einer langen Hermeneutik des Namens und der Eigenschaften des Gottes.

dererkennen«, die vor allem den philosophischen Zweig der gesamten Tradition bezeichnet, ähnlich wie die anderen Systeme, die darin aufgegangen sind: *Spanda*, »die Lehre von der Vibration (oder: der universalen Schwingung)«, *Kula*, »die Schule der Gesamtheit (der ›Familie‹)«, und *Krama*, »die Schule des stufenweisen Aufsteigens«. Wenn ich im Folgenden von »Śivaismus« oder »Trika« spreche, so ist damit die gesamte Tradition des kaschmirischen Śivaismus gemeint.

Kaschmir, der landschaftlich reizvolle Himalayastaat im Nordwesten Indiens, war im Mittelalter ein Zentrum religiösen Lebens sowie wissenschaftlicher und literarischer Tätigkeiten. Die verschiedensten Traditionen des Buddhismus, des Śivaismus, der vedischen Überlieferungen und des Viṣṇuismus waren dort lebendig und blieben es zumindest bis zur letzten Phase der Invasion der Muslim-Herrscher im 14. Jahrhundert. Trotz seiner relativen geographischen Abgeschlossenheit, eingebettet in hohes Gebirge, bestand ein reger religiöser, kultureller und literarischer Austausch mit anderen Teilen Indiens, mit dem Osten, dem Süden und auch dem Südwesten. Schon früh war Kaschmir ein Zentrum des Buddhismus[1] und sogar Schauplatz eines wichtigen Konzils im 1. Jahrhundert, in dem ein Teil des buddhistischen Kanons kodifiziert wurde. Viele buddhistische Klöster und philosophische Schulen blühten hier, und von hier aus verbreitete sich auch der Buddhismus nach Zentralasien und Tibet. Diese Einflüsse reichten bis nach China. Übersetzungen buddhistischer Texte ins Tibetische und Chinesische nahmen ebenfalls ihren Ausgang von Kaschmir. Es ist nicht möglich, hier auf historische Details einzugehen, doch ist dieser Hintergrund von Bedeutung auch für die Beziehungen zwischen Buddhismus und Śivaismus.

Kaschmir war zudem auf anderen Gebieten wegweisend für die indische Kultur. So verdanken wir zum Beispiel die

[1] Vgl. die ausgezeichnete historische Darstellung bei Jean Naudou, *Les bouddhistes kaśmiriens au moyen âge*, Paris 1968; engl.: *Buddhists of Kaśmīr*, Delhi 1980.

einzige indische Geschichtschronik, die *Rājataraṅginī*, dem kaschmirischen Autor Kalhaṇa aus dem 12. Jahrhundert. Diese Chronik beschränkt sich zwar hauptsächlich auf die weltliche Geschichte, doch finden wir in ihr auch eine Erwähnung der Meister des Śivaismus, die die »Vollkommenen« (*siddha*) genannt wurden: »Zur Zeit von Avantivarman (d. h. im 9. Jahrhundert) stiegen der berühmte Bhaṭṭa Kallaṭa und andere *siddha* auf die Erde herab zum Heil der Menschen« (Vers 66).

Ferner verdanken wir Kaschmir wichtige literarische Werke in Sanskrit wie die Erzählungssammlung *Kathāsaritsāgara* von Somadeva, poetische und satirische Werke von Kṣemendra und bedeutende Werke der Poetik und Ästhetik, wovon besonders Ānandavardhanas *Dhvanyāloka* erwähnt werden soll, der von Abhinavagupta ausführlich kommentiert wurde. Kurz gesagt, Kaschmir war vor der islamischen Einwanderung ein Zentrum der Gelehrsamkeit, zu dem auch Gelehrte und Pilger aus anderen Teilen Indiens, aus Tibet und China zum Studium kamen. Es war nicht nur eine elitäre Bildung, sondern die Quellen bezeugen, dass sogar die Frauen dort die Hochsprache Sanskrit sprachen – ein Zeichen für das hohe kulturelle Niveau.[1]

Neben dem Buddhismus waren die hinduistischen Systeme des viṣṇuitischen Pāñcarātra, der Śaiva Siddhānta, die Kāpālikas und die verschiedensten tantrischen Schulen dort lebendig. In der Tat hat der Tantrismus, dessen Wurzeln in unbestimmte Zeit zurückreichen, sich im Kaschmir des 5. bis 9. Jahrhunderts zu voller Blüte entwickelt und ein reiches Schrifttum an Tantras, Āgamas (die beiden Begriffe sind fast synonym als Bezeichnung einer Textgruppe), Saṃhitās usw. hervorgebracht, sowohl hinduistische wie buddhistische, und wurde von hier aus nach Tibet verbreitet.

---

[1] Vgl. Bilhaṇa, *Vikramāṅkacarita* XVIII.6.

Tantrismus

An dieser Stelle ist es notwendig zu fragen, was unter Tantra oder Tantrismus zu verstehen ist, denn dieses panindische ›System‹ ist die Basis des kaschmirischen Śivaismus.[1] Zunächst ist zu klären, dass *Tantra* fast immer als Bezeichnung eines Textes verwendet wird, wenn auch nicht alle Texte, die mit diesem Namen enden, im eigentlichen Sinn ›tantrisch‹ sind. *Tantra* bedeutet allgemein »System, Regel, Theorie, Methode, Lehre« und auch »Gewebe, Text« im wörtlichen Sinn.[2] ›Tantrismus‹ bezieht sich auf alle religiösen, rituellen, literarischen und spirituellen Phänomene, die eine gewisse geistige und symbolische Kohärenz besitzen, die schwer in wenigen Worten zu beschreiben ist. Es bestehen jedenfalls genügend gemeinsame Charakteristiken, die ihn über ideologische und doktrinäre Grenzen hinaus im Śivaismus wie im Buddhismus, im Viṣṇuismus wie im Śāktismus in einem System verbinden.

Die negativen Anschauungen, die den Tantrismus lange Zeit sowohl in Indien wie im Westen tabuisiert haben und die teilweise auf eine Dekadenz seiner Praktiken zurückzuführen waren, sahen darin nichts als die Verirrungen der Magie und eines Kultes der Sexualität.[3] Beide Aspekte sind in extremen Richtungen des Tantrismus gewiss vorhanden, doch darf man ein religiöses Phänomen nicht anhand von Rand-

[1] Vgl. unter anderem A. Padoux, *Vāc*, Kap. 2; T. Goudriaan und S. Gupta, *Hindu Tantric and Śākta Literature*; A. Padoux, *The Hindu Tantric World.*

[2] Abgeleitet von der Verbalwurzel *tan-*, »weben, ausbreiten, ausdehnen, ausrichten, darlegen« usw.

[3] Arthur Avalon (Sir John Woodroffe) war der Erste, der in seinen Werken diese Vorurteile zu beseitigen versuchte (z. B. *Shakti und Shākta. Lehre und Ritual der Tantra-Shāstras*, Bern u. a. 1987). Nach ihm ist es Pandit Gopinath Kaviraj zu verdanken, dass dieses System auch in den Augen des orthodoxen Hinduismus ›reingewaschen‹ wurde.

erscheinungen beurteilen, bevor man weiß, was es im Kern beinhaltet.

Zunächst sind die Tantras und Āgamas Texte, die als von Śiva geoffenbart gelten. Sie enthalten meist vier Teile, die das Ritual, das praktische Verhalten, die Lehre und den Yoga umfassen (*kriyā*, *carya*, *jñāna* und *yoga*); denn diese vier Dimensionen gehören wesentlich zur Erkenntnis und Praxis des Tantrismus. Es ist ebenfalls eine einseitige Ansicht, die den Tantrismus nur mit rituellen und yogischen Praktiken assoziiert; denn die Gnosis, die »Erkenntnis« – ob theistisch wie im Fall des Śivaismus oder nichttheistisch wie im Fall des Buddhismus –, ist ein wesentlicher Bestandteil des Tantrismus. Bevor wir auf die charakteristischen Elemente eingehen, muss dieser gnoseologische Hintergrund etwas erklärt werden. Dabei sind die allgemeinen Aussagen auf alle tantrischen Systeme anzuwenden, die spezifischen Lehren beziehen sich auf die nichtdualistische Lehre des Śivaismus.

Ein allgemeines Merkmal besteht darin, dass der Tantrismus an den Zusammenhang von allem mit allem glaubt, an die mikro-makrokosmischen Bezüge, dass, wie die Texte oft sagen, »vom Grashalm bis zu Śiva« alles in einem System von inneren Beziehungen und gegenseitiger Abhängigkeit steht. Die Aussage eines modernen Physikers, »wenn ein Kind seine Puppe in die Ecke wirft, wackelt der Sirius« (Heisenberg zugeschrieben), würde von einem Tantriker vorbehaltlos unterschrieben werden. Diese Weltsicht schließt nichts aus, vom Gröbsten, Materiellen bis hin zum Subtilsten, Geistigen. Eine Kurzformel, die diesen Sachverhalt ausdrückt, wurde von der Philosophie des Sāṃkhya übernommen: »Alles ist von der Natur von allem« (*sarvaṃ sarvātmakam*),[1] das heißt, für den, »der Augen hat zu sehen«, ist das Göttliche in einem Staub-

[1] Vgl. Albrecht Wezler, »Studien zum Dvādaśāranayacakra des Śvetāmbara Mallavādin, I. Der Sarvasarvātmakatvavāda«, in: *Studien zum Jainismus und Buddhismus. Gedenkschrift für Ludwig Alsdorf*, hg. von Klaus Bruhn und Albrecht Wezler, Wiesbaden 1981, S. 359-408.

korn ebenso enthalten wie die Materie im Göttlichen. Dies hat zu einer Theorie der ›Spiegelung‹ geführt, wo sich das je Höchste im Niedrigsten spiegelt und umgekehrt.[1] Das bedeutet aber auch, dass alles Materielle immer schon spirituell ist, was wir mit christlichen Begriffen den sakramentalen Charakter der Wirklichkeit nennen können.

Ein viel zitierter Vers definiert die Welt folgendermaßen:

Ich verehre den sichtbaren Leib Bhairavas
in der Form der Welt,
die Gestalt angenommen hat
als dichte Kristallisation der Essenz des Geistes.[2]

Doch ist diese Welt oder vielmehr die gesamte Wirklichkeit kein Chaos, sondern in einer Hierarchie von Prinzipien (*tattvas*) geordnet. Die fundamentale dreifache Ordnung, die sich durch alles hindurchzieht, enthält die drei Ebenen des Grobstofflichen, Materiellen (*sthūla*), des Subtilen (*sūkṣma*) und des Transzendenten (*para*). Die Hierarchie der 36 Prinzipien oder Kategorien im Śivaismus enthält die zugrunde liegende Kosmologie sowie Psychologie. Alles, auch die göttlichen Hierarchien, mit Ausnahme der reinen Transzendenz des Absoluten (*anuttara*), ist in diesem System enthalten, das in die zwei Stufen des »unreinen Weges« und des »reinen Weges« eingeteilt ist.

Dieses System der mikro-makrokosmischen Zusammenhänge drückt sich in der Praxis des Rituals und des Yoga aus und bietet sich in seinen nicht so vergeistigten Formen dem Missbrauch in der Magie an. Dies hängt auch damit zusammen, dass der Tantrismus aus sozialen Schichten stammt, die nicht in die vedische Orthodoxie integriert waren und in denen die Magie eine selbstverständliche Form der religiösen Existenz war. Diese magische Seite des Tantrismus wurde aber in den höheren Formen immer mehr vergeistigt, und im Trika finden wir sie in gereinigter und vergeistigter Form.

---

[1] Vgl. die Schemata in Abhinavaguptas *Parātrīśikā-Vivaraṇa*, in der Übersetzung von Jaideva Singh, S. 106f., 133.

[2] Zitiert von Jayaratha in seinem Kommentar zu TĀ VIII.2.

Ein anderes für den Tantrismus charakteristisches Element besteht darin, dass man durch seine Methoden und Heilswege nicht nur die Erlösung oder Befreiung (*mokṣa*, *mukti*), sondern auch sinnliche und übersinnliche Freuden (*bhoga*, *bhukti*) erlangen kann. Je nach der geistigen Stufe des Praktizierenden und seinen Wünschen kann er Einweihungen erhalten, die ihm in verschiedenen Graden das eine oder andere Ziel vermitteln.

Ebenfalls im Zusammenhang mit der allgemeinen Weltsicht und der sakramentalen Bedeutung alles Leiblichen muss man die sexuelle Symbolik des Tantrismus verstehen. Er leitet die durch die Schöpfung hindurchgehende Polarität des Männlichen und des Weiblichen von ihrem göttlichen Archetyp ab, wo der Gott mit seiner Śakti, seiner weiblichen Energie, vereint ist. Diese Polarität hat ihre physischen und metaphysischen, ihre symbolischen und spirituellen Bedeutungen. Obwohl es sexuelle Rituale gegeben hat,[1] muss hier betont werden, dass diese immer auf kleine Kreise besonders eingeweihter Adepten beschränkt blieben und schon eine hohe geistige Entwicklungsstufe voraussetzten. Diese Rituale waren nicht dazu da, um niedere Instinkte zu befriedigen, sondern um die Kraft der Selbstbeherrschung zu prüfen und jede Dualität zu überwinden. Sie gehören mehr in den Bereich einer ›herabsteigenden‹ Spiritualität, die auch die physischen Bereiche in die geistige Verwirklichung integrieren. Weit häufiger sind jedoch die sexuellen Bilder nur symbolisch verstanden worden, und man kann sie, wenn auch in einem anderen spirituellen Kontext, in der jüdisch-christlichen Tradition mit der Sprache des Hohen Liedes und der sich daran anknüpfenden Brautmystik vergleichen. Im verinnerlichten Bereich wird die sexuelle Energie im Kuṇḍalinī-Yoga integriert und sublimiert.[2]

Ein zentraler Begriff des Tantrismus ist in dem Sanskrit-Wort *Śakti* enthalten: die kosmische und spirituelle Kraft oder

[1] Vgl. die Beschreibung des *kulayāga* in TĀ XXIX.

[2] Vgl. L. Silburn, *La Kuṇḍalinī*.

Energie, die von Śiva nicht verschieden ist und doch als sein schöpferischer und dynamischer Aspekt von ihm ausgeht.[1] Śakti ist nicht nur ein metaphysischer Begriff, wie wir noch sehen werden, sondern eine erfahrbare Kraft, die es in sich zu erwecken gilt. In verschiedenen Traditionen des Tantrismus steht entweder die Śakti im Mittelpunkt und Śiva ist alles transzendierend, oder aber Śiva steht im Mittelpunkt und Śakti ist seine Schöpferkraft (dieses Verhältnis hat auch ikonographischen Ausdruck gefunden). Im ersten Fall, der auch Śaktismus genannt wird, heißt es in einem viel zitierten Spruch, dass Śiva ohne Śakti ein Leichnam wäre (Wortspiel mit *Śiva* und *śava*, »Leichnam«); das heißt theologisch gesprochen, dass das göttliche Prinzip ohne seine dynamische Kraft wirkungslos wäre. Hier liegt auch der Hauptunterschied zu einem philosophischen System wie dem Vedānta, dessen ›neutrales‹ und vollkommen passives Brahman von den Tantrikern kritisiert wird. So äußert sich Kṣemarāja, Schüler von Abhinavagupta, ironisch: »Dieses Brahman ist ein Neutrum (d. h. geschlechtslos), wie kann es daher fruchtbar sein, es sei denn, es kommt in Kontakt mit Deiner (d. h. Śivas) wunderbaren Energie und erlangt so männliche Kraft!«[2]

Kurz, die Śakti ist eine göttliche, kosmische, vitale und spirituelle Energie, die im Tantrismus eine zentrale Rolle spielt. Sie ›inkarniert‹ sich als Göttin, die im Hinduismus zahllose Formen angenommen hat, von den volkstümlichen, primitive[3] bis zu solchen, die subtile metaphysische Prinzipien ver-

---

[1] Als die *dynamis* Gottes wurde sie mit dem Heiligen Geist in der christlichen Trinität verglichen, der ja auch von der Theologie heute wieder in ›seinem‹ ›weiblichen‹ Aspekt entdeckt wird (vgl. die hebräischen Begriffe *schechina* und *ruach*, beides Feminina).

[2] Kommentar zu *Stavacintāmaṇi*, Vers 74.

[3] ›Primitiv‹ ist hier nicht als Werturteil zu verstehen, sondern in dem Sinne, dass sie zu den Urformen der Stammesreligiosität gehören, teils vor ihrer ›Brahmanisierung‹. Viele dieser Stammesgöttinnen wurden in verschiedene Zweige des Hinduismus integriert und mit Hochgöttinnen identifiziert.

körpern. Im Śivaismus von Kaschmir werden vor allem die drei Śaktis verehrt, die metaphysische Begriffe darstellen: *Parā*, die Höchste, Transzendente, *Parāparā*, die Transzendent-Immanente, und *Aparā*, die Niedere, Immanente. Diese drei Śaktis und die Bereiche ihrer Wirksamkeit ziehen sich durch die gesamte Kosmologie hindurch; denn nichts besteht, was nicht an einer dieser drei Energien teilhat.

Ein anderes Phänomen, das in allen tantrischen Schulen zu finden ist, was auch viel mit dem Veda gemeinsam hat, ist die Sprachmetaphysik und die Praxis des *Mantra*. Ausgehend von der sakralen Sprache, dem geoffenbarten Wort (im Veda: Śruti, im Śivaismus: Āgama), sehen beide Systeme in der Sprache eine Urkraft,[1] wobei die Sprache (oder Sprachen) als System konventionell festgelegter Bedeutungen sekundär ist. In der Praxis des Mantra, ob vedisch oder tantrisch, geht es allgemein darum, zu der Kraft, die im Ursprung des Wortes, der Sprache, des Lautes liegt, zurückzukehren. Und doch hat der Tantrismus in der Spekulation über das Wort sowie in den verwendeten Mantras und deren ritueller und mystischer Anwendung wieder seine unverwechselbare Besonderheit.

Ein Mantra, der nur aus einer (scheinbar bedeutungslosen) Silbe bestehen kann (*bīja*, wörtlich »Same«) oder aus einer längeren Gebetsformel, kann laut rezitiert, gemurmelt oder nur innerlich wiederholt werden (*japa*). Er ist aber nur wirksam, auf welcher Ebene auch immer, wenn der Übende die rechte Initiation empfangen hat. Die Tantras warnen davor, dass der willkürliche oder verantwortungslose Umgang mit Mantras verheerende Folgen haben kann, eben weil es sich dabei um Träger von Energien handelt, die dem sakralen Wort selbst innewohnen. Keine heilige Handlung kann ohne das Rezitieren von Mantras stattfinden.

Das Wesen des Mantra ist, dass er die Gottheit »zum Aus-

[1] Das Sanskrit-Wort für »Sprache, Rede, Wort«, *vāc*, ist feminin und wurde daher von Anfang an mit der weiblich vorgestellten göttlichen Energie oder Göttin identifiziert. Vgl. A. Padoux, *Vāc*.

druck bringt«,[1] was sich nicht nur auf die Namen Gottes bezieht, die in allen Schulen des Hinduismus eine große Rolle spielen. Im Tantrismus finden wir subtile Spekulationen über die Emanation des Wortes und ihre verschiedenen Stufen. Alle Theorien über die Sprache, ihre Silben und Elemente setzen voraus, dass das Wort eine schöpferische Kraft ist. »Im Anfang war das Wort«, der *Logos*, diese Aussage des Prologs zum Johannesevangelium (Joh 1,1) ist für einen Tantriker vielleicht besser verständlich als für einen modernen Christen.

Fassen wir die Bedeutung des Mantra in den Worten von André Padoux zusammen: »Mantras sind wichtige Mittel der Befreiung, und sie erscheinen als bevorzugte Instrumente, um zum Ursprung der Energie des Wortes zurückzukehren. Mehr noch, ein Mantra ist oft selbst ein Symbol oder vielmehr eine Gestalt dieser ursprünglichen Energie, die er in einer äußerst wirksamen und praktischen Form enthält. Doch ist er auch lebendig mit einer inneren Kraft, die intensiv zu der Quelle aller Sprache tendiert, zu der Macht, die das Wort ist. Ein Mantra verbindet daher beides, die praktisch wirksamen und schöpferischen sowie die transzendenten und befreienden Energien des Wortes.«[2]

Andere charakteristische Elemente des Tantrismus sind *mudrā*, die »Geste«, die sich äußerlich ausdrücken kann oder eine innere ›Haltung‹, einen mystischen Zustand bezeichnet,[3] und *maṇḍala* oder *yantra*, das heilige Diagramm. Beide sind, ebenso wie der Mantra, im Ritual unerlässlich. Es ist hier nicht der Ort, auf die spirituellen, rituellen und symbolischen Bedeutungen und Anwendungen der sakralen Gesten und Diagramme einzugehen. Diese kurze Charakterisierung der wichtigsten Elemente des Tantrismus war jedoch notwendig,

---

1 *Vācaka*, vgl. auch *Yoga-Sūtra* I.27: Die Silbe OM ist der »Ausdruck« Gottes.

2 Padoux, *Vāc*, S. 85.

3 Vgl. die *bhairavīmudrā*, siehe die Einführung zum II. Teil und das Glossar.

um den Hintergrund des kaschmirischen Śivaismus zu verstehen.

Geschichte und Quellen

Der Śivaismus hat in Kaschmir sicher eine lange Vorgeschichte gehabt, doch besitzen wir wenige Dokumente über die frühe Zeit. Die erhaltenen Tantras sind ungefähr in einer Periode zwischen 400 und 800 n. Chr. entstanden, gehen aber auf älteres Material zurück. Sie stellen die śivaitische Offenbarung dar, die sich von der vedischen Offenbarung auch darin unterscheidet, dass sie theistisch ist. Verschiedene Schulen des Śivaismus haben ein unterschiedliches Verhältnis zum Veda und zur brahmanischen Orthodoxie, das von seiner Annahme bis zu Kritik und Ablehnung reicht. Die nichtdualistische Schule des Śivaismus beruft sich nicht auf den Veda[1] und sie versteht sich als Neuheit, als einen »neuen, leichten Weg«, wie Somānanda sagt, als einen Weg, der die Befreiung schon in diesem Leben verspricht.

Die Vielfalt dieser Texte und Traditionen gliedert sich in verschiedene »Quellen« oder Strömungen (*srotas*), die von verschiedenen Aspekten, von den »fünf Gesichtern« Śivas geoffenbart und von verschiedenen Lehrer-Schüler-Generationen praktiziert und überliefert wurden. Es ist hier nicht möglich, auf diese Schulen, Textgruppen und religiösen Traditionen im Einzelnen einzugehen.[2] Die meisten dieser Tantras und Āgamas wurden als die ›allgemeine‹ Offenbarung vom kaschmirischen Śivaismus anerkannt, doch bevorzugte man solche Tantras, die eine nichtdualistische Lehre vertraten oder in diesem Licht interpretiert werden konnten. Dazu gehören das

[1] Abhinavagupta zitiert nur einige Upaniṣaden als »Śruti« (das ist Veda).

[2] Eine Übersicht darüber geben unter anderen: M. S. G. Dyczkowski, *The Canon of the Śaivāgama and the Kubjikā Tantras of the Western Kaula Tradition*; A. Sanderson, »Śaivism and the Tantric Traditions.

Svacchanda Tantra, das *Netra Tantra*, das *Mālinīvijayottara Tantra*, das *Vijñāna Bhairava*[1] und einige Tantras, die man für verloren hielt, die aber vor wenigen Jahren in Manuskripten in Nepal wieder aufgefunden wurden, wie *Siddhayogeśvarīmata*, *Tantrasadbhāva* und *Jayadrathayāmala*, die alle von Abhinavagupta zitiert werden.[2]

Die Legende von der Entstehung des kaschmirischen Śivaismus besagt, dass mit dem Beginn des jetzigen, degenerierten Zeitalters (*kaliyuga*) die ursprüngliche Offenbarung in Vergessenheit geriet. Deshalb offenbarte Śiva in der Form von Śrīkaṇṭhanātha dem Weisen Durvāsas die Bhairava Tantras. Durvāsas gab die dualistische Tradition seinem geistgeborenen Sohn Āmardaka weiter und die nichtdualistischen Āgamas seinem geistigen Sohn Tryambaka, von dem sich die Tradition weiter fortsetzte.

In dieser geistigen Linie standen die historischen Begründer der Schule, Vasugupta (etwa 875-925 n. Chr.) und Somānanda (etwa 900-950). Utpaladeva (etwa frühes 10. Jh.) war der Schüler von Somānanda, dessen Schüler Lakṣmaṇagupta einer der Meister von Abhinavagupta war. Vasugupta war der Autor oder vielmehr ›Entdecker‹ der *Śiva-Sūtras*, »der Aphorismen von Śiva«, die er der Legende nach aufgrund eines Traumes auf einem Felsen eingraviert fand.[3] Es handelt sich dabei um kurze Aphorismen, die ohne die Kommentare von Bhāskara (etwa 925-975) und Kṣemarāja (etwa 1000-1050) nicht voll verstanden werden könnten. Doch scheinen sie schon eine Lehre und mystische Praxis der (drei bzw. vier) Heilswege zu enthalten, die sich von dem in den Āgamas üblichen

---

1 Siehe B. Bäumer (Hg.), *Vijñāna Bhairava*.

2 Aufgrund dieses Manuskriptmaterials aus Nepal ist es A. Sanderson (Oxford) gelungen, die Abhängigkeit des tibetischen tantrischen Buddhismus (Vajrayāna) von den śivaitischen Tantras nachzuweisen. Siehe Dominic Goodall u. a. (Hg.), *Niḥśvāsatattvasaṃhitā. The Earliest Surviving Śaiva Tantra*, Teil 1, Pondicherry u. a. 2015.

3 Siehe die englische Übersetzung von J. Singh, *Śiva Sūtras*, und die französische von L. Silburn, *Śivasūtra et Vimarśinī de Kṣemarāja*.

Ritualismus unterscheidet. Ferner werden Vasugupta die *Spanda Kārikā* zugeschrieben, »die Verse von der Schwingung«, die die absolute Dynamik des Göttlichen, die sich auf die gesamte Wirklichkeit erstreckt, zum Inhalt haben.[1] Diese beiden grundlegenden Werke betonen gleichermaßen die absolute Freiheit oder Autonomie Gottes (*svātantrya*), seine reine Geistigkeit (*cit*, *saṃvit*) und seine alles durchdringende Dynamik (*spanda*), verbunden mit einer Mystik, die in den Ursprung dieser göttlichen Freiheit und Dynamik eindringt. Diese Schule wird daher mit dem Namen *Spanda* bezeichnet, die Mystik von der reinen Schwingung oder Vibration. Nach Vasugupta wirkte sein charismatischer Schüler Bhaṭṭa Kallaṭa, der die Kārikās redigiert und kommentiert hat. Bhaṭṭa Nārāyaṇa (etwa 850-900) war Autor der mystischen Hymne an Śiva, *Stavacintāmaṇi*.[2]

Somānanda begründete die Schule vom »Wiedererkennen Gottes« (*Pratyabhijñā*) und gab ihrer Mystik ein philosophisches Fundament in seiner *Śivadṛṣṭi* (»der Schau Śivas«). Sein Schüler Utpaladeva[3] war einer der bedeutendsten Exponenten des Śivaismus von Kaschmir, er entwickelte seine nichtdualistische Lehre zu einem klassischen System in seiner *Īśvarapratyabhijñā Kārikā*, den »Versen über das Wiedererkennen Gottes«. In diesen mystisch-philosophischen Schulen geht es um eine unmittelbare Erfahrung Gottes, und zwar in allen Bereichen und Seinszuständen. Diese Gotteserkenntnis ist zugleich die Erkenntnis des eigenen Wesens, des Ich, frei von allen Begrenzungen, das eins ist mit dem göttlichen Ich. »Frei von den Begrenzungen des Raumes und der Zeit wird diese große dynamische und leuchtende Wirklichkeit ›Herz‹ genannt, denn sie ist das Wesen des höchsten Herrn« (*Īśvarapratyabhijñā Kārikā* I.5.18).

---

1 Siehe die englische Übersetzung von J. Singh, *Spanda Kārikās*, und die französische von L. Silburn, *Spandakārikā. Stances sur la vibration de Vasugupta.*

2 Siehe L. Silburn, *La Bhakti.*

3 Siehe R. Torella, B. Bäumer (Hg.), *Utpaladeva, Philosopher of Recognition.*

Von diesen frühen Autoren der Schule besitzen wir fast keine biografischen Informationen. Im Fall von Utpaladeva kann man nur aus seinen Werken auf seine Persönlichkeit schließen. Neben seinen philosophischen Werken, der *Īśvarapratyabhijñā Kārikā* und der *Siddhitrayī*, besitzen wir auch seine Hymnensammlung *Śivastotrāvalī*,[1] die ihn als einen großen Mystiker zeigt, der nicht nur die Erkenntnismystik vertritt, sondern auch die Höhen und Tiefen einer persönlichen Liebesmystik erlebt hat. Utpaladeva war einer der bedeutendsten Meister der Tradition, der *Advaita* und *Bhakti* in einer Synthese verband und der die ›Neuheit‹ des Weges überzeugend dargelegt hat.

In der Zeit nach Abhinavagupta hat auch noch dessen Schüler Kṣemarāja zu der Schule des Wiedererkennens beigetragen mit seinem Werk »Das Herz des Wiedererkennens« (*Pratyabhijñā Hṛdaya*).[2] Er war außerdem der Verfasser zahlreicher Kommentare zu den wichtigsten Tantras und sicher der bedeutendste Autor der Schule nach Abhinavagupta.

Als Quellen von Abhinavaguptas Werk wollen wir nur noch kurz drei mystische Schulen erwähnen:

Trika: wörtlich »Trinität« oder »Dreifaltigkeit«, weil diese Schule drei metaphysische Prinzipien anerkennt bzw. drei göttliche Energien. Diese drei Prinzipien sind, wie wir noch darlegen werden, Śiva (Gott), Śakti (Energie) und Nara (Seele oder geschaffene Wirklichkeit). Die drei Energien (Śaktis) sind, wie schon erwähnt, die höchste, transzendente (*Parā*), die mittlere, transzendent-immanente (*Parāparā*) und die niedere, immanente (*Aparā*). Ursprünglich einer der Zweige der tantrischen Tradition, wurde Trika vor allem von Abhinavagupta auf die gesamte Schule ausgeweitet und als höchste Stufe in der Hierarchie der Systeme betrachtet. Diese Tradition vertritt eine Universalität in der Theologie sowie in der Praxis und ist daher auch offen für alle, ungeachtet von Kaste, Ge-

[1] Siehe die Einführung zum II. Teil.

[2] Siehe die englische Übersetzung von Jaideva Singh, *Pratyabhijñāhṛdayam*, Delhi 2008.

schlecht oder Zugehörigkeit zur brahmanischen Orthodoxie. Spätestens mit Abhinavagupta wird die gesamte Schule des Śivaismus nach dieser Theologie als Trika bezeichnet.

Krama: Wörtlich »Prozess, Stufenfolge, Ordnung«, bezeichnet Krama ein System tantrischer Mystik, das durch eine Stufenfolge des spirituellen Fortschritts gekennzeichnet ist, wobei die Phasen mit Göttinnen oder göttlichen Energien (Kālī) identifiziert sind. Hier werden alle Phasen der Wahrnehmung in die höchste, stufenlose Erleuchtung integriert. In der mystischen Praxis geht es um eine Integration der äußeren Erfahrung in die innere und umgekehrt.[1] Die Texte Abhinavaguptas, die am deutlichsten diese Methode beschreiben, sind die Hymnen *Kramastotra*[2] und die verlorene *Kramakeli*. Dieser Weg führt von der Erfahrung der Zeitlichkeit durch alle Phasen der Manifestation bis zur stufenlosen Zeitlosigkeit (*akrama*), womit die Fragmentierung der Erfahrung überwunden wird.

Kula: wörtlich »die Gesamtheit, die Familie«. In dieser tantrischen Tradition spielt das weibliche Element, die Śakti, die Göttin und die Yoginīs, eine zentrale Rolle. Abhinavagupta hat auch dieses System in seinem rein spirituellen Aspekt entwickelt als eine Mystik der »Ganzheit«: Jeder Bereich der Wirklichkeit ist von der göttlichen Energie durchdrungen, und man kann daher von einer niederen Stufe zur höchsten aufsteigen. Das Ziel ist ebenfalls die allumfassende, göttliche Bewusstheit.

Alle diese mystischen Strömungen sind in das gesamte System des kaschmirischen Śivaismus eingeflossen, vor allem in die hermeneutische Synthese, die Abhinavagupta gelungen ist.

In der Zeit nach Abhinavagupta blühte die Schule noch bis ins 14. Jahrhundert und brachte außer Kṣemarāja noch Autoren wie Yogarāja und Jayaratha hervor, den Kommentator des

---

[1] Vgl. die *kramamudrā*, siehe II. Teil, Einführung zu »Die Gabe der Erfahrung«, und das Glossar

[2] Vgl. L. Silburn, *Hymnes aux Kālī*.

Tantrāloka. Die endgültige Invasion der Muslim-Herrscher und die großenteils gewaltsame Bekehrung der kaschmirischen Hindus zum Islam führten zu einer starken Beeinträchtigung der Tradition, die aber nicht aufhörte, im Untergrund weiterzuleben. Eine der erstaunlichsten Gestalten war die Mystikerin Lallā (von den Muslimen Lal Ded genannt) im 14. Jahrhundert, die in Alt-Kaschmiri dichtete und die enge Kontakte mit Sufis ihrer Zeit pflegte. Ihre mystischen Gesänge (Vākh) werden heute noch von Hindus wie Muslimen in Kaschmir gesungen und zitiert. Von den späteren Autoren der Schule soll auch noch Bhāskarakaṇṭha erwähnt werden, der im 17. Jahrhundert wirkte und bedeutende Werke verfasste.

Heute besteht die geistige Tradition des kaschmirischen Śivaismus in einem kleinen Kreis weiter, dank des letzten bedeutenden Meisters Swami Lakshman Joo (1907-1991) und seiner Schüler. Doch ist sie wie vor Jahrhunderten schon wieder bedroht durch die politischen Unruhen in Kaschmir, die die meisten Hindus ins Exil getrieben haben.

Abhinavagupta: Leben und Werk

Zweifellos war Abhinavagupta nicht nur der größte Meister des Śivaismus von Kaschmir, der diese Schule auf allen Gebieten zu höchster Blüte brachte, sondern einer der bedeutendsten Geister, die Indien je hervorgebracht hat. Seine vielfältige Begabung erstreckte sich auf so verschiedene Gebiete wie Philosophie, Ästhetik, Poetik, Musiktheorie, Sanskrit-Grammatik, alle Schulen und Texte des Tantrismus und, als Krönung aller Erkenntnis, auf die Mystik. Er selbst hatte die höchsten Stufen der mystischen Erfahrung erreicht und konnte sie auch in klarer und poetischer Sprache beschreiben. Auf all diesen Gebieten wird er, nach einer Zeit relativer Vergessenheit, heute wieder als Meister anerkannt. Sein Werk und seine Ideen haben eine universale Gültigkeit.

Was wissen wir über sein Leben? Die Daten lassen sich mit

einiger Sicherheit festlegen: Er muss um 950 n. Chr. geboren worden sein und lebte bis ins 11. Jahrhundert hinein. Das Jahr seines Todes lässt sich nicht mit Gewissheit bestimmen. Im Unterschied zu den meisten indischen Philosophen, die kaum Anhaltspunkte für ihre Biografie liefern, macht er selber einige autobiografische Andeutungen.[1] Eine weitere zeitgenössische biografische Quelle verdanken wir seinem aus Südindien stammenden Schüler Madhurāja (Bewohner des heutigen Madurai) in dessen Gedicht »Gedanken über den großen Meister« (*Gurunāthaparāmarśa*).[2]

Über Abhinavaguptas Herkunft wissen wir, dass er aus einer Familie bedeutender Gelehrter stammte; denn einer seiner Vorfahren, Atrigupta, wurde von König Lalityāditya im Zuge seiner Eroberung des Königreiches von Kanauj im 8. Jahrhundert an seinen Hof in Kaschmir geholt, weil er von dessen Gelehrsamkeit sehr beeindruckt war. Das heißt, seine Familie stammte aus dem »mittleren Land«, Antarvedi (Doab), dem Gebiet zwischen den Flüssen Ganges und Yamuna, und ließ sich erst im 8. Jahrhundert in Kaschmir nieder, an den Ufern des Flusses Vitastā (dem heutigen Srinagar). Abhinavagupta preist auch die wunderbaren Eigenschaften dieses Landes, dem Śiva selbst vorsteht, seine natürliche Schönheit und spirituelle Atmosphäre (TĀ XXXVII.40-41). Sein Vater hieß Narasiṃhagupta, auch Cukhulaka genannt, Sohn von Varāhagupta, und der Name seiner Mutter war Vimalakalā. Abhinavagupta wird »Sohn einer Yoginī« (*yoginībhū*) genannt, das heißt einer im Yoga Vollkommenen; so muss seine Mutter auch eine hohe spirituelle Stufe erreicht haben.

Der frühe Tod seiner Mutter beeinflusste sein weiteres Leben entscheidend, wie er selbst schreibt:

Die Mutter verließ ihn, als er noch ein Kind war,
so bereitet ihn das Schicksal auf sein zukünftiges Werk vor.

---

[1] Vgl. die autobiografischen Verse am Ende des *Tantrāloka* und des *Parātrīśikā-Vivaraṇa* sowie den Anfangsvers mehrerer Werke, siehe *Tantrasāra*, I. Kapitel.

[2] Ediert von V. Raghavan in: *Abhinavagupta and His Works*, S. 3-16.

Denn die Mutter, so heißt es, ist die wichtigste Verbindung
und ihre Liebe bindet mit tiefreichenden Banden.
Wenn daher diese erste Bindung gelöst ist,
dann erlangt man die Befreiung schon in diesem Leben.
(TĀ XXXVII.56-57)

Der Vater war sein erster Lehrer, der ihn in die Sanskrit-Grammatik sowie in die Logik einführte. Darauf wandte er sich mit Freude dem Studium der Literatur zu »und wurde spontan ergriffen von der Hingabe an den Herrn, wie von einem Rausch« (Vers 58). Schon früh erlebte er die mystische Vereinigung mit Gott, die ihn alles Weltliche vergessen ließ. Seine einzige Tätigkeit neben dem Studium bestand im Dienst an seinen Lehrern (Vers 59). Er erwähnt eine ganze Reihe von Meistern, bei denen er die verschiedenen Zweige des Wissens studierte. Die wichtigsten seiner Lehrer auf den Gebieten der Tantras, der verschiedenen philosophischen Schulen, der Poetik und Dramaturgie waren Vāmanātha, Bhūtirāja, Bhūtirājatanaya, Lakṣmaṇagupta, Sohn von Utpaladeva, sowie Indurāja und Bhaṭṭa Tota. Er lernte auch bei buddhistischen Meistern, vor allem des Vijñānavāda, und bei Lehrern der jainistischen Philosophie. Doch erwähnt er immer mit der größten Ehrfurcht und Dankbarkeit seinen Meister Śambhunātha, der ihn in die Kaula-Tradition einweihte und dem er die höchste Erleuchtung verdankt. Entweder ist er nach Jālandhara gepilgert, um diesem Guru zu begegnen und von ihm in die Geheimnisse des Trika und des Kula eingeführt zu werden, oder Śambhunātha ist selbst nach Kaschmir gereist. Der Meister Śambhunāthas war ein gewisser Sumati, der aus einem heiligen Ort Südindiens stammte und der alle śivaitischen Traditionen und Schriften beherrschte. Sowohl diese Tatsache wie der Kontakt mit dem Schüler Abhinavaguptas, Madhurāja, beweist, dass ein reger Austausch zwischen Südindien und Kaschmir bestand und dass die Traditionen der Śaiva Āgamas die beiden extremen Pole des indischen Subkontinents aufs Engste verbanden.

Über seine Studienjahre bemerkt Abhinavagupta zusammenfassend: »Seine Freude in sich selbst findend, verbrachte er ein Leben der Einsamkeit, dem Dienst an der Wahrheit hingegeben« (Vers 63). Als er an Wissen und an Erfahrung reif geworden war, sammelten sich spontan Schüler um ihn, zuerst seine eigenen Verwandten wie sein Bruder Manoratha und sein Schwager Karna, der jung starb (Vers 64-65). Er erwähnt noch mit besonderer Liebe einen gewissen Mandra, Sohn eines Ministers, und Rāmagupta sowie seine Neffen, darunter Kṣema, der identisch ist mit seinem bedeutendsten Schüler Kṣemarāja, dem Autor zahlreicher Kommentare und eigener Werke. Mit Liebe und Ehrfurcht beschreibt er auch seine Schülerinnen, besonders Vatsalikā, Mandras Tante, und Ambā, seine eigene Schwester (Vers 73-79), die ihm nach dem Tod ihres Mannes ergeben diente. Aus allen Beschreibungen geht hervor, dass Abhinavagupta ein zölibatäres Leben geführt haben muss (*brahmacārin*), obwohl viele der großen Meister der Tradition vor ihm verheiratet waren.

Zur Zeit seiner größten Berühmtheit pilgerte der Mönch Madhurāja vom fernen Süden nach Kaschmir, um zu Füßen des Meisters zu sitzen, und er gibt ein lebendiges Bild von der Atmosphäre, die ihn umgab. Abhinavagupta wird hier beschrieben, wie er in einer spirituellen Versammlung, umgeben von Vollkommenen (*siddha*) und Yoginīs, Schülern und Schülerinnen, sitzt; mit einer Hand zeigt er die Geste der Lehre, mit der anderen spielt er die Vīṇā,[1] während seine Schüler seine Lehre niederschreiben. Madhurāja preist ihn als die Verkörperung Śivas selbst, der seinen Schülern das Śiva-Sein, das heißt die Vergöttlichung, vermittelt und sie von aller Unreinheit und Gebundenheit befreit (vgl. *Gurunāthaparāmarśa* Vers 37). Dank der Gnade des Meisters hat er die Erkenntnis erlangt: »Ich bin Śiva!« (Vers 45)

Abhinavagupta sagt von sich selbst, dass er »mit gesammeltem Geist durch seine eigene Intelligenz (*buddhi*) viele alte Schriften interpretierte und die Essenz daraus gewann« (TĀ XXXVII.82). Es ist wahr, dass er alle geistigen Strömungen seiner Zeit aufgenommen hat, vor allem aber die tantrischen

[1] Das älteste indische Saiteninstrument.

Traditionen, die er zu einer großartigen Synthese verarbeitete. Sosehr er auf den Tantras aufbaut, so trägt sein Werk doch den Stempel der Originalität, seines Gespürs für das Wesentliche, und ist von der Lebendigkeit seiner mystischen Erfahrung geprägt.

Sein Werk umfasste ungefähr sechzig Schriften,[1] davon einige äußerst umfangreiche und schwierige. In all seinen Werken erweist er sich als Meister, der in der Philosophie logisch argumentiert, der in der Komplexität der Dramaturgie, in den Feinheiten der Poetik und der Musikwissenschaft nicht nur zu Hause ist, sondern auch die Ideen seiner Vorgänger schöpferisch weiterentwickelt. Er führt den Leser durch den dichten Dschungel der tantrischen Lehren und Rituale mit einer spirituellen Klarheit, die auch immer das Wesentliche vom Unwesentlichen scheidet. Was noch wichtiger ist, er meistert alle Wege und Methoden des mystischen Lebens, die er nicht nur aus der Überlieferung, sondern aus eigener Erfahrung kennt. Seine Sprache ist nie subjektiv, und doch lässt sie auch bei der scheinbar unpersönlichen Beschreibung mystischer Zustände die Intensität seiner persönlichen Erfahrung durchscheinen. Auch in seinen philosophischen Werken empfindet man nie die Trockenheit, die manche indischen scholastischen Spekulationen kennzeichnet, sondern selbst die Worte der Argumentation lassen ein inneres Leben spüren.

Von seinen Werken können wir hier nur die wichtigsten erwähnen.[2] K. C. Pandey, der die erste und bisher einzige Monographie über Abhinavagupta veröffentlicht hat,[3] teilt sein Schaffen in drei Perioden ein, deren relative Chronologie er aufgrund einiger datierter Werke sowie der Eigenzitate in seinen Werken erstellt hat. Wenn man dieser Einteilung folgt, hat Abhinavagupta in der ersten Periode tantrische Werke verfasst. Das erste datierte Werk ist das *Kramastotra* (etwa

---

[1] Alle in Sanskrit, mit Ausnahme eingestreuter Verse in Prakrit.

[2] Siehe auch das Literaturverzeichnis.

[3] K. C. Pandey, *Abhinavagupta. An Historical and Philosophical Study.*

990 n. Chr.), und die hier übersetzte Hymne *Bhairavastava* wird auf zwei Jahre später datiert. Das wichtigste und zugleich umfangreichste Werk ist das »Licht der Tantras« (*Tantrāloka*), in dem er in 37 Kapiteln eine großartige Synthese der tantrischen Heilswege erstellt, eine wahre Summa, in der Metaphysik, Mystik und Ritual integriert sind. Er zitiert darin aus einer Fülle von Āgamas, doch basiert seine Exegese vor allem auf dem *Mālinīvijayottara Tantra.* Der *Tantrāloka* wurde ausführlich kommentiert von Jayaratha (etwa 1150-1200 n. Chr.). Die Kurzfassung des *Tantrāloka* ist »Die Essenz der Tantras« (*Tantrasāra*), aus der hier ausgewählte Kapitel zum ersten Mal in deutscher Übersetzung gebracht werden.[1]

Er hat auch zwei Kommentare zu seinem bevorzugten Tantra verfasst, eine *Pūrvapañcikā*, die als verloren gilt, und die *Mālinīvijaya Vārttika*, die ausführliche Erläuterung einiger Verse des Tantra, die nur unvollständig erhalten ist.[2]

Zu seinen reifsten Werken, und daher wahrscheinlich einer späteren Periode entstammend, gehört der ausfürliche Kommentar zu einem anderen Tantra, das eine hohe Stellung in der Schule des Trika einnimmt, dem *Parātriśikā (Tantra)*, das beansprucht, ein Teil des großen (jetzt verlorenen) *Rudrayāmala* zu sein. Dieser Kommentar, der in die Tiefen der Mystik und der Mantra-Lehre und -Praxis einführt, wird als *Parātriśikā-Vivaraṇa* oder auch *Vivṛti* bezeichnet. Unter einem anderen Namen ist er als *Anuttaraprakriyā* bekannt. Der kurze Kommentar *Laghuvṛtti* stammt wahrscheinlich von einem südindischen Verfasser.[3]

Die zweite Schaffensperiode (bis etwa 1015) umfasst laut K.C. Pandey die literarischen, literaturtheoretischen und dramaturgischen Werke. Bevor die Bedeutung Abhinavaguptas auf den Gebieten der Metaphysik und des Tantra im 20. Jahrhundert wiederentdeckt wurde, war er hauptsächlich

---

[1] Siehe die Einführung zum I. Teil.

[2] Vgl. J. Hanneder, *Abhinavagupta's Philosophy of Revelation.*

[3] Siehe B. Bäumer, *Abhinavagupta's Hermeneutics of the Absolute*, S. 33-35.

wegen seines Beitrages auf den Gebieten der Ästhetik und Poetik bekannt.

Die bedeutendsten dieser Werke sind *Abhinava Bhāratī* und *Dhvanyāloka Locana*. Das erste ist ein ausführlicher und der erste erhaltene Kommentar zu dem grundlegenden Werk der indischen Dramaturgie, dem *Nātya Śāstra* des Bharata Muni.[1] Da das Sanskrit-Drama der Ursprung aller Künste ist, enthalten die 37 Kapitel dieses Werkes Abhandlungen über alle Aspekte des Theaters, über Musik, Architektur, Dichtung und Ästhetik. Auf all diesen Gebieten erweist sich Abhinavagupta als Meister, und ohne seinen Kommentar wäre dieses Werk großenteils unverständlich geblieben. Sein größter Beitrag besteht aber wohl in der hoch entwickelten Lehre von der ästhetischen Erfahrung und deren acht oder neun Grundstimmungen, *rasa* genannt.[2] In dieser ästhetischen Theorie verbindet Abhinavagupta seine künstlerische Sensibilität mit philosophischer Klarheit und mit dem Hintergrund seiner mystischen Erfahrung. So nennt er zum Beispiel die ästhetische Erfahrung »den jüngeren Bruder der mystischen Erfahrung«, denn beide zielen auf einen Zustand der Freude oder Seligkeit (*ānanda*) jenseits des Alltagsbewusstseins, wobei der ästhetische Genuss vorübergehend und von der künstlerischen Darbietung abhängig ist, während die mystische Glückseligkeit von dauerhafter Natur und von äußeren Ursachen unabhängig ist.

Das zweite bedeutende Werk ist ein Kommentar zu Ānandavardhanas *Dhvanyāloka*, »dem Licht der poetischen Suggestion«.[3] Der Poesietheoretiker und Dichter Ānandavardhana lebte im 9. Jahrhundert in Kaschmir und war der Begründer der Lehre von der »Andeutung«, wörtlich dem »Ton«, der »Resonanz« (*dhvani*), die das Unausgesprochene oder Angedeute-

---

[1] Die Datierung dieses Werkes schwankt zwischen dem 2. Jahrhundert v. Chr. und dem 4. Jahrhundert n. Chr.

[2] Vgl. R. Gnoli, *The Aesthetic Experience according to Abhinavagupta.*

[3] Siehe die deutsche Übersetzung dieses Werkes von H. Jacobi, *Schriften zur indischen Poetik und Ästhetik*, S. 21-161.

te in der Dichtung zum Thema hat. Abhinavagupta hat diese für die Literaturtheorie auch heute noch wegweisende Lehre in seinem Kommentar weiterentwickelt und expliziert.[1] Sie ist verbunden mit der allgemeinen ästhetischen Theorie, die auch die poetische Intuition oder schöpferische Inspiration (*pratibhā*) und die Rezeption eines Kunstwerkes durch einen empfänglichen Kenner (*sahṛdaya*) behandelt. Weitere Werke unseres Autors zur Literaturkritik und Ästhetik sind nicht erhalten.

Während er noch an seinem Kommentar zum *Nāṭya Śāstra* arbeitete, begann Abhinavagupta, wie er selbst erwähnt, einen Kommentar zur *Bhagavad-Gītā* zu verfassen, den *Gītārthasaṃgraha*, »Die Zusammenfassung des Sinnes der *Gītā*«, in dem er in Kürze diesen für alle Zweige des Hinduismus grundlegenden Text im Licht seiner Metaphysik und Spiritualität deutet.

Damit würde Abhinavaguptas dritte Schaffensperiode beginnen, die philosophisch-theologische Werke hervorgebracht hat.[2] Die bedeutendsten sind die beiden Kommentare zu Utpaladevas *Īśvarapratyabhijñā Kārikā*, den »Versen über das Wiedererkennen Gottes«: 1. die *Īśvarapratyabhijñā Vimarśinī*, der relativ kürzere Kommentar, und 2. die *Īśvarapratyabhijñā Vivṛtivimarśinī*, ein ausführlicher Kommentar, der sich auch auf den Eigenkommentar von Utpaladeva bezieht, der leider

[1] Es gibt auch Versuche, sie auf die Interpretation moderner Lyrik anzuwenden und sogar als hermeneutische Methode auf die christliche Theologie und Exegese. Vgl. Francis X. D'Sa, »›Dhvani‹ as a Method of Interpretation«, in: Biblebhashyam 5 (1979), S. 276-294; Anand Amaladass, *Philosophical Implications of Dhvani*, Wien 1984.

[2] Der Unterschied zwischen Philosophie und Theologie ist im kaschmirischen Śivaismus, wie in anderen indischen Systemen, nicht so scharf zu ziehen wie in der abendländischen Philosophie, weil die Trennung hier nicht zutrifft. Wollte man sie trotzdem nach der westlichen Methode unterscheiden, so könnte man innerhalb desselben Werkes etwa die Epistemologie und den argumentierenden Teil der Philosophie zuordnen, während der Teil, der sich auf die śivaitische Offenbarung und die Gotteserfahrung bezieht, der Theologie angehörte.

verloren gegangen ist. Beide Werke begründen ausführlich und argumentativ die Lehre vom »Wiedererkennen Gottes« (*pratyabhijñā*), die eigentlich nichtdualistische Philosophie der Schule. Ihr zufolge besteht die Erleuchtung und Befreiung des Menschen darin, dass er sich seiner wahren Identität als Śiva (wieder) bewusst wird. Es ist ein Wiedererkennen, weil das ›Gefallensein‹ des Menschen eigentlich nur sein Selbstvergessen ist: Er hat seine ursprüngliche göttliche Natur vergessen und sich daher von sich selbst entfremdet. Durch die Vermittlung der heiligen Schriften des Śivaismus (Āgama) und eines Meisters wird er an sein wahres Selbst erinnert.

Unter den verlorengegangenen Werken Abhinavaguptas befindet sich auch ein Kommentar zu dem ersten philosophischen Text der Schule, Somānandas »Schau Śivas« (*Śivadṛṣṭi*), der als *Śivadṛṣṭyālocana* erwähnt wird. Kleinere philosophische Texte wurden in diesem Band unter die Hymnen (II. Teil) aufgenommen und übersetzt, wie die *Anuttarāṣṭikā*, die *Bodhapañcadaśikā* und die *Paramārthacarcā*. Ein weiterer philosophisch-theologischer Text ist der *Paramārthasāra*, »Die Essenz des Absoluten« oder »Das Wesen der höchsten Wirklichkeit«. Dieser Text ist allerdings eine Adaptation eines älteren, ursprünglich viṣṇuitischen und von der Philosophie des Sāṃkhya beeinflussten Textes, der *Ādhāra Kārikā* des Śeṣamuni.[1]

Ein kurzes und äußerst gedrängtes Werk ist außerdem die *Paryanta Pañcāśikā* in 52 Versen,[2] wo die wichtigsten Prinzipien der śivaitischen Theologie dargelegt werden.

Diese kurze und nicht vollständige Aufzählung der Werke des Meisters möge hier genügen als ein Einblick in ihre Fülle und Vielfalt.

---

1 Abhinavagupta hat ungefähr ein Viertel der Verse von Śeṣamuni übernommen und adaptiert. (*Paramārthasāra*, englische Übersetzung von L. Bansat Boudon und K. Tripathi, *An Introduction to Tantric Philosophy*.)

2 Vgl. V. Raghavan, *Abhinavagupta and His Works*, S. 33-69, Text mit Anmerkungen.

Śiva: Das Spiel seiner Freiheit

Śiva, der große Gott, ist mit seinen verschiedenen Namen und Symbolen, in seiner Transzendenz und Immanenz das Herz des Śivaismus. Bevor wir auf die besondere Theologie des Trika eingehen, ist es daher notwendig, einige allgemeine Merkmale dieses Gottes zu betrachten. Jede Schule des Śivaismus hat bestimmte seiner Eigenschaften, Namen oder Mythen bevorzugt und in ihrer Theologie und Spiritualität hervorgehoben. Die mythologischen Aspekte Śivas, die etwa in den Purāṇas so viel Platz einnehmen, dienen im Trika nur als Hintergrund für die symbolische, theologische und mystische Wirklichkeit dieses Gottes.[1]

Śiva ist schlechthin der Gott, der alle Gegensätze in sich vereint, die *coincidentia oppositorum*. Er ist Schöpfer und Zerstörer, er ist der große Asket und Yogi und gleichzeitig der große Liebende, der mit seiner Energie (Śakti), auch mit den Göttinnen Pārvatī oder Umā identifiziert, innig vereint ist. Er ist der Unerreichbare, Transzendente (*anuttara* im Trika) und gleichzeitig der den Kosmos Durchdringende, Immanente (*viśvamaya*). Er sitzt als Yogi unbeweglich auf dem Gipfel des Himalaya, und er tanzt in wildem Rhythmus den kosmischen Tanz, der alle Dinge in rhythmischer Bewegung hält (Naṭarāja). Er ist somit das Ideal der Yogis und das Vorbild der Tänzer. Seine Schönheit übertrifft alle irdische Schönheit, und doch wird er auch hässlich, mit Asche beschmiert und mit einer Kette aus Totenschädeln auf Leichenverbrennungsplätzen dargestellt (Kapālin). Er ist der Gnädige und Gütige (Śiva, Śaṅkara, Śambhu), aber auch der Schreckliche und Furchterregende (Rudra, Bhairava). Er ist der Herr der Seelen, der »gute Hirte« (Paśupati), und der Guru, der durch sein bloßes Schweigen

---

[1] Zu den mythologischen, archäologischen und kunsthistorischen Aspekten Śivas vgl. unter anderen Stella Kramrisch, *The Presence of Śiva*, Princeton 1981; Michael Meister (Hg.), *Discourses on Śiva*, Bombay 1984.

die Weisen belehrt und erleuchtet (Dakṣiṇāmūrti). Er ist der mit männlicher Schöpferkraft erfüllte Gott, und er vereinigt in sich auch das Männliche und Weibliche auf vollkommene Weise (Ardhanārīśvara, in androgyner Gestalt), indem er diese Unterscheidung transzendiert. Er bringt das lebenspendende Wasser der Gaṅgā (den mythischen Fluss Ganges) auf die Erde herab (Gaṅgādhara), und er zerstört am Ende eines Zeitalters die Welt mit seinem Feuer (Tripurāntaka). Er ist der Tod, die große Zeit (Mahākāla), aber auch der Überwinder des Todes (Mṛtyuñjaya). Er besitzt drei Augen (Trilocana, Virūpākṣa), das dritte Auge auf der Stirnmitte ist das Auge der Weisheit, mit dem er jede Dualität transzendiert und mit dem er seine Anbeter gnädig anblickt; doch verbrennt es auch als feuriges Auge die Begierde, den Gott des Eros (Kāmadeva) zu Asche, der Śiva in seiner Meditation mit seinen Pfeilen stört. Überhaupt ist die Dreizahl von fundamentaler Bedeutung in der Symbolik Śivas, denn sein Emblem ist der Dreizack (*triśūla*).

Sein wichtigstes Symbol ist das Liṅga, der einfache, nackte, kegelförmige Stein, der auch phallische Bedeutung hat.[1] Das Liṅga wird auch mit einem oder mehreren Gesichtern dargestellt, in dem der Gott aus der Formlosigkeit heraustritt und Gestalt annimmt, indem er sich dem Anbeter zuwendet. Śivas Ikonographie ist so reich wie seine Mythologie.[2]

Als reiner Geist ist Śiva der Gott der Philosophen und als Archetyp des Tänzers und Schauspielers ist er der Gott aller Künste. Er hat die drei Welten (Himmel, Erde und Unterwelt oder Luftraum) wie im Spiel erschaffen und geht in alle Gestalten der Welt ein, wie ein Schauspieler verschiedene Rollen annimmt.[3] So singt Bhaṭṭa Nārāyaṇa in seiner Hymne:

---

[1] Zur Bedeutung des Śivaliṅga vgl. B. Bäumer, »Unmanifest and Manifest Form according to the Śaivāgamas«, in: Anna Libera Dallapiccola (Hg.), *Shastric Traditions in Indian Arts*, Wiesbaden 1989, S. 339-349.

[2] Vgl. auch Stella Kramrisch, *The Presence of Śiva*, Princeton 1981; Michael Meister (Hg.), *Discourses on Śiva*, Bombay 1984.

[3] Vgl. B. Bäumer, »The Play of the Three Worlds. The Trika Concept

O Śiva! Du hast das Drama der drei Welten hervorgebracht,
das den Samen der Schöpfung und den Keim in sich
enthält.
Da Du das Vorspiel gespielt hast,
gibt es irgendeinen anderen Künstler
außer Dir, der es zu Ende führen kann?
(*Stavacintāmaṇi*, Vers 59)

Diese Vorstellung vom göttlichen Drama oder Spiel (*līlā*) hängt zusammen mit der allgemeinen Lehre der Āgamas von den fünf Tätigkeiten oder Akten Śivas (*pañcakṛtya*): Schöpfung, Erhaltung, Auflösung, Verhüllung und Gnade (*sṛṣṭi*, *sthiti*, *saṃhāra*, *tirodhāna*, *anugraha*). Er vollbringt diese Tätigkeiten ›wie im Spiel‹, nicht weil sie nur zum Schein wären und keine Realität besäßen, sondern weil er keine Absicht damit verbindet und weil er sie mühelos vollbringt, im Gegensatz zum menschlichen Tun. Mehr noch, nach der śivaitischen Lehre von der absoluten Unabhängigkeit Gottes (*svātantrya*) ist dieses »Spiel« nichts als ein Ausdruck seiner Freiheit. Dabei dienen auch die Aspekte der Zerstörung und der Verhüllung letztlich der Befreiung.

Bei all der Vielfalt mythologischer und symbolischer Assoziationen wird Śiva, der höchste Herr (Parameśvara), im Trika vor allem als das Absolute (*anuttara*) und als das Ziel des mystischen Weges betrachtet. Dies fasst Kṣemarāja in seiner *Parāprāveśikā* folgendermaßen zusammen:

»In Wahrheit ist der höchste Herr reines Geistlicht (*prakāśa*) und dieses Licht ist seinem Wesen nach Selbsterkennen (*vimarśa*), und das reine Bewusstsein ist ein Aufleuchten des absoluten und autonomen Ich, das gleichzeitig die Formen des Universums annimmt, es bestehen lässt, belebt und wieder einzieht. Wenn er nicht reines Bewusstsein wäre, könnte es nicht der Herr sein, sondern er wäre ein lebloses Ding. Und dieses lichtvolle Bewusstsein wird von der Überlieferung mit folgenden Worten bezeichnet: reiner Geist (*cit*), absolute

---

of *līlā*«, in: William Sax (Hg.), *The Gods at Play. The Concept of* līlā *in South Asia*, New York 1994, S. 35-49.

Geistigkeit (*caitanya*), transzendentes Wort, aus sich selbst geboren, vollkommene Autonomie, höchste Herrlichkeit des höchsten Selbst, freie Tätigkeit des ursprünglichen Täters, Aufleuchten, Essenz, Herz, Vibration (*spanda*). Und es ist dieser höchste Herr, reines Licht, höchstes, ungeschaffenes Ich, der Eigenschaften annimmt, leuchtet und sich durch seine höchste Energie im Universum manifestiert, vom Prinzip Śiva bis zur Erde.«[1]

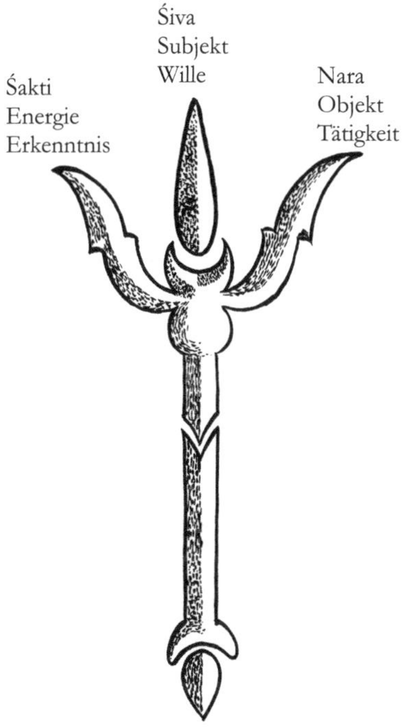

Abb. 1: *triśūla*, der Dreizack als Symbol für Trika

[1] *The Parāprāveśikā of Kṣemarāja*, hg. von Pt. Mukunda Rāma Shastri, KSTS 15, Bombay 1918, S. 1-3.

Die Metaphysik des Trika

In dem letzten Zitat finden wir fast alle Grundbegriffe der Metaphysik des Trika. Wie schon erwähnt, heißt *Trika* wörtlich »Dreiheit, Trinität« und bezieht sich auf die drei Grundprinzipien der Ontologie und Metaphysik: Śiva (Gott), Śakti (Energie) und Nara (Mensch bzw. die gesamte geschaffene Wirklichkeit). Im dualistischen Śaiva Siddhānta gibt es ebenfalls drei Prinzipien, die aber anders gedeutet werden: Śiva, *paśu* (»Seele«, wörtlich »Tier«) und *pāśa* (»das Band, die Bindung«). Im Trika kann man von einer »Dreieinigkeit« sprechen, da die drei Prinzipien im Grunde eins sind, als drei Aspekte der göttlichen Einheit. Die Dreiheit zieht sich hier durch alle Bereiche der Wirklichkeit hindurch, wie Abhinavagupta sagt: »Alles ist von dreifacher Gestalt.«[1] Gott besitzt drei Energien, die in allem wirksam sind. Hierarchisch geordnet sind es die höchste, transzendente (*parā*), die transzendent-immanente (*parāparā*) und die niedere, immanente (*aparā*). Nach ihrer Manifestation und ihrer Wirkung sind es die drei Energien Wille (*icchā*), Erkenntnis (*jñāna*) und Tätigkeit (*kriyā*), die auch der menschlichen Psychologie entsprechen. Ferner gibt es die drei Weisen der Wirklichkeit: Einheit (*abheda*), Einheit-in-Differenzierung (*bhedābheda*) und Differenzierung (*bheda*).[2] Jede dieser Dreiheiten ist aber in die nichtdualistische Schau integriert, sodass es sich nie um absolute Unterschiede handelt. Dieses System wird oft ›monistisch‹ genannt, doch scheint mir dieser Ausdruck nicht gerechtfertigt, denn Nichtdualismus bedeutet noch nicht Monismus. Die Bezeichnungen ›trinitarisch‹ oder ›ganzheitlich‹ (vgl. auch das Kula-System) wären treffender für diese Metaphysik. Abhi-

---

[1] *Sarvaṃ trikarūpam eva*, *Parātrīśikā-Vivaraṇa* zu Vers 1 des Tantra.

[2] Siehe das Schema unten S. 53 zur Übersicht. Es handelt sich bei den einzelnen Gegenüberstellungen um Entsprechungen, nicht um Identitäten.

navagupta sagt selbst, dass die höchste Wirklichkeit *advaita* und *dvaita*, Einheit *und* Vielheit, umfasst, weil sie nichts ausschließt.[1] Alle Differenzierung findet sich im Innern der ununterschiedenen Ganzheit.

Das Absolute des Trika ist reine Geistigkeit, reines Bewusstsein (*cit*, *saṃvit*) und wird als Licht (*prakāśa*) bezeichnet. Doch ist dieses absolute Licht nicht passiv oder unreflektiert, es erkennt sich selbst in einem freien Akt des Bewusstwerdens (*vimarśa*). Das Absolute enthält in sich diese zwei Aspekte, wobei das Geistlicht Śiva und die Reflexion oder das Selbsterkennen seine Energie ist. In diese innergöttliche Dynamik, die Transzendenz und Immanenz umfasst, ist auch die gesamte geschaffene oder manifeste Wirklichkeit einbezogen, die als real betrachtet wird (im Gegensatz zum Illusionismus anderer indischer Systeme). Der Aspekt der Energie ist nicht nur Selbstreflexion des Absoluten (*vimarśa*), sondern sprühendes Leben (*sphurattā*) und leuchtendes Vibrieren (*spanda*). Dieses Leben und Vibrieren ist wiederum kein automatischer Prozess, sondern reine Freiheit (*svātantrya*) und Fülle (*pūrṇatā*) des absoluten Ich (*aham*). Es ist klar, dass eine Spiritualität, die sich auf diese Metaphysik gründet, ebenfalls dynamisch sein muss, als Teilhabe an der kosmischen Schwingung und an der göttlichen Fülle und Freiheit.

Dies sind nur einige der Grundbegriffe der Metaphysik, die die Grundlage für die Heilswege bildet. Andere Aspekte werden in den Einführungen zu den Texten und in den Texten selbst zur Sprache kommen.

Śivaitische und christliche Mystik

Die vergleichende Mystik steckt noch in den Anfängen. Sie kann sich nicht allein auf die Texte berufen und muss die Erfahrung mit heranziehen, wenn sie ihrem Gegenstand gerecht werden will. Es wäre daher verfrüht, einen Vergleich der hier

[1] Vgl. TĀ II.18.

dargelegten Lehren und Erfahrungen mit der christlichen Mystik zu versuchen.[1] Hier seien nur ein paar Hinweise gegeben auf Entsprechungen und Parallelen in den verschiedenen mystischen Traditionen, die zu einem gegenseitigen Verständnis beitragen können.

Eine wichtige Voraussetzung, die den beiden Traditionen des Śivaismus und des Christentums gemeinsam ist, betrifft die Betonung der Gnade (vgl. TS XI). In beiden geht die Initiative des geistigen Weges und der mystischen Erfahrung von Gott aus. Die ›absteigende‹ Dimension der Mystik dominiert in beiden Traditionen, weil sie die Perspektive Gottes in den Mittelpunkt stellen. Die Stufen des Weges und der Erfahrung sind nichts anderes als Grade der göttlichen Gnade (vgl. TĀ XIII). Die Aufgabe des Menschen, der diesen Weg geht, besteht hier wie dort vor allem darin, sich zu läutern (*via purgativa*), sich von dem ihm angeborenen Makel (der Erbsünde im Christentum, der *malas* im Śivaismus) zu befreien, um aufnahmefähig zu werden für die Gnade.

Eine weitere gemeinsame Voraussetzung in beiden Traditionen ist die grundlegende trinitarische Struktur der gesamten Wirklichkeit und der Gotteserfahrung, wenn diese auch verschieden gedeutet wird. Ebenso wie der Śivaismus schließt das Christentum einen undifferenzierten Monismus, aber auch einen gefährlichen Dualismus zwischen Gott und Schöpfung oder Gott und Seele aus. Der trinitarische Entwurf bedeutet auch eine wesentlich dynamische Erfahrung der Gottheit, die nicht nur passiv in sich ruht (wie etwa das *brahman* des Vedānta), sondern durch ihre Energien in allem wirksam ist. Hier könnte ein Vergleich mit der Lehre des griechischen Theologen Gregor Palamas (etwa 1296-1359) von den göttlichen Energien äußerst fruchtbar sein. Diese Dynamik (vgl. den Begriff *spanda*) bezieht sich nicht nur auf das in-

[1] Ich bin mir der Gefahr der Verallgemeinerung bewusst, wenn man von ›christlicher Mystik‹ ohne Differenzierung spricht. Doch lässt sich eine solche Verallgemeinerung in der Kürze nicht ganz vermeiden.

nergöttliche Leben, sondern schließt die äußere, geschaffene Wirklichkeit mit ein.

Dazu gehört auch die Bedeutung des Leibes im spirituellen Leben, der im Tantrismus zu einem gefügigen Instrument des Geistes wird und der im Christentum dank der Inkarnation nie vom Geistigen ausgeschlossen werden kann. Auch hier gibt es aufschlussreiche Parallelen zwischen den Methoden der Hesychasten, deren Verteidiger Gregor Palamas war, und dem Tantrismus. In beiden Methoden spielen Konzentrationspunkte im (subtilen) Körper, wie zum Beispiel das Herz sowie die Harmonisierung des Atems mit dem Gebet, eine große Rolle. Eine erstaunliche Entsprechung zu der tantrischen Lehre von den *cakras* finden wir bei Palamas, wo es ebenfalls um die Verinnerlichung des Menschen und die Vergöttlichung des Leibes geht:

> Ein großer Lehrer hat geschrieben, »dass sich seit dem Sündenfall der innere Mensch nach äußeren Vorbildern formt«. Sollte es demnach einem Menschen, der innerlich werden will, nicht zum größeren Nutzen gereichen, seinem Geist statt der Längsbewegung die unfehlbare Kreisbewegung aufzuzwingen und, anstatt seinen Blick frei umherschweifen zu lassen, ihn auf Brust und Nabel zu heften? Wenn er sich äußerlich im Kreise einsammelt, ahmt er die innere Bewegung seines Geistes nach und zieht durch diese Körperhaltung die Kraft seines Geistes, den der Blick nach außen verflüchtigt, ins Innere seines Herzens ein. Wenn es stimmt, dass die Macht des inneren Tieres in der Gegend des Bauches und des Nabels ihren Sitz hat, wo das Gesetz der Sünde wirkt und ihm Weidegrund bietet, warum soll man denn nicht das entgegengesetzte Gesetz, schwer gewappnet durch das Gebet, ausgerechnet auf diesem Punkt errichten?[1]

Hier wie dort geht es um die Verwandlung des Leibes, nicht

[1] *Kleine Philokalie zum Gebet des Herzens*, hg. von Jean Gouillard, Zürich 1957, S. 211 f. Worauf es bei diesem Vergleich ankommt, ist nicht die Gebetshaltung, sondern die Verwandlung auch der

um ein Versinken im Leiblichen, wie der Tantrismus oft missverstanden wurde. Palamas schreibt von denen, »die ihren Geist in Gott aufgerichtet und ihre Seele in Liebe zu Gott verankert haben«: »Ihr verwandeltes Fleisch hat teil am Geist und verwächst mit ihm im Teilhaben an Gott. Bei ihnen wandelt sich auch das Fleisch zur Wohnung und zum Hause Gottes.«[2] Ebendies ist das Anliegen des tantrischen Yogi (vgl. *Dehasthadevatācakra-Stotra*).

Es wäre nicht schwer, zu Abhinavaguptas Geist- und Lichtmystik Parallelen in der christlichen Literatur zu finden. Dass es sich dabei nicht um metaphysische Abstraktionen handelt, zeigt auch der śivaitische Gottesbegriff, den man mit dem biblischen »Gott ist wie ein verzehrendes Feuer« übersetzen könnte. Doch soll nur noch der zentrale Punkt ins Blickfeld gerückt werden, auf den die ganze śivaitische Mystik hinzielt. Worum geht es letztlich in all diesen Lehren und Wegen? Um die Erlangung der eigenen, göttlichen Natur, um das Einswerden mit dem göttlichen Ich (*aham*), das das individuelle, abgespaltene ›Ich‹ (*aṇu*) aufhebt und gleichzeitig erhöht. Dieses göttliche Ich wird von Meister Eckhart in seinem Kommentar zu dem »Ich bin, der ich bin« der biblischen Gottesoffenbarung (Exodus 3,14) in seiner ganzen Dynamik beschrieben, die auch im Ausdruck sehr nahe an Abhinavaguptas Sprache herankommt:

> Die Wiederholung: *Ich bin, der ich bin* zeigt die Lauterkeit der Bejahung unter Ausschluß jeder Verneinung von Gott an. Wiederum auch eine Art Rückwendung des Seins zu sich und auf sich selbst und ein Verharren oder Feststehen in sich, ferner aber gleichsam ein Aufwallen oder Sich-selbst-Gebären – (das Sein) ist in sich brausend und in sich und aus sich fließend und wallend, Licht …, das sich selbst ganz durchdringt, das von allen Seiten ganz auf sich selbst zurückfließt und -strahlt … Daher heißt es: »in ihm war das

als ›niedrig‹ angesehenen Zentren im Körper in Konzentrationspunkte.

[2] Ebenda, S. 212.

> Leben« (Johannesevangelium 1,4). Leben nämlich bedeutet eine Art Überquellen ... So zeigt *ich bin, der ich bin* die Unvermischtheit des Seins und seine Fülle an.[1]

Was die Wege und Weisen betrifft, zur Vereinigung mit Gott zu gelangen, so relativiert Meister Eckhart sie ebenso wie Abhinavagupta. Wenn dieser vom »weglosen Weg« (*anupāya*) spricht, so sagt Meister Eckhart: »Wer aber Gott ohne Weise sucht, der erfasst ihn, wie er in sich selbst ist.«[2]

In diesen wenigen Hinweisen aus der Fülle der christlichen Mystik ging es nicht darum, nur Gemeinsamkeiten aufzuzeigen und dabei die Unterschiede zu verschweigen. Worum es geht, ist einzig und allein, eine Brücke zu schlagen zum Verständnis zwischen zwei sonst so verschiedenen Geistes- und Erfahrungswelten. Begehen muss diese Brücke jeder, der die Spiritualität einer anderen Tradition nicht nur als intellektuelles Kuriosum studieren, sondern auch nachvollziehen will.

Zur Textauswahl

Für eine erste Darstellung und deutsche Übersetzung war es nicht leicht, aus dem umfangreichen Werk von Abhinavagupta passende Texte auszuwählen. Einige sind zu ausführlich (wie das *Tantrāloka* oder die *Īśvarapratyabhijñā Vimarśinī*), andere zu esoterisch (wie das *Parātrīśikā-Vivaraṇa*), wieder andere zu kurz und komprimiert (wie die *Paryantapañcāśikā*). In der Länge hätte sich das *Paramārthasāra* angeboten, doch da es die Überarbeitung eines früheren Textes ist und insofern nicht zur Gänze das Werk unseres Autors, war es auch nicht geeignet für ein erstes Kennenlernen. Die Werke zur Ästhetik

---

1 Meister Eckhart, *Predigten und Schriften*, übersetzt von Friedrich Heer, Frankfurt/Main 1956, S. 155 f.

2 Dieser Gedanke der ›Weiselosigkeit‹ des Weges zu Gott ist so zentral in Meister Eckharts Mystik, dass es nicht nötig ist, ihn durch Zitate zu belegen. Vgl. unter anderen Alois M. Haas, *Meister Eckhart als normative Gestalt geistlichen Lebens*, Einsiedeln 1979, S. 21-25.

und Poetik kamen thematisch nicht infrage. Eine Anthologie aus allen Werken zusammenzustellen, wäre verlockend, aber nicht befriedigend, weil man die Gedanken zunächst in ihrem ursprünglichen Zusammenhang verstehen muss. Alle diese Überlegungen haben zu der vorliegenden Auswahl beigetragen: Das *Tantrasāra* hat den Vorteil, dass es die Heilswege in Kürze darlegt als Zusammenfassung des Hauptwerkes *Tantrāloka*.

Innerhalb des *Tantrasāra* musste wieder eine Auswahl getroffen werden, die sich auf die ersten fünf Kapitel konzentriert, die die Heilswege zum Thema haben. Da die Lehre von der Gnade (*śaktipāta*) wesentlich zum Verständnis der Heilswege gehört, wurde auch das XI. Kapitel einbezogen, weiter ergänzt durch das XII. Kapitel, das mit Initiation und deren Vorbereitung zu tun hat. Die folgenden Kapitel enthalten viel rituelles und esoterisches Material wie zum Beispiel die verschiedenen Formen der Initiation (*dīkṣā*). Das VI. und das VII. Kapitel enthalten den »Weg der Zeit« und den »Weg des Raumes«, die zum individuellen Heilsweg gehören. Eine vollständige deutsche Übersetzung des *Tantrasāra* kann später einmal folgen.[1]

Neben seinen philosophischen und ästhetischen Werken war Abhinavagupta auch ein bedeutender Hymnendichter. Seine Hymnen (*Stotras*) boten sich als mystisch-philosophische Texte für unsere Auswahl an. Mit Ausnahme des *Kramastotra* wurden alle Abhinavagupta zugeschriebenen und erhaltenen Hymnen übersetzt.

---

[1] Das *Tantrasāra* ist vollständig ins Italienische übersetzt von R. Gnoli und ins Englische von H. N. Chakravarty (siehe Literaturverzeichnis).

Ebenen	Metaphysische Kategorien	Heilswege *upāya*	Energien Śakti	Bewusstsein	Erkenntnis	Wort *vāc*	Zustand *avasthā*	Person
Jenseits des Höchsten *parātīta*	das Absolute *anuttara*	Unvermitteltheit *anupāya*	Seligkeit *ānanda*		Reines Bewusstsein *pramiti*	Transzendentes Wort *parā*	Transzendenter Zustand *turya*	Jenseits von Subjekt und Objekt
höchste *para*	Śiva Gott	göttlicher Weg *śāmbhava*	Wille *icchā*	Einheit *abheda*	Erkenner *pramātṛ*	›sehendes Wort‹ *paśyantī*	Tiefschlaf *suṣupti*	Ich
mittlere *parāpara*	Śakti Energie	Weg der Energie *śākta*	Erkenntnis *jñāna*	Einheit-in-Unterschiedenheit *bhedābheda*	Erkenntnis *pramāṇa*	gedachtes Wort *madhyamā*	Traum *svapna*	Du
niedere *apara*	Nara Geschöpf	individueller Weg *āṇava*	Tätigkeit *kriyā*	Unterschiedenheit *bheda*	Objekt *prameya*	gesprochenes Wort *vaikharī*	Wachen *jāgrat*	Er, sie, es

Abb. 2: Śiva. Chola-Bronze, etwa 12. Jh., Südindien

I. TEIL
DIE ESSENZ DER TANTRAS:
TANTRASĀRA

EINFÜHRUNG

Der Text

Das gesamte Corpus der Tantras ist so umfangreich, dass sowohl in der Zeit nach ihrer Redaktion (etwa zwischen dem 5. und dem 9. Jahrhundert) wie heute nur wenige Meister es ganz überblicken können. Seit früher Zeit bestand daher das Bedürfnis, die vielfältigen und reichen Heilslehren, Riten, philosophisch-religiösen Spekulationen und mystischen Disziplinen der Tantras in einer Kurzfassung zugänglich zu machen, die das Wesentliche enthält und dem Suchenden (*sādhaka*)[1] den Weg in diesem dichten Dschungel weisen kann. Abhinavagupta war einer der größten Meister, der sich dies zur Aufgabe gemacht hat und sein *Tantrāloka*, »Licht der Tantras«, in der Absicht verfasst hat, die tantrischen Wege klar und übersichtlich zusammenzufassen. Doch war auch dieses Werk, das in der Ausgabe der »Kashmir Series of Texts and Studies« mit dem Kommentar von Jayaratha zwölf Bände umfasst, für viele seiner Schüler zu schwierig und umfangreich, sodass er es aus Mitleid mit ihnen in eine kürzere Fassung komprimierte: *Tantrasāra*, »Die Essenz der Tantras«.

Einer der Gründer der Schule, Somānanda, fragt in seiner *Śivadṛṣṭi*, der »Schau Śivas«, als Advocatus Diaboli nach dem Sinn all dieser Schriften: »Wozu dienen die Meister, die heiligen Schriften usw.? – Darauf antworten wir: Gott selbst ist es, der sich in ihnen offenbart. – Doch zu welchem Zweck will

---

[1] Ich verwende das Wort *sādhaka* hier im heutigen Sprachgebrauch, wo es jeden meint, der einen spirituellen Weg geht. Im technischen Sinn des Śivaismus bezeichnet es einen bestimmten Eingeweihten. Vgl. Hélène Brunner, »Le *Sādhaka*, personnage oublié du Śivaisme du sud«, in: Journal Asiatique 263 (1975), S. 411-443.

Gott sich selbst mittels der Schriften erleuchten? Was ist der Zweck dieser deiner Schrift, und wen will sie erleuchten? – (Die einzige Antwort darauf lautet:) Er selbst manifestiert sich auf diese Weise aus seinem freien Willen gleichzeitig als Autor (der heiligen Schriften), als zu erleuchtender Schüler und als Erleuchteter, er selbst ist der Anhänger einer religiösen Lehre und auch die Frucht der religiösen Observanz« (*Śivadṛṣṭi* III.73-76a).

Abhinavagupta hatte die Gewohnheit, umfangreiche und schwierige Werke nachträglich in eine Kurzfassung zu kondensieren, um den Inhalt weniger fortgeschrittenen Schülern nahezubringen. Es gibt von ihm noch eine weitere Zusammenfassung des *Tantrasāra* in der kleinen Schrift *Tantravaṭadhānikā*, »Ein Same des großen Baumes der Tantras«. Wie bei allen Zusammenfassungen besteht das Problem auch beim *Tantrasāra* darin, dass die Materie in äußerst gedrängter Form dargestellt und zu viel vorausgesetzt wird. Im Unterschied zum *Tantrāloka* gibt es hier keinen Kommentar, und es ist daher notwendig, die kurzen Kapitel zu erläutern. Hinzu kommt noch, dass es sich nicht um einen philosophisch-theologischen Text handelt, sondern um einen Text, der in die Geheimnisse der spirituellen Praxis der Tantras einführt und dabei die Philosophie der Schule großenteils schon voraussetzt. Der philosophische Hintergrund wird nur in Kürze angedeutet, weil der Autor ihn anderswo ausführlich behandelt hat. Was das Verständnis erschwert, ist auch die bewusste Geheimhaltung gewisser Lehren des Tantra bzw. deren Verschlüsselung. Ihre Enthüllung bedeutet oft auch eine Verhüllung, wie Abhinavagupta sagt: »Ein großes Geheimnis soll weder an einem Ort erklärt werden, noch soll es völlig geheim gehalten werden!« (TS IV) Sein Text hält sich also gewissermaßen in der Mitte. Wie alle tantrischen Texte verlangt er auch die Verbindung mit der lebendigen Tradition, die von Meister zu Schüler weitergegeben wird, nicht nur als Lehre, sondern auch als Erfahrung. Dies ist auch der Grund, warum der Initiation (*dīkṣā*) so viel Bedeutung beigemessen wird und viele Kapitel des *Tantrāloka* sowie des *Tantrasāra* den verschiedenen

Graden der Initiation gewidmet sind. Erst hier erhält der Text seine Tiefendimension, die auch immer wieder angedeutet wird.

Schon der Titel *Tantrasāra* kann auf zwei Ebenen interpretiert werden: *Sāra* bedeutet zunächst einfach die Essenz einer beliebigen Substanz, das Konzentrat; im mystischen Sinn bedeutet es aber das Herz (*hṛdaya*), das innerste Wesen des Herrn. Kṣemarāja erklärt das Wort »Herz« als »das Licht des Bewusstseins, das der begründende Ort des Universums ist«.[1] Ebenso versteht Abhinavagupta den Sinn seines Werkes, wie er am Schluss der beiden letzten Kapitel deutlich macht: Diese »Essenz« ist transzendent (*anuttara*, *lokottara*), sie enthält in sich Geist, Intuition und Erkenntnis, und durch sie gelangen alle Menschen zu Śiva (TS XXI und XXII, Schlussverse). Ebendies ist der Zweck dieser Schriften, die Vereinigung mit Gott.

Aufgrund der Knappheit der Aussagen kann der Text des *Tantrasāra* nur verstanden werden, wenn man auf die entsprechenden Kapitel des *Tantrāloka* zurückgreift, unter Einbeziehung des ausführlichen Kommentars von Jayaratha (etwa 1150-1200 n. Chr.). Doch stellt es trotz dieser Schwierigkeiten eine gute Einführung in die Heilswege, die Lehren, die mystische und rituelle Praxis der Schule dar. Der Text umfasst 22 Kapitel, während das *Tantrāloka* aus 37 Kapiteln besteht. Wir wählen daraus nur die Kapitel aus, die sich direkt auf die Heilswege (*upāya*) beziehen, einschließlich des Kapitels über die Gnade, das wesentlich dazugehört. Diese Auswahl ist dadurch begründet, dass die anderen Kapitel mehr rituellen und spezifischen Inhalt haben, wie etwa die verschiedenen Stufen und Riten der Initiation, die für eine erste Einführung in die Spiritualität nicht notwendig sind.

Auch stilistisch besteht ein Unterschied zwischen *Tantrāloka* und dessen Kurzfassung; denn Ersteres ist durchgehend in Versen verfasst, während das *Tantrasāra* in Prosa geschrieben ist mit eingestreuten zusammenfassenden Versen. Diese

---

[1] *Śivasūtra-Vimarśinī* I.15.

Form wird auch in der Übersetzung beibehalten. Ein sprachliches Problem stellen die Schlussverse der einzelnen Kapitel in Prakrit dar, die auch von Spezialisten des Mittelindischen noch nicht entziffert werden konnten, wahrscheinlich wegen der Fehlerhaftigkeit der Textüberlieferung. Ich konnte nur einen dieser Verse übersetzen, dessen Sinn mir klar verständlich war (Kap. III, Prakrit-Vers).

Der gesamte Text des *Tantrasāra* wurde von Raniero Gnoli ins Italienische und von H. N. Chakravarty in Hindi und ins Englische übersetzt, einzelne Kapitel hat L. Silburn ins Französische übertragen.[1]

Die Heilswege

Abhinavagupta hat in seinen beiden Werken auf meisterhafte Weise alle Heilswege, Methoden, Riten und spirituellen Übungen, die er in der Tradition der Āgamas und Tantras vorfand, übersichtlich in einer Synthese versammelt. Er wandte dabei das Schema der Einteilung in vier bzw. drei Wege oder Kategorien an, die er »die vier Weisen der Erkenntnis«, die vier »Heilsmittel« (*upāya*) oder, vom Gesichtspunkt des Ziels aus, die vier »Weisen der Vereinigung« (mit Śiva, *samāveśa*) nennt.[2] Diese Kategorisierung bedeutet keine Begrenzung der Mittel zur Verwirklichung des höchsten Ziels des Menschen; denn alles, was dazu dienen kann, das Bewusstsein zu erweitern, jede spirituelle Methode kann in diese vier Wege eingebracht werden. Sie sind daher nicht exklusiv, sondern inklusiv, weil sie letztlich Aspekte des Herrn sind. Der Weg ist zugleich das Ziel: »Die vierfache Natur des erwachten (*udita*) Bewusst-

---

1 Siehe Literaturverzeichnis.

2 Vgl. TĀ I.245 und 167ff. Das Wort *upāya*, von dem Verb *upa-i-*, bedeutet den Zugang, die Annäherung, die Methode, den Weg; und *samāveśa* bedeutet das vollkommene Eingehen, die Absorption, Vereinigung, ein Begriff, der dynamischer ist als *samādhi*, »Versenkung«, und ihm doch verwandt.

seins des alldurchdringenden Herrn soll man erkennen als seine eigene Natur, der immer offenbare (*nityodita*) Herr« (TĀ II.4).

Die Quelle zu diesen vier Wegen fand Abhinavagupta in dem von ihm bevorzugten *Mālinīvijayottara Tantra*, als dessen Kommentar er sein *Tantrāloka* verstand, doch finden wir dort eine aufsteigende Einteilung in drei Weisen der Vereinigung mit Gott: die individuelle Weise (*āṇava*), die Weise der göttlichen Energie (*śākta*) und die göttliche Weise (*śāmbhava*, MVT II.20). Abhinavagupta hat diese Ordnung umgekehrt und eine vierte Stufe hinzugefügt, wie wir noch sehen werden. Die folgenden Verse des Tantra stellen den Hintergrund dar:

> 21. Die Vereinigung, die sich (der Mittel) des aufsteigenden Atems, der Sinnesorgane, der Meditation, der Laute und der Konzentration auf die Zentren[1] bedient, wird die »individuelle« genannt.
>
> 22. Wenn man über ein Ding mit dem Geist allein meditiert, ohne die Vermittlung (durch andere Mittel wie) das Aussprechen (von Mantras, *uccāra*), so wird die Vereinigung, die man dadurch erlangt, die »der göttlichen Energie« genannt.
>
> 23. Die Vereinigung, die in einem entsteht, der frei von Gedanken ist, aufgrund einer intensiven Erweckung,[2] wird »die göttliche« genannt. (MVT II.21-23)[3]

Diese kurze Beschreibung nennt nur die wesentlichen Elemente dieser drei Wege. Sie scheint schon eine ganze Tradition dieser verschiedenen Methoden vorauszusetzen, die sie in drei Stufen einordnet. Die Frage, ob es sich hier um Stufen eines Aufstiegs zu Gott handelt, wird von Abhinavagupta gelegentlich gestreift. Es ist gewiss eine Hierarchie, in der es eine höhere und eine niedrigere Stufe gibt, doch nicht im Sin-

---

1 *Sthānaprakalpanā*, Konzentration auf innere oder äußere Punkte.

2 Oder: »aufgrund einer Erweckung durch den Guru«; diese zwei Interpretationen sind möglich und wurden auch von Abhinavagupta und Jayaratha vorgebracht.

3 Zitiert in umgekehrter Reihenfolge in TĀ I.168-170.

ne des Aufsteigens von der einen zur anderen. Es wird immer wieder betont, dass jeder Weg zum selben Ziel führt, gleichgültig, wo man beginnt. Es ist jedoch bezeichnend, dass Abhinavagupta diese ursprüngliche Ordnung umkehrt und ihr einen »vierten Weg« voranstellt: den »weglosen Weg«, das unvermittelte Mittel (*anupāya*).

Diese vier Wege sind nicht so sehr vier verschiedene Methoden als vielmehr ein Interpretationsschema, das sich auf die Bewusstseinsebenen bezieht, von denen ausgehend sich jemand auf den geistigen Weg macht. Letztlich weiß nur der Guru, auf welcher Stufe sich der Schüler befindet und welches Mittel seinem Bewusstseinszustand angemessen ist. Dieses Schema ist wie eine geistige Landkarte, die nur für den sinnvoll ist, der sich auf dem Terrain auskennt und daher auch anderen den Weg weisen kann. Doch gibt es auch dem Unerfahrenen Erkennungszeichen an die Hand, um seinen Weg zu überprüfen. Die Unterschiede passen sich nur den verschiedenen Fähigkeiten und Ausgangspositionen der Seelen an, sie bedeuten keinen Unterschied im Hinblick auf das Ziel. Die Differenzierung betrifft nur die Grade der Intensität und wie schnell, direkt oder langsam, sozusagen auf Umwegen, man sein Ziel erreicht.

Die drei Wege (der vierte, *anupāya*, kann nicht eigentlich als Weg gezählt werden) entsprechen der trinitarischen Grundstruktur der Metaphysik des Trika (siehe das Übersichtsschema oben S. 53) und können nur vor diesem Hintergrund verstanden werden. Die gesamte Wirklichkeit entfaltet sich in drei Momenten – die nicht zeitlich zu verstehen sind, obwohl sie sich auch in eine zeitliche Dimension ausfalten können: die drei metaphysischen Größen Śiva, Śakti und Nara (der Mensch), auf die sich jeweils der göttliche Weg, der Weg der Energie und der Weg des Individuums beziehen. Die höchste Stufe des geistigen Weges ist, wie wir noch sehen werden, nicht verschieden von Gott selbst. Ausgangspunkt und Ziel sind dasselbe. Auf der zweiten Stufe befindet sich der Übende im Bereich der Śakti, er hat Anteil an der göttlichen Energie und ihrer Erkenntniskraft. Auf der niedersten Ebene, die den allgemeinsten Bewusstseinszustand darstellt, ist der Suchende im Bewusstsein seiner Individualität, seiner Geschöpflichkeit, gefangen (*aṇu* oder *nara*). Er muss von diesem getrennten und zerstreuten Zustand allmählich zum Bewusstsein seiner geistigen Natur aufsteigen.

Ferner faltet sich die Dreiheit der Energien aus in Wille (*icchā*), Erkenntnis (*jñāna*) und Tätigkeit (*kriyā*), was den folgenden drei psychologischen Momenten entspricht: »Alle Dinge hängen von (den Energien) Wille, Tätigkeit oder Erkenntnis ab; denn nichts erscheint, was nicht in dieser erkennenden Energie ruht, die sich ausdrückt als ›ich will, ich tue, ich erkenne‹.«[1]

In seiner Einführung ins Thema der Heilswege im *Tantrāloka* (I.140-149) gibt Abhinavagupta eine kurze Übersicht:

140. Der Herr offenbart sein eigenes Wesen
einigen erkennenden Seelen in Fülle,
anderen stufenweise und teilweise.

141. Die Offenbarung seines eigenen Wesens,
die eine Wirklichkeit,
die die gesamte Wirklichkeit durchdringt,
ist für die Seelen die höchste Erkenntnis.
Die davon verschiedene, niedere Erkenntnis ist vielfältiger Natur.

142. (Die Erkenntnis) kann sich offenbaren durch ein direktes Mittel
oder durch indirekte Mittel,
die sich in vielfältige Wege aufteilen. 〈…〉

144. Der »Weg der Erkenntnis« besteht nicht aus Unwissenheit,
sondern aus einer subtilen Erkenntnis.
Das höchste Mittel gründet sich auf den Willen.

[1] *Parātrīśikā Laghuvṛtti*, S. 17 (Abhinavagupta zugeschrieben).

145. Die Unterscheidung in Wege und Ziel
ist nur eine grobe Verwirrung der Erkenntnis (aufgrund der) Energie der Tätigkeit,
der Ursache von Gebundenheit und Befreiung.

146. Was unmittelbar aufleuchtet
im Ursprung der Selbsterkenntnis,
im Bereich der Einheit, frei von Vorstellung,
wird der (göttliche) »Weg des Willens« genannt.

147. Die Wirklichkeit, die sich einigen in Klarheit offenbart,
wenn sie die Augen weit offen haben,
ohne die Reflexion einzuschalten,
dies ist die göttliche Natur.

148. Wenn man wiederholt über etwas nachdenkt
in einer stufenweisen Überlegung,
die sich auf eine Gewissheit gründet,
die aus klaren Vorstellungen besteht,
so ist dies der »Weg der Erkenntnis«.

149. Was als »Weg der Tätigkeit« überliefert ist,
bedient sich äußerer Dinge als Mittel,
gebildet aus der Vorstellung.
Doch die Unterscheidung der Wege
betrifft nicht das höchste Ziel, die Befreiung.

Hier wird deutlich, dass es eigentlich um die Selbstoffenbarung des Herrn geht, doch sind nicht alle Seelen bereit, diese unmittelbar zu empfangen, und daher ist eine Vielfalt von Wegen nötig. Der kaschmirische Śivaismus schließt im Prinzip keinen Weg aus, der das Bewusstsein läutert, erhebt und erweitert. Es mag daher scheinen, dass auf den ersten Blick unzusammenhängende Methoden unter einen Weg subsumiert werden, doch besteht ihr Zusammenhang in der Bewusstseinsstufe, zu der sie gehören.

Die drei Wege, die den drei Energien entsprechen, sind drei

Phasen in der Entfaltung des Kosmos und des Menschen (»von den Insekten bis zum Allwissenden«, wie das *Samuccaya Tantra* es zusammenfasst[1]). Was sich in der Kosmologie nach außen manifestiert, wird im spirituellen Weg zurückgeführt in den Ursprung, doch die Elemente sind dieselben. Das erste Moment, in dem das Ich in seiner Fülle besteht, ist der Ursprung, aus dem alles Erkennen und Tun auftaucht. Es ist selbst undifferenziert (*nirvikalpa*), reines Subjekt ohne Objekt, reines Bewusstsein, in dem alles innerlich ist. Und doch fehlt nicht die innere Dynamik, die nach der Lehre von der universalen Schwingung (*spanda*) alle Ebenen durchdringt: In diesem ersten Moment erhebt sich ein Impuls, eine Intensität und Intentionalität, die noch auf keinen Gegenstand gerichtet sind, sondern nur auf den Willen zu sehen, zu handeln usw. »Wille« (*icchā*) ist hier nicht als selbstherrliche Absicht zu verstehen wie im neuzeitlichen westlichen Denken, sondern als subtiler innerer Antrieb. Man kann es auch als Liebe im ursprünglichen Sinn deuten. Dies ist die erste Person, reines Ich (*aham*).

Im zweiten Moment ist die Selbstentfaltung schon fortgeschritten und es entsteht die Erkenntnis (*jñāna*), die zwischen Absicht und Tun, zwischen innerem Impuls und äußerer Aktivität vermittelt. Hier faltet sich das Bewusstsein aus und differenziert sich in Gedanken und Vorstellungen (*vikalpa*), Gefühle und Gegenstände werden wahrgenommen. Es ist die Phase der zweiten Person, des Du (*tvam*).

Die dritte Stufe wendet sich noch mehr nach außen, zur Objektivität, nicht nur im Sinn der Erkenntnis, sondern auch des Tuns (*kriyā*). Während das erste Moment jenseits von Raum und Zeit lag und das zweite eine verinnerlichte Erfahrung von Raum und Zeit enthält, ist das dritte Moment in Raum und Zeit manifestiert, wo Tätigkeit möglich wird. Es ist die Phase der dritten Person, des ›Er/Sie/Es‹.[2] Diese drei

1 Zitiert in Abhinavagupta, *Parātrīśikā-Vivaraṇa*, S. 80.

2 Diese Entwicklung der drei Momente findet sich in mehreren Texten von Abhinavagupta, zum Beispiel im *Parātrīśikā-Vivaraṇa* und im *Tantrāloka*.

Phasen sind auch – in absteigender Ordnung – transzendent, subtil und grobstofflich (*para*, *sūkṣma*, *sthūla*) und beziehen sich auf den Erkenner, die Erkenntnis und das Erkannte (*pramātṛ*, *pramāṇa*, *prameya*). So weit der allgemeine Hintergrund.

Gewöhnlich würde man annehmen, wenn die Rede von »Wegen« ist, dass es sich um ein stufenweises Aufsteigen vom niedrigeren zum höheren Bewusstseinszustand handelt. Die Tatsache, dass Abhinavagupta diesen Stufenweg umkehrt, ist in seiner Theologie und Mystik begründet. Theologisch bedeutet es, wie wir schon gesehen haben, dass die göttliche Wirklichkeit, das Licht des Geistes, immer und überall offenbar und gegenwärtig ist, dass daher keine Methode dorthin führen kann. »Wege« sind es daher nur im uneigentlichen Sinn. In der spirituellen Praxis bedeutet diese Umkehrung, dass der Guru zunächst von der höchsten Stufe beginnt. Wenn der Schüler rein und wach ist, kann er sofort die göttliche Wirklichkeit erfahren. Wenn er nicht ganz bereit ist, wird er von selbst auf die niedrigere Stufe absteigen, die ihm angemessen ist, und der Meister wird ihn darin anweisen. Wenn er aufgrund innerer Hindernisse auch diesen Weg bis zum Ende zu gehen nicht fähig ist, fällt er auf eine noch niedrigere Stufe, wo er sich mehr bemühen muss. Dies ist der praktische Aspekt der absteigenden Ordnung der Wege.

Abhinavagupta betont immer wieder, dass die Vielfalt der Wege die Einheit und vollkommene Freiheit Gottes nicht berührt (vgl. TĀ I.159): »Die verschiedenen Mittel, die (dem Ziel) ferner oder näher sind, sind nur eine Schöpfung derselben (göttlichen) Freiheit, und sie hängen nur ab von der Freiheit des Geistes.« (TĀ I.91) Der höchste Herr ist fähig, auch das Unmögliche zu vollbringen: »In welcher Form erscheint nicht der höchste Herr? Dank der Fülle seiner Freiheit vollbringt er auch die schwierigsten Dinge.« (TĀ I.92)

Es wäre auch falsch zu denken, irgendein Mittel, selbst die Erkenntnis, könne Ursache der Befreiung sein. Das Gesetz von Ursache und Wirkung ist hier nicht anzuwenden, weil die Befreiung das Ziel aller Wege, die Selbstoffenbarung des eigenen Seins, ist (vgl. TĀ I.159-161). Wenn man die verschiedenen Heilsmittel als Ursachen betrachtet, so sind sie es nur, insofern sie die Unreinheiten und Hindernisse (*mala*) zerstören, doch das Ergebnis ist nur eines (TĀ I.166). Die Wirklichkeit offenbart sich in dem Maß, in dem die Verblendung und Verwirrung verschwindet, und dies geschieht durch Gnade und kann nicht das Ergebnis einer bewussten Bemühung sein. Doch hindert diese Tatsache nicht, dass die Methoden und Praktiken, die in den Heilswegen vorgeschrieben werden, einen Zweck erfüllen, indem sie den Geist läutern und bereit machen für die eigentliche transzendente Erfahrung. Dies wird deutlicher werden in der Beschreibung der einzelnen Wege.

Der weglose Weg: anupāya

Metaphysisch gesprochen ist dies der einzige »Weg«, der mit dem Ziel identisch ist;[1] deshalb bezeichnet Abhinavagupta den »transzendenten Bereich« (*anuttara-dhāma*) als den eigentlichen Gegenstand des Kapitels über *anupāya* (TĀ II.50). Hier gibt es letztlich keinen Weg, keinen, der ihn geht, kein Ziel, keine Anstrengung; denn alles ist schon das Ziel selbst, Śiva, der »immer Offenbare« (*nityodita*, II.4). Nur denen, die vollkommen rein sind, wird diese Vereinigung (*samāveśa*) gnadenhaft geschenkt, sie sind an keine Mittel gebunden (II.34), ihnen »bleibt nichts anderes als das Eindringen (oder Durchdrungensein, *āveśa*) in die höchste Wirklichkeit, frei von jeder Vorstellung. Für sie gibt es keine Mantras, keine Meditation, keinen Kult, keine Vorstellung, noch irgendeine Illusion« (II.36-37).

Anupāya wird auf zweierlei Weise erklärt: 1. im Sinn der Negation, als das Fehlen jedweden Mittels, und 2. als ein redu-

---

[1] Vgl. B. Bäumer, »Die Unvermitteltheit der höchsten Erfahrung bei Abhinavagupta«, in: Gerhard Oberhammer (Hg.), *Transzendenzerfahrung, Vollzugshorizont des Heils*, Wien 1978, S. 61-79.

ziertes Mittel, das nur einem Anstoß gleichkommt. Der erste Fall ist äußerst selten, im zweiten ist nur ein Auslöser nötig, um die Erleuchtung hervorzurufen, wie zum Beispiel der Anblick eines Vollkommenen oder das einmalige Wort eines Meisters, das unmittelbar ins Herz des Schülers eindringt und ihn in einen dauerhaften Zustand der Befreiung versetzt (vgl. TĀ II.1-2). Wäre der Zustand nicht permanent, so müsste der Schüler wieder auf einer anderen Stufe beginnen und wäre so nicht mehr im »weglosen Weg«.

Metaphysisch gesprochen ist dies der wahre Seinszustand, in den letztlich alle anderen Mittel und Wege münden müssen. »Die Unterscheidung zwischen Wegen und Ziel beruht auf einer Verwirrung, bedingt durch die Unschärfe des Erkennens; denn die göttliche Kraft der Aktivität (*kriyāśakti*) ist die einzige Ursache von Bindung und Befreiung.« (TĀ I.145) Jayaratha kommentiert weiter: »... denn in Wirklichkeit ist das Ziel (*upeya*) nichts anderes als Śiva, der vom Wesen des höchsten Lichtes ist, und er selbst ist es, der überall leuchtet, und es gibt nichts, wo er nicht erreicht wäre. Daher haben die Mittel keinerlei Zweck, weil sie dazu dienen, nicht Erkanntes erkennen zu lassen (Śiva aber immer schon erkannt ist).«

Dieser »Weg« fällt jenen von selbst zu, die eine intensive Gnade empfangen haben (*tīvraśaktipāta*, vgl. TS XI). Wesentlich ist auch, dass die vollkommenen Seelen, denen *anupāya* zuteilwird, nichts mehr für sich selbst suchen, sondern die empfangene Gnade nur mehr für das Heil der anderen, ja der ganzen Welt nutzen (vgl. TS II). Sie sind insofern mit dem *bodhisattva* des Mahāyāna-Buddhismus zu vergleichen, der nur mehr für die Befreiung der anderen Lebewesen da ist. Das Gleiche trifft auch auf den Yogi zu, der sich auf dem »göttlichen Weg« befindet.

> Die Erleuchtung dient für einige nur zum Zweck ihrer eigenen Befreiung, doch andere leuchten für die Erlösung des ganzen Universums –
> so wie ein Leuchtkäfer (nur sich selbst erhellt), ein Juwel (das Licht reflektiert), die Sterne (von ferne leuchten), der

Mond (mehr erleuchtet) und die Sonne (das ganze Universum erleuchtet).
(TĀ XIII.159)

Der göttliche Weg: śāmbhava upāya

Dieser Weg gehört in den Bereich Śivas (*śāmbhava* ist abgeleitet von *śambhu*, einem Namen Śivas), des ungeteilten Bewusstseins, des reinen (absoluten) Ich, jenseits von Gedanken und Vorstellungen (*vikalpa*). Der Yogi erfährt hier das ganze Universum wie gespiegelt in seinem eigenen, vergöttlichten Bewusstsein. Es ist das Mittel des »Willens« (*icchā*), des ersten Impulses, mit dem der Yogi sich mit dem Willen Śivas völlig vereint. Sein Wille ist ganz in den Willen des Meisters eingegangen.

Obwohl hier keine Mittel wie Meditation usw. nötig sind, enthält dieser Weg bestimmte Methoden, die den Yogi in dem göttlichen Bewusstsein festigen. In allen Zuständen muss er sich bemühen, seinen Geist von Vorstellungen frei zu halten (*nirvikalpa*, vgl. MVT II.23, oben S. 61 zitiert). Die eine Methode hängt mit der Wortgestalt des Universums zusammen, die Betrachtung der Laute, wie sie aus dem göttlichen Ich-Bewusstsein entstehen und wieder darin absorbiert werden (*parāmarśa*). Der zentrale Mantra ist dabei *aham*, »Ich«, der sich symbolischerweise aus dem ersten und dem letzten Buchstaben des Sanskrit-Alphabets (*a – h*) zusammensetzt und der insofern die gesamte Sprache und somit die ganze Wirklichkeit in sich enthält.[1]

Eine andere Methode ist die des Gewahrwerdens der gespiegelten Wirklichkeit (*pratibimba*), die auch eine Anpassung an das göttliche Bewusstsein bedeutet, das alles in sich enthält

[1] Vergleichbar dem »Alpha und Omega« der christlichen Johannesoffenbarung, wo auch der erste und der letzte Buchstabe des griechischen Alphabets für »Anfang und Ende« schlechthin stehen und Christus bezeichnen.

wie ein großer Spiegel. Dies bedeutet praktisch, dass der Yogi in all seinen Tätigkeiten und Zuständen dieses göttliche Bewusstsein durchhält und dass er darin alles gespiegelt vorfindet. Er hat damit Anteil an der vollkommenen Freiheit Gottes (vgl. TĀ III.268-277).

Der Weg der Energie: śāktopāya

Die geistigen Übungen, die diesem Weg angehören, beziehen sich primär auf die Erkenntnis, deshalb wird er auch »das Mittel der Erkenntnis« genannt. Es ist der Bereich der göttlichen Energien, im Besonderen der Energie der Erkenntnis (*jñānaśakti*), die zwischen dem reinen Subjekt und dem Objekt vermittelt. Wenn der Yogi nicht frei sein kann von Vorstellungen, so kann er sich doch auf eine einzige Vorstellung konzentrieren, wie etwa auf den Gedanken: »Ich bin das universale Bewusstsein, ich bin Śiva.« Alles kommt hier auf die Fähigkeit der Konzentration, der Sammlung des Bewusstseins an. Dazu kann der Yogi sich aller Gedanken, Gefühle und Tätigkeiten bedienen, um in ihnen und durch sie zu dem überindividuellen, universalen Bewusstsein durchzustoßen.[1] Dies kann in einem Augenblick geschehen, den er in seiner ganzen Intensität festhalten muss. Dieser Augenblick kann in der Mitte zwischen zwei Gedanken oder Handlungen gefunden werden oder in einer intensiven emotionalen Erfahrung, die sein ganzes Wesen erschüttert und zentriert. Hier spielen auch Mantras und Mudrās (innere und äußere Gesten) eine Rolle.

[1] Solche Methoden werden besonders im *Vijñāna Bhairava Tantra* beschrieben.

Der individuelle Weg: āṇava upāya

Der Ausgangspunkt ist hier das individuelle Bewusstsein, das von allen Begrenzungen geläutert werden muss, um sich zu befreien. Da sich die Seele hier in der Vielfalt und Differenzierung vorfindet, wird ihr auch eine Vielfalt von Methoden und Disziplinen angeboten, die vom Bereich des Tuns (*kriyā*) ausgehen und das Gegenständliche (*prameya*) einbeziehen. Dazu gehören Atemübungen (*uccāra*), Disziplinen, die sich auf die Sinnesorgane und Körperhaltungen beziehen (*karaṇa*), verschiedene Formen der Meditation (*dhyāna*) und Konzentration auf bestimmte Punkte (*sthānaprakalpanā*), Rezitation von Mantras sowie verschiedene Formen des Rituals. In all diesen Übungen, die einzeln oder kombiniert praktiziert werden können, geht der Übende von der Erfahrung der Dualität (*bheda*) aus, in der er sich vorfindet, um durch Konzentration zur Einheit und Vereinigung aufzusteigen – im Bereich des Körpers und der Sinne, des Kosmos und des Göttlichen.

Wie schon erwähnt, haben diese Stufen oder Wege nicht nur den Sinn, sich dem Bewusstsein desjenigen anzupassen, der sich auf den Weg begibt, sondern auch umgekehrt: Der vollkommene Yogi oder im Leben Erlöste (*jīvanmukta*), der seine wahre Identität gefunden hat und schon mit Śiva eins ist, steigt herab, um andere zu erlösen und alle Bereiche der Wirklichkeit zu verwandeln und hinaufzuheben. Darin ist der śivaitische Yogi oder *jīvanmukta* dem christlichen Inkarnationsgedanken nahe; denn der Herabstieg der göttlichen Natur dient der Vergöttlichung des Kosmos und des Menschen. Im Kontext der *upāyas* ist die Vielfalt der Erscheinungen, die eine Vielfalt von Heilsmitteln notwendig macht, letztlich ein Herabstieg Gottes selbst, um diese Vielfalt zurückzuholen in den ursprünglichen Zustand der Einheit. Es kann daher keine vollständige Entfremdung geben, sondern nur eine Teilhabe an der Vielfalt bzw. Einheit Gottes.

4. Man soll die vierfache Form der Erkenntnis (die vier Wege)

als die eigene Natur des Herrn selbst begreifen, denn er ist der immer Gegenwärtige, Alldurchdringende.

5. Die Tatsache, dass er in unzähligen Aspekten seiner Natur erscheint, ist der Grund, dass einige allmählich (wörtlich: teilweise), andere aber ungeteilt (mit einem Mal) in ihn eindringen.

(TĀ II.4-5)

Jayaratha erklärt »die eigene Natur« des Herrn als dessen Freiheit (*svātantrya*): »Denn er allein leuchtet durch die Seele der zu belehrenden Menschen auf vielfältige Weise, aufgrund ihrer je eigenen Freiheit, in Verbindung mit der äußersten Abkürzung (des Weges) bzw. dem stufenweisen Aufsteigen, und dementsprechend offenbart er auch die Vielfalt der jeweiligen Mittel« (Jayaratha zu TĀ II.4-5).

Ob es sich bei den drei bzw. vier Wegen um ein Auf- oder ein Absteigen handelt, hängt von der Intensität der Gnade und der Reinheit des Yogi ab. Allgemein geht es im ersten Fall um Schüler und im zweiten Fall um Meister. So gibt Abhinavagupta gegen Ende des *Tantrāloka* eine kurze Zusammenfassung in aufsteigender Ordnung:

Wir erklären jetzt in der passenden Ordnung das Eindringen in die »eigene Natur«.[1]

Wer immer tiefer in den individuellen Weg eindringt, den wir auf vielfache Weise erklärt haben,[2] mit dem Ziel, Śiva zu erlangen, der findet die Ruhe im Zustand der Nähe (zu ihm und damit zu seinem innersten Wesen).

Wenn er darauf die individuelle Stufe verlässt, gelangt er in den Bereich der Energie und darauf, in aufsteigender Ordnung, in den göttlichen Bereich.

Wer auf diese Weise an der göttlichen Natur[3] Anteil erhält, die allmählich aufgestiegen ist und von den Strahlen der Er-

[1] Der Begriff *svasvarūpa* ist hier zentral, wörtlich die »wahre eigene Natur«, d. h. das eigene wahre Wesen, das Selbst.

[2] Ein Großteil des *Tantrāloka* enthält Praktiken, die dem *āṇava upāya* angehören.

[3] Wörtlich »an der Natur Bhairavas«.

leuchtung erfüllt wurde, der dringt am Ende ohne die Hilfe von Mitteln für immer in sein eigenes Selbst ein, das alle Dinge in sich enthält.[1]
So wurde das Eindringen in die eigene Natur vom Herrn geoffenbart.
(TĀ XXXIV)

[1] Das von Allgestalt ist, *viśvarūpa.*

DER ERSTE TAG[1]: DIE UNTERSCHEIDUNG DER ERKENNTNIS

Einführung

Abhinavagupta beginnt den Text, wie es in der Sanskrit-Literatur üblich ist, mit einigen Versen der Anrufung und Verehrung. Der erste Vers enthält eine poetisch gefasste Doppelbedeutung: Neben einem Gebet an Śiva und Śakti um die Öffnung seines Herzens macht er auch eine autobiografische Andeutung – die Namen seiner Eltern kommen versteckt vor und auch sein eigener Name. Dieses Wortspiel in Sanskrit, das unterschiedlich ausgelegt werden kann, lässt sich in keiner Übersetzung wiedergeben. Wir finden hier nicht nur einen Hinweis auf seine Eltern bzw. seine Geburt, sondern auch auf seinen Meister Śambhunātha, durch den er die Erleuchtung erlangt hat (V. 3). Er vergleicht hier seinen Guru mit der Sonne und sein eigenes Herz mit einem Lotos, der sich durch ihre Strahlen geöffnet hat, und diesen Lotos bittet er seine Schüler zu pflücken und dem höchsten Herrn darzubringen, das heißt, sie sollen das Beste und Innerste von ihrem Meister empfangen und dem Herrn übergeben.

In der Einleitung legt der Autor den theologischen Hintergrund für die Darlegung der Heilswege in den folgenden Kapiteln dar. Es geht im Wesentlichen um Gebundenheit und Befreiung. Wie in fast allen indischen Heilssystemen ist die Ursache der Unfreiheit, des Leidens und der Entfremdung im Nichtwissen (*ajñāna*) zu finden, nicht als ein Mangel an partikularem Wissen, sondern als mangelnde Erkenntnis der Wirklichkeit und des eigenen Selbst. Dieses Nichtwissen hat

[1] Kapitel werden im *Tantrasāra* sowie im *Tantrāloka āhnika* genannt, eigentlich die Einheit eines Tages.

im Śivaismus zwei Aspekte, die man vereinfachend den theoretischen und den praktischen Aspekt nennen könnte: *bauddha ajñāna* ist die geistige Unwissenheit, das Nichterkennen der Wahrheit, das durch die Offenbarung der heiligen Schriften, durch ihr Studium und das Nachdenken darüber beseitigt werden kann. Doch genügt eine richtige intellektuelle Erkenntnis noch nicht, um die Befreiung zu erlangen. Die Gefahr besteht darin, dass man sich etwas einbildet, weil man die Erkenntnis besitzt. Ohne die praktische Erfahrung, die das ganze Wesen des Menschen verwandelt, bleibt diese Erkenntnis fruchtlos. *Pauruṣa ajñāna* ist eigentlich das Nichterkennen des eigenen Selbst und die Illusion, dass es eine fragmentarische Vielfalt von Seelen (*puruṣa*) gibt. Ausgehend von einer falschen oder fehlenden Selbsterkenntnis nimmt diese Form des Nichtwissens die Dinge als getrennt wahr und bewegt sich so im Bereich der bloßen Vorstellung (*vikalpa*). Diese Art der Verblendung kann nur durch praktische Übung und durch Initiation überwunden werden. Die beiden Formen der Erkenntnis (*bauddha jñāna* und *pauruṣa jñāna*) müssen einander ergänzen, um zur Befreiung zu führen; denn auch die durch Initiation und Praxis gewonnene Einsicht wird nur gefestigt durch die richtige Erkenntnis der Wirklichkeit, wie sie von Gott geoffenbart wurde.

Die śivaitische Offenbarung (Āgama), die von Śivas fünf Gesichtern verkündet wurde und die aus verschiedenen Textgruppen besteht, entspringt fünf Quellen.

In seiner »Vorrede« legt Abhinavagupta die Grundlagen seiner Philosophie bzw. Theologie in äußerst abgekürzter Form dar. Wenn zuerst die Erkenntnis als Voraussetzung (nicht Ursache) der Befreiung genannt wurde, so wird hier klargestellt, worin diese Befreiung besteht:

Die Befreiung ist nichts anderes
als die Offenbarung des eigenen Seins.
Das eigene Sein ist
Bewusstsein des eigenen Selbst.
(TĀ I.126)

Dieses Bewusstsein, der Geist (*saṃvit*), ist reines Licht – und in gedrängter Form folgt eine philosophische Hymne an das Licht, das sich in den verschiedenen Energien ausfaltet: Die souveräne Freiheit dieses absoluten Lichtes manifestiert sich in Form der Freude (*ānanda-śakti*), die göttliche Wundermacht nimmt die Form des Willens an und so fort. Der Begriff des Staunens, der Wundermacht (*camatkāra*), ist sowohl im Bereich der ästhetischen wie der mystischen Erfahrung von zentraler Bedeutung. Es ist eine immer neue, überwältigende Überraschung, die sich dem staunenden Yogi auf jeder Stufe seiner Erfahrung auftut.[1] Der theologische Aspekt dieses Staunens ist die wunderbare Kraft Gottes, die immer neu ist.

Dieses Licht des Geistes ist Śiva selbst, verbunden mit seinen drei bzw. fünf Hauptenergien, der sich dank seiner Freiheit selbst begrenzt und zur individuellen Seele wird. Der ganze Prozess dieses Spiels seiner Freiheit, der Selbstbegrenzung und Selbstoffenbarung des Absoluten, bildet den Hintergrund für die Heilswege, auf denen die Seele ihren Ursprung wiederfindet.

Text

1. Möge mein Herz, das die Ganzheit
des transzendenten, unsterblichen Nektars in sich enthält,
bestehend aus der Schöpferkraft,
die der Vereinigung der beiden (Śiva und Śakti) entspringt,
sich voll öffnen.
(Die beiden:) Die Mutter (Śakti) ist der Ursprung der makellosen Energie,
erfüllt mit der (immer) neuen Schöpfung;
der Vater (Śiva), der in sich vollkommen ist,
offenbart sich in fünf Gesichtern.[2]

---

[1] Vgl. *Śiva-Sūtra* I.12, wo der Begriff *vismaya* vorkommt.

[2] Dieser Vers hat eine doppelte Bedeutung, und jedes Wort kann auf zweier- oder dreierlei Weise interpretiert werden. Wir geben hier zwei Übersetzungen, um die zwei Bedeutungen zu unterscheiden:

(Zweite Version:)

1. Möge mein Herz, das die Ganzheit
des transzendenten, unsterblichen Nektars in sich enthält,
entstanden aus der Schöpfung der überschäumenden Freude
der Vereinigung der beiden (Eltern),
sich voll öffnen.
(Die beiden sind:) Die Mutter, mit Namen Vimalakalā,
die sich an der Geburt von Abhinava erfreut,
und der Vater, mit Namen Siṃhagupta,
der in sich vollkommen ist.

2. »Das Licht der Tantras« ist zu ausführlich und nicht für alle verständlich,
hört daher diese »Essenz der Tantras«,
die in geraden Worten verfasst ist.

3. Zur Verehrung des höchsten Herrn
pflückt den Herzlotos Abhinavaguptas,
aufgeblüht durch die Berührung mit den Strahlen
der Sonne des ehrwürdigen (Meisters) Śambhunātha.

Hier[3] ist die Erkenntnis Ursache der Befreiung, weil sie das Nichtwissen, den Grund der Gebundenheit, überwindet.

Es gibt zwei Arten von Nichtwissen: geistig und natürlich. Das geistige besteht entweder in einem Mangel an Gewissheit

---

Die erste bezieht sich auf die Schöpfung durch Śiva und Śakti, die »die Eltern des Universums« genannt werden, und die zweite auf die Geburt von Abhinavagupta, dessen Name versteckt vorkommt. In der ersten Zeile kommt der Name seiner Mutter Vimalā (»die Makellose«) und Abhinava (»neu«) vor, in der zweiten Zeile der Name seines Vaters in versteckter Form (Siṃhagupta) und Gupta (»verborgen«), der zweite Teil seines Namens. Derselbe versteckt autobiografische Vers kommt noch am Beginn anderer Werke vor, in seinem *Tantrāloka* und *Parātrīśikā-Vivaraṇa*.

[3] Das heißt in unserem System.

oder in einer falschen Gewissheit. Das natürliche Nichtwissen ist vom Wesen der Vorstellung (*vikalpa*) und der Beschränkung des Erkennens. Ebendieses Nichtwissen ist die Ursache der Welt der Gebundenheit (*saṃsāra*), wie wir im Zusammenhang mit der Betrachtung der Befleckungen erklären werden.[1]

Wenn aber die Initiation (und andere Riten) das natürliche Nichtwissen zu beseitigen vermag, so kann sie das geistig bedingte Nichtwissen nicht überwinden, weil es in einer Unwissenheit aus Mangel an klarer Einsicht besteht. Einer solchen Initiation geht die Gewissheit voraus, was angenommen und was vermieden werden soll, sie besteht in einer Läuterung der Elemente und vereint den Initianden[2] mit Śiva. Das Wesentliche ist dabei eine klare Erkenntnis, die in der Einsicht (*buddhi*) fest verwurzelt ist; und wenn diese gut eingeübt wird, beseitigt sie auch das natürliche Nichtwissen, weil durch die Übung des vorstellenden Bewusstseins schließlich eine Erkenntnis entsteht, die nicht von der Vorstellung abhängig ist (*avikalpa*). Man soll daher, auf welche Weise auch immer, eine vollkommen klare Erkenntnis erlangen, die sich auf alle Dinge bezieht, deren wahres Wesen Śiva ist. Er ist das Selbst von der Natur des Geistlichtes (*saṃvitprakāśa*), das von der Vorstellung nicht begrenzt ist.

Eine solche Erkenntnis setzt die (Kenntnis der) heiligen Schriften voraus, denn eine heilige Schrift (*Śāstra*) ist ein vom höchsten Herrn geoffenbartes Erkenntnismittel. Die darin geoffenbarten Dinge sind verschieden von denen in anderen heiligen Schriften, weil sie diese transzendieren und weil ihre Erklärungen durch logische Beweise bekräftigt sind. Die Erkenntnis, die von anderen heiligen Texten dargelegt wurde, vermag nur von einer Gebundenheit zu befreien, wie sie deren Vorstellung entspricht, nicht jedoch von der universalen Gebundenheit. Nur die vom höchsten Herrn geoffenbarten heiligen Schriften befreien von der universalen Gebundenheit, und diese bestehen aus fünf Quellen und sind in zehn,

[1] Im VIII. Kapitel.

[2] Denjenigen, der die Einweihung empfängt.

sechzehn oder vierundsechzig Texte eingeteilt. Von all diesen sind die heiligen Schriften des *Trika* die Essenz und deren Essenz ist wiederum das *Mālinīvijayottara Tantra*. Es ist nicht möglich, den darin enthaltenen Sinn kurz zusammenfassend darzustellen. Da jedoch ein Mensch, dem die Wirklichkeit der Dinge nicht erklärt wurde, weder befreit werden noch (andere) befreien kann – denn nur die Einheit (Übereinstimmung) mit der höchsten Erkenntnis ist dazu fähig –, habe ich dieses Werk begonnen, um der Verwirklichung des höchsten Ziels des Menschen zu dienen, die auf einer wohleingeübten Erkenntnis beruht.

> Das Nichtwissen ist Ursache der Gebundenheit,
> die Schriften nennen es Befleckung.
> Beim Aufgehen des Vollmondes der Erkenntnis
> wird es vollständig mit der Wurzel ausgerissen.
> Wenn das von aller Unreinheit befreite Bewusstsein erwacht,
> ist die Befreiung gewiss.
> In dieser Schrift erhelle ich alles,
> was zu wissen notwendig ist.

Vorrede

Was es hier vor allem zu erlangen gilt, ist die »eigene Natur« (*svabhāva*), die in allen Seienden in der Form des Lichtes (des Geistes) allein anwesend ist; denn es ist unmöglich sich vorzustellen, dass die »eigene Natur« (der Dinge) nicht vom Wesen des Lichtes ist. Diese (Natur) ist aber nicht vielfältig; denn ebenso wie es nicht mehrere Naturen des Lichtes gibt, kann es auch keine Unterschiede in der »eigenen Natur« geben. Weder Raum noch Zeit vermögen ihre Einheit zu zerteilen; denn auch sie besitzen dieselbe »eigene Natur« ebendieses Lichtes. Das Licht aber ist nur eines, und zwar der Geist. Denn es ist von allen unbestritten, dass der Geist das Licht aller Dinge ist. Dieses Licht hängt von nichts anderem ab; denn nur das, was beleuchtet wird, ist abhängig. Das Wesen des Beleuchteten besteht ebendarin, dass es von einem von ihm unterschiedenen Licht abhängt. Doch gibt es kein anderes Licht, das Licht ist eines und autonom. Aufgrund seiner Freiheit und weil es unabhängig ist von den Begrenzungen durch Raum, Zeit und Gestalt, ist es alldurchdringend, ewig, (zugleich) allgestaltig und gestaltlos. Seine Freiheit (*svātantrya*) ist die Energie der Seligkeit (*ānandaśakti*), seine Wundermacht (*camatkāra*) ist die Energie des Willens (*icchā-śakti*), seine Lichtnatur ist die Energie des Geistes (*cit-śakti*), seine denkende Natur ist die Energie der Erkenntnis (*jñāna-śakti*), seine Fähigkeit, alle Gestalten anzunehmen, ist seine Energie der Tätigkeit (*kriyā-śakti*).

Wenn es auch mit diesen seinen Hauptenergien verbunden ist, so ist dieses Licht doch in Wirklichkeit vereint mit den Energien des Willens, der Erkenntnis und der Tätigkeit, unbegrenzt, in seiner eigenen Seligkeit ruhend, vom Wesen Śivas. Dieses selbe Licht erscheint aufgrund seiner Freiheit als begrenztes Selbst, das auch Individuum (*aṇu*, wörtlich »Atom«) genannt wird.

Doch wiederum offenbart es sich selbst dank seiner Freiheit und erscheint so als vom Wesen Śivas, des unbegrenzten Lichtes. In diesem Prozess und (ebenfalls) dank seiner Freiheit offenbart es sich selbst ohne jede Vermittlung oder aber mithilfe von (Heils-)Mitteln. Diese Mittel sind Wille, Erkenntnis oder Tätigkeit, denen eine dreifache Vereinigung (mit Śiva) entspricht, unterschieden als göttliche (*śāmbhava*), als die der Energie (*śākta*) und als individuelle (*āṇava*). Wir werden diese vier Stufen hier darlegen.[1]

Das Selbst vom Wesen des Lichtes,
Śiva, der Freie,
im heftigen Spiel seiner Freiheit
verbirgt er sein eigenes Wesen,
doch offenbart er es wieder in Fülle,

[1] Die vierte Stufe ist *anupāya*, das im II. Kapitel erklärt wird.

spontan oder stufenweise
oder auf dreifache Art.[1]

DER ZWEITE TAG: DER UNVERMITTELTE WEG

Einführung

Wie bereits dargelegt, beginnt Abhinavagupta den mystischen Weg von der höchsten Stufe, die nicht einmal als Stufe bezeichnet werden kann: *anupāya*, es ist ein ›Heilsmittel‹, in dem nichts vermittelt wird, weil es Teilhabe an der Unmittelbarkeit Gottes ist. Wenn es wirklich ein ›Nichtmittel‹, ein »wegloser Weg« ist, wie der Name besagt, warum wird es dann in die Reihe der Wege einbezogen und als Erstes genannt? Der Grund ist zunächst der, dass die richtige Perspektive zum Verständnis aller Heilswege nur hier zu finden ist, nämlich in der Perspektive des Ziels. Ferner werden zwei Interpretationen der negativen Vorsilbe *an-* gegeben, laut der Erklärung im *Tantrāloka* (II. Kapitel) und in Jayarathas Kommentar: Die erste nimmt sie als reine Negation, die zweite deutet sie im Sinn eines »sehr reduzierten Mittels«. Im ersten Fall ist überhaupt keine Vermittlung nötig, um den Menschen zu befreien, weil die Wirklichkeit, der Geist, von selbst leuchtet. Die kurze Zusammenfassung des *Tantrasāra* begründet diese Bedeutung. Im zweiten Fall handelt es sich um ein extrem abgekürztes Mittel, um einen Auslöser, ähnlich wie bei einem automatischen Fotoapparat. Voraussetzung dafür ist, dass die Seele vollkommen rein und bereit ist, die Erleuchtung zu erlangen, dass sie nur auf den richtigen Moment wartet. Diese Bereitschaft ist selbst nur möglich aufgrund einer intensiven Gnade (siehe Kapitel XI). Was dann die Erleuchtung oder Vereini-

[1] Durch die drei Heilswege.

gung mit der unvermittelten Wirklichkeit bewirkt (*anupāya-samāveśa*), mag ein Wort des Guru sein oder auch der bloße Anblick (*darśana*) eines Vollkommenen (*siddha* oder *yoginī*). Der Guru oder Vollkommene ist so sehr eins mit der göttlichen Wirklichkeit, dass er wie ein klarer Spiegel wird, in dem der zu erleuchtende Schüler sich selbst bzw. Gott schaut.

Das Schauen in diesen vollkommenen Spiegel hat auch noch den Zweck der Bestätigung: Selbst wenn jemand eine erleuchtende Erfahrung gehabt hat, wird diese im Licht des Meisters geklärt und bestätigt und von jeder möglichen Illusion befreit. Insofern ist dieses stark vereinfachte Mittel auch wesentlich, um die Wahrheit einer Erfahrung zu überprüfen und ihr das Siegel der Echtheit aufzuprägen (*mudrā*).

Wenn ein Yogi auf diesem »weglosen Weg« unerschütterlich geworden ist, dann ist er befreit von allen Übungen und Riten, bzw. er vollbringt sie nur aus Mitgefühl für andere Suchende, doch braucht er sie nicht für sein eigenes Fortschreiten. Denn in Wahrheit kann nur derjenige anderen auf dem geistigen Weg weiterhelfen, der nichts mehr für sich will:

> Die Menschen sind meist so beschäftigt mit ihren eigenen Angelegenheiten,
> dass sie nichts zum Wohl der anderen tun.
> Doch derjenige, der von allen Befleckungen gereinigt ist
> und erfüllt vom göttlichen Geist,
> hat keine andere Aufgabe,
> als den Menschen Gutes zu tun.
> (TĀ II.39)

Hier wird auch deutlich, dass nur der befreite Mensch andere befreien kann. Auf den niederen Wegen sind die Suchenden noch zu sehr mit ihrem eigenen Fortschreiten beschäftigt, um anderen zur Befreiung helfen zu können; doch derjenige, der sich im Bereich des *anupāya* befindet, ist frei und selbstlos und hat keine andere Aufgabe mehr, als anderen diese Gnade weiterzugeben:

> Wenn die, deren Bewusstsein rein ist,
> einen solchen (Vollkommenen) auch nur anschauen,
> so identifizieren sie sich mit ihm

durch eine allmähliche Verwandlung ihrer Natur –
so stark ist die Kraft seiner Gnade.
(TĀ II.40)

Text

Nun erklären wir die Vereinigung (*samāveśa*) ohne Vermittlung (*anupāya*).

Wenn ein Mensch von intensiver Gnade durchdrungen wird, erkennt er die Wirklichkeit von selber. Wenn er das Wort des Meisters nur einmal gehört hat, dann ist seine Vereinigung mit Śiva immer gegenwärtig und bedarf keiner wiederholten Heilsmittel.

Wenn jemand einwendet: Ist nicht die Überlegung (*tarka*) ein wichtiges Glied des Yoga, wie ist es dann möglich, (die Wirklichkeit ohne sie) zu erkennen?, so antworten wir: Der höchste Herr ist selbstleuchtend, er ist unser eigenes Selbst, was kann in Bezug auf ihn irgendein Mittel bewirken? Da er ewig ist, kann kein Mittel dazu dienen, sein Wesen zu erlangen; da er selbstleuchtend ist, kann nichts seine Erkenntnis vermitteln; da keine Verhüllung ihn zu verbergen vermag, kann ihn kein Mittel enthüllen; da es keinen Unterschied gibt zwischen dem, der sich vereinigt, und dem (Herrn), mit dem er sich vereinigt, kann kein Mittel zur Vereinigung mit ihm führen.

Worin kann dann ein solcher Weg (eine solche Vermittlung) bestehen? Er kann nicht vom Herrn getrennt sein; denn all dies ist eine einzige Wirklichkeit, die nur reiner Geist ist, ungeteilt durch die Zeit, unbegrenzt durch den Raum, ungetrübt durch äußere Umstände, uneingeschränkt durch Formen, unaussprechbar durch Worte, unerklärbar durch logische Beweise (Erkenntnismittel). Doch ist die Wirklichkeit (des Herrn), die vollkommen frei und Fülle der Seligkeit ist, Ursache des Erlangens seiner eigenen wahren Natur (*svarūpa-lābha*), sie bringt durch seinen freien Willen alles hervor, von der Zeit bis zu den Erkenntnismitteln.

»Ich bin selbst diese Wirklichkeit, und in mir spiegelt sich das Universum.« Wenn einer diese klare Erkenntnis hat, so ist seine Vereinigung mit dem höchsten Herrn ewig und unabhängig von Heilsmitteln. Er ist nicht mehr gebunden an (religiöse Übungen wie) Mantras, Riten, Meditation, Disziplin usw.

Das Geflecht der Wege kann Śiva nicht offenbaren;
denn wie könnte die Sonne mit ihren tausend Strahlen
in einem Topf (gespiegelt) leuchten?
Einer, der solches erkennt in erhabener Schau,
geht im selben Augenblick
in Śiva ein, der selbst Licht ist.

DER DRITTE TAG: DER GÖTTLICHE WEG

Einführung

Auf dem göttlichen Weg (*śāmbhava*) ist keine Anstrengung nötig, weder physischer (wie auf dem individuellen Weg) noch geistiger Natur, im Bereich des Denkens und der Vorstellung (wie auf dem Weg der Energie); denn der Übende hat seinen Willen mit Śiva vereinigt. Er hat reinen Anteil am göttlichen Willen (*icchāśakti*) und damit am göttlichen Licht selbst. Seine Kontemplation hat kein Objekt (*nirdhyeya*), weil er auf der Ebene Śivas ist, und daher ist er frei von vorstellendem Denken (*nirvikalpa*). Er sieht die Dinge im Licht Śivas, der zwar Einer ist, der sich aber auf zweifache und vielfache Weise offenbart: Ausgehend von dem Paar Śiva – Śakti, Gott und seine Energie, offenbart er sich im Universum und in der menschlichen Sprache. Beide sind eng miteinander verbunden; denn nach der Konzeption des Śivaismus ist die Schöpfung vom Wort (*vāc*) durchdrungen, und alle Aspekte der Sprache, alle

Laute des (Sanskrit-)Alphabets sind Elemente der Schöpfung.[1] Daher finden die Spekulationen über die Laute und Buchstaben Platz mitten in den mystischen Betrachtungen über den göttlichen Zustand. Diese Spekulationen mögen zunächst befremdlich wirken, doch gehören sie wesentlich zur Philosophie und Praxis des Mantra. Ihr Sinn eröffnet sich, wenn man die Prinzipien der Sprachmetaphysik verstanden hat. So nennt Abhinavagupta hier das Selbsterkennen des Absoluten den »Schoß des transzendenten Wortes«.

Abhinavagupta beginnt dieses Kapitel mit einer Betrachtung über die Spiegelbild-Wirklichkeit der Welt (*pratibimba*), um die Ununterschiedenheit der äußeren Realität von ihrem Ursprung, Śiva, hervorzuheben. Die letzte Wirklichkeit ist der »Himmel des Bewusstseins«, der Bereich des Geistes, in dem alles enthalten ist in gespiegelter Weise. »Bild« ist hier nicht wörtlich gemeint, wie die Beispiele zeigen. Auch psychophysische Erfahrungen wie die sexuelle Vereinigung (als Beispiel der Freude) oder die Verletzung durch einen Pfeil (als Beispiel für Schmerz) werden angeführt, weil die Empfindung nur in dem jeweiligen Organ erfahren wird, aber nicht objektivierbar ist.

Wenn man die Spiegelbild-Philosophie ausführen wollte, so müsste nach dem gefragt werden, was dem Gespiegelten zugrunde liegt und vom Spiegel verschieden ist. Auf diese Frage antwortet Abhinavagupta, dass es kein vom Gespiegelten Getrenntes gibt; denn die Ursache der Spiegelung ist allein die Energie der Freiheit des Herrn.

Die spirituelle Bedeutung dieser ›spekulativen‹ Schau liegt ebendarin, die gesamte Vielheit der Dinge als nicht unterschieden vom Geist, von Gott, zu sehen – und da wir im Bereich der Nichtunterschiedenheit (*abheda*) sind, ist es der geläuterte und freie Geist des Yogi selbst, in dem sich alles spiegelt.

---

[1] Eine vergleichbare mystische Spekulation über das Alphabet und die Buchstaben findet sich in der jüdischen Mystik der Kabbala. Vgl. Gershom Scholem, *Die jüdische Mystik in ihren Hauptströmungen*, Frankfurt/Main 1957, S. 144ff.

Selbst auf dieser Ebene der mystischen Einheit wird also die Vielfalt der Manifestation nicht geleugnet, nur wird sie in das richtige Verhältnis gerückt. Die Anerkennung der Vielfalt ist auch Anerkennung dessen, dass jede Erkenntnis letztlich Selbsterkenntnis Gottes ist. Das ist die Bedeutung des Verhältnisses von *prakāśa* und *vimarśa*, Licht und Reflexion.

Jede Ausfaltung der Erkenntnis bedarf aber der Sprache – in irgendeiner Form –, und hier beginnt die für den Uneingeweihten mysteriös erscheinende Sprachspekulation. Alles bewegt sich hier auf zwei Ebenen: der mystisch-theologischen auf der einen Seite und der grammatikalischen auf der anderen, insbesondere bezogen auf das Sanskrit-Alphabet.

Der allgemeine Hintergrund dieser ›Spekulation‹ ist die ›Spiegelung‹ des Bewusstseins in der Sprache. Die Grundbausteine der Sprache sind die Laute bzw. Buchstaben, deren Kombination Wörter als Träger von Bewusstseins- und Erkenntnisinhalten hervorbringen. Die Laute selber werden daher »Formen der Erkenntnis« oder Bewusstwerdung genannt (*parāmarśa*) und als Energien betrachtet (*śaktayaḥ*). Obwohl die Buchstaben als solche in ihrer rein äußerlichen Form tot sind und in den Bereich der Illusion (*māyā*) gehören, werden sie durch den Akt der reinen Bewusstwerdung auferweckt, sie erhalten neues Leben und ungeahnte Kraft als Träger der göttlichen Erkenntnis. Dies ist der Hintergrund für das Verständnis der Kraft der Mantras.

Im Licht einer solchen Spracherfahrung, die mit dem tantrischen Offenbarungsbegriff zusammenhängt, muss man die Elemente verstehen, in denen sie sich ausdrückt. Laute sind Vokale, Konsonanten oder Halbvokale, und symbolisch werden die Vokale »Samen« (*bīja*) genannt und die Konsonanten »Schoß« (*yoni*), weil nur beide kombiniert fruchtbar sind, das heißt Wörter hervorbringen. Die wichtigsten Vokale sind *a*, *i* und *u*, deren verlängerte und kombinierte Formen alle anderen Vokale hervorbringen. Diese drei werden, in Übereinstimmung mit dem ersten Buchstaben der entsprechenden Sanskrit-Wörter, mit drei wesentlichen göttlichen Eigenschaften bzw. Energien identifiziert:

a, der erste und wichtigste Laut, mit dem Unübertrefflichen, Transzendenten, Absoluten: *anuttara*
i mit der Energie des Willens, dem ersten Auftauchen des inneren Impulses im Absoluten: *icchā*
u mit dem Erwachen oder Aufgehen der Energie der Tätigkeit: *unmeṣa.*

Diese drei, die sich noch ganz auf der Ebene des Absoluten befinden, formen sich zu einem Objekt aus, in dem sie ›ruhen‹, was der Dehnung der drei einfachen Vokale entspricht:
Aus *anuttara (a)* wird *ānanda (ā)*, das heißt, das Absolute manifestiert sich in Seligkeit oder Freude;
aus *icchā (i)* wird *īśāna (ī)*, das heißt, aus dem göttlichen Willen entsteht die Herrschermacht oder Herrlichkeit;
aus *unmeṣa (u)* wird *ūrmi (ū)*, das heißt, das Erwachen wird zu einer »Welle«, die in die Energie der Tätigkeit mündet (*kriyāśakti*).

Auf ähnliche Weise werden auch die anderen Doppelvokale, Halbvokale und Konsonanten erklärt. Die daraus hervorgehende Sprachmystik kann auf jede Sprache angewendet werden.[1]

Von allgemeiner Gültigkeit ist die Lehre von den vier Stufen des Wortes, die hier als bekannt vorausgesetzt und daher nur angedeutet wird: Das transzendente Wort (*parā vāc*, in Sanskrit feminin) manifestiert sich in absteigender Ordnung zuerst als »sehendes Wort« (*paśyantī*), noch auf der Stufe rein intuitiver Schau, ohne innere oder äußere Formulierung; dann steigt es auf die gedankliche Ebene herab, wo es als »mittleres Wort« (*madhyamā*) im Inneren gedanklich formuliert wird, bis es schließlich in äußerer Wortgestalt, in Lauten artikuliert wird (*vaikharī*). Der geistige Prozess besteht darin,

[1] Abhinavagupta sagt selbst in seinem Kommentar zum *Parātrīśikā Tantra* im Kontext anderer Sprachen: *na sā gīr yā na hṛdayaṃgamagāminī*, das heißt: »Es gibt kein Wort (keine Sprache), das nicht direkt ins Herz eindringt« (Abhinavagupta, *Parātrīśikā-Vivaraṇa*, übers. von J. Singh, Sanskrit-Text ediert von S. Lakshmanjee, hg. von B. Bäumer, Sanskrit-Text S. 27, Übersetzung S. 74).

vom materiellen, hörbaren Wort wieder aufzusteigen zu dessen Ursprung im Transzendenten. Nur so wird Sprache zur Vermittlerin von »Erfahrung und Befreiung« (*bhoga* und *mokṣa*).

Noch ein Begriff bedarf der Erläuterung, weil er grammatikalische, metaphysische und mystische Implikationen enthält: *visarga*, wörtlich »Schöpfung, Emission«. Metaphysisch bedeutet *visarga* die Schöpfung, die hier als dreifach bezeichnet wird, weil sie auf drei Ebenen betrachtet werden kann. Auf der individuellen Ebene (*āṇava*) ist sie äußerlich und unterschieden vom Geist. Hier ist das Denken begrenzt und daher latent. Es ist der Zustand der Vielheit. Auf der Ebene der göttlichen Energie (*śākta*) ist die Schöpfung in einem Zwischenzustand zwischen Vielheit und Einheit, das Denken ist aktiv und auf dem Weg des Erkennens. Auf der göttlichen Ebene (*śāmbhava*) ist die Schöpfung in einem reinen Zustand der Einheit mit dem Schöpfer. Da sich die Vielheit aufgelöst hat in der Seligkeit der göttlichen Einheit, ist auch das Denken in seinem Ursprung, dem Geist, aufgelöst.

Im grammatikalischen Sinn bedeutet *visarga* den Nachhauch, der an die Stelle von *h* (Aushauch) am Ende eines Wortes tritt und der in Sanskrit durch zwei vertikale Punkte dargestellt wird Diese zwei Punkte werden wieder zum Ausgangspunkt der Spekulation über die Hervorbringung der Schöpfung aus zwei Prinzipien (Śiva und Śakti).

Im Kontext der mystischen Physiologie bedeutet *visarga* den Aushauch des Atems, der an zwei ›Punkten‹ endet, im Innern des Körpers (am Ende des Einatmens) und im Äußeren (am Ende des Ausatmens). Diese drei Bedeutungen werden hier miteinander in Beziehung gesetzt und ergeben mehrere Bedeutungsschichten. Auf den Körper bezogen bedeutet *visarga* auch den Samenerguss.

Alle diese Spekulationen sollen nicht ablenken von der eigentlichen Bewusstseinsebene des ›göttlichen Weges‹, die nur von wenigen, vollkommen reinen Seelen erreicht wird. Das Eingehen in Śiva geschieht hier ohne Denken oder Vorstellung, und die Erleuchtung ist bleibend, ohne ein Zurückfallen in Illusion und Dualität. Ein so Erleuchteter hat teil an Śivas Wesen, in dem sich die gesamte Wirklichkeit spiegelt. Sein reines Bewusstsein ist daher allumfassend und transparent.

Text

Wenn einer nicht fähig ist, in den ungeteilten Bereich der Fülle einzutreten, der die Wirklichkeit Śivas genannt wird, die von der Natur des reinen Lichtes ist, dann sieht er, dass die höchste Energie die der Freiheit ist, und er erfährt die Vereinigung (*samāveśa*) mit Gott (Bhairava), frei von jeder Vorstellung (*nirvikalpa*).

Dies ist die Belehrung darüber: All dies, die Gesamtheit der Dinge, ist nur ein Spiegelbild im Firmament des Bewusstseins, denn sie besitzen die Merkmale eines Spiegelbildes. Das Merkmal eines Spiegelbildes besteht darin, dass es nicht getrennt (vom Spiegel) erscheinen kann und nur in einem Zustand der Mischung mit etwas anderem erscheint. Ebendas ist ein Spiegelbild, wie zum Beispiel ein Gesicht im Spiegel, wie der Geschmack im Speichel, wie der Geruch im Riechen, wie die sexuelle Berührung im Organ der Freude, wie die Berührung mit einem Pfeil oder einer Lanze im inneren Tastorgan,[1] wie das Echo im Raum. Dieser Geschmack (*rasa*) ist nicht der ursprüngliche Geschmack, weil er keine äußere Wirkung hat, wie etwa die Heilung einer Krankheit (durch eine bestimmte Medizin oder Essenz). Ebenso wenig sind die Empfindungen des Geruchs oder der Berührung ursprünglich, weil es kein Subjekt gibt, das sie als Eigenschaften besitzt, noch sind sie fähig, eine Reihe von Wirkungen hervorzubringen. Und doch sind sie nicht ohne Wirkung, weil man

[1] Die direkte Berührung betrifft das äußere Tastorgan, während zum Beispiel das Mitgefühl, das man empfindet, wenn man einen anderen Menschen verletzt sieht, im »inneren Tastorgan« empfunden wird.

beobachten kann, wie der Körper (vor Schmerz) aschgrau wird oder (aufgrund sexueller Berührung) Samenfluss entsteht.

Auch der Ton (des Echos) ist nicht der ursprüngliche Ton, denn der Sprechende hört das Echo seiner eigenen Stimme zurückkommen, als wäre es die Stimme eines anderen.

So wie all dies wie ein Spiegelbild erscheint, so erscheint das Universum im Licht des höchsten Herrn. (Wenn ihr fragt:) – Was ist denn das Bild (das hier gespiegelt wird)? (So antworte ich:) – Es ist nichts. – Ja, (so fragt ihr weiter,) hat das Spiegelbild denn keine Ursache? – So fragt ihr nach der Ursache? Wie verhält sie sich zu dem, was ihr »Bild« nennt (d. h. das Ding, das gespiegelt wird)? Die Ursache ist aber allein die Energie des höchsten Herrn, die mit einem anderen Wort »Freiheit« genannt wird. Letztlich ist es der Herr, der alle gespiegelte Wirklichkeit in sich enthält und dessen Selbst das All ist; denn das Universum ist vom Wesen des Bewusstseins (*saṃvit*), es ist der Ort der Offenbarung des Geistes. Da sich das Universum im Geist spiegelt, ist dieser der Grund aller Spiegelbilder.

Die wahre Natur des höchsten Herrn, dessen Selbst das All ist, ist nicht ohne Selbsterkennen (*vimarśa*); denn es ist undenkbar, dass derjenige, der vom Wesen des Geistes ist, nicht seine eigene Natur erkennt. Wenn er kein Selbsterkennen besäße, wäre er in Wirklichkeit von ungeistiger Natur. Dieses Selbsterkennen ist nicht konventioneller Natur, vielmehr ist es untrennbar von der reinen Geistnatur und wird »der Schoß des höchsten Wortes« (*paranādagarbha*) genannt. In der Tat ist es (diese Geistnatur), welche alle göttlichen Energien erkennen lässt, die alle Dinge einzeln begründen.

Die drei wichtigsten Energien des Herrn sind die folgenden: das Unübertreffliche (*anuttara*), der Wille (*icchā*), das Erwachen (*unmeṣa*). Dies ist die Dreiheit der Erkenntnis: (die drei Vokale) *a*, *i* und *u*. Von dieser Dreiheit ausgehend, entfalten sich alle Tätigkeiten der Energien. Das Ruhen im Unübertrefflichen ist Seligkeit (*ānanda* = *ā*). Das Ruhen im Willen ist Herrlichkeit (*īśāna* = *ī*). Das Ruhen im Erwachen ist die

»Welle« (*ūrmi* = *ū*), das heißt der Beginn der Energie der Tätigkeit. Darin besteht die Dreiheit der Erkenntnis: *ā*, *ī* und *ū*. Dabei sind die ersten drei Erkenntnisweisen von der Natur der Sonne, weil sie wesentlich Anteil haben am Licht.

Die letzteren drei Erkenntnisweisen sind von der Natur des Mondes, weil sie hauptsächlich aus Freude bestehen, die die Ruhe zum Wesen hat.

[*Es folgt eine detaillierte Darlegung der Emanation der Laute des Sanskrit-Alphabets, die den Stadien der Emanation des Bewusstseins entsprechen. Da diese Passage ohne Kenntnis der Sanskrit-Grammatik schwer verständlich ist, wird sie hier ausgelassen.*]

Auf diese Weise offenbart sich der Selige, Unübertreffliche als der Herr der »Gesamtheit« (»Familie«, *kula*). Seine einzige Energie ist die Energie der Schöpfung, *Kaulikī*, »die die Gesamtheit hervorbringt«, durch die er von der Natur der Seligkeit bis hin zur äußeren Schöpfung die Erkenntnisweisen der Lautgruppen in Bewegung setzt, die sich so als äußere Wirklichkeit manifestieren. Diese Schöpfung (*visarga*) ist dreifach: individuell, in der Form der Ruhe des Denkens; aus Energie bestehend, gekennzeichnet durch das Erwachen des Denkens; und göttlich, in der Form der Auflösung des Denkens.[1]

Die Schöpfung (Emission, *visarga*) ist nichts anderes als die Energie des Herrn, der das Universum hervorbringt. Wenn man (das Ganze) in einem ungeteilten Bewusstseinsakt (*parāmarśa*) sieht, so ist der Herr nur Einer. In einem geteilten Bewusstseinsakt, der zwischen Same und Schoß (Vokal und Konsonant) unterscheidet, ist er (zweifach als) Herr der Ener-

[1] Vgl. TĀ III.211-215. Die drei Ebenen der »Schöpfung« (*visarga*) als *āṇava*, *śākta* und *śāmbhava* entsprechen den drei Zuständen des Denkens oder des begrenzten, empirischen Bewusstseins: *cittaviśrānti*, wo die individuelle Seele im empirischen Bewusstsein ›ruht‹; *cittasambodha*, wo das empirische Bewusstsein ›erwacht‹ zum höheren Bewusstsein; und *cittapralaya*, wo alles begrenzte Bewusstsein der äußeren Welt sich ›auflöst‹ in der Fülle Śivas.

gie (*śaktimān*) und (als) Energie (*śakti*). In einem differenzierten achtfachen Bewusstseinsakt besteht Er, zusammen mit dem »Herrn des Rades« (den Vokalen), aus neun Gruppen. Wenn man ihn mit jedem einzelnen Buchstaben erkennt, so besteht er aus fünfzig (Lauten bzw. Aspekten des Bewusstseins). Wenn man alle möglichen Unterteilungen (des Alphabets) berücksichtigt, so enthält die Erkenntnis 81 Aspekte. Doch in Wirklichkeit gibt es nur sechs Erkenntnisweisen (*parāmarśa*) des Herrn, die die Fülle seiner universalen Energie offenbaren, und diese werden durch Kombination mit Ausfließen und Zurückströmen zu zwölf (d. h. die sechs Grundvokale *a*, *ā*, *i*, *ī*, *u*, *ū*, die durch Verbindung zwölf werden). Diese Energien des Herrn, die von der Natur der Erkenntnis sind, werden die zwölf ehrwürdigen *Kalikās* genannt.[1]

Diese reinen Erkenntnisweisen, die aus Energie bestehen, manifestieren sich auf der Ebene der »Reinen Weisheit« (*śuddhavidyā*),[2] da sie in den »mittleren« Bereich gehören (*parāpara*), und aufgrund der Begrenzung durch das bloße Auftauchen der *māyā* haben sie Anteil an der Gestalt der Weisheit (*vidyā*) und des Herrn der Weisheit (*vidyeśvara*). Im Bereich der *māyā* wiederum werden sie klar voneinander differenziert und haben Anteil an der Natur der Buchstaben, die aus Illusion bestehen. Wenn sie (die Laute bzw. Buchstaben) die drei Stufen des Wortes als »Sehendes« (*paśyantī*), »Mittleres« (*madhyamā*) und »Ausgesprochenes« (*vaikharī*) durchlaufen haben, werden sie schließlich zu äußeren Wirklichkeiten. Obwohl diese (Buchstaben) aus Illusion bestehen und als körperlich betrachtet werden, so werden sie doch durch lebendige, reine Bewusstseinsakte wieder erweckt und erhalten volle Kraft, sodass sie Erfahrung und Befreiung vermitteln können.

[1] Die zwölf Energien, die auch den Sinnen entsprechen, vgl. L. Silburn, *Les douze Kālī.*

[2] Die Emanation der Sprache, der Vokale und Konsonanten wird zur Hierarchie der 36 Prinzipien der śivaitischen Kosmologie in Entsprechung gesetzt. Der Bereich der »Reinen Weisheit« transzendiert unmittelbar den Bereich der *māyā* (»Illusion«).

Wer auf diese Weise sein eigenes Selbst als den Ruhepunkt aller Erkenntnisse betrachtet, in dem sich die gesamte Wirklichkeit, die verschiedenen Wesen und Welten spiegeln, der geht frei von Vorstellung in die göttliche Vereinigung ein und ist schon zu Lebzeiten erlöst. Er ist nicht mehr gebunden an Mantras und andere spirituelle Übungen wie früher (d. h. auf den niedrigeren Wegen).

Die ganze Welt leuchtet im Innern des Selbst,
so wie sich vielfältige Dinge im Spiegel reflektieren.
Das höchste Bewusstsein, in Harmonie mit dem
  Geschmack der Selbsterkenntnis,
erkennt das All vollkommen – doch nicht der Spiegel.

(Prakrit-Vers:)

Unser eigenes Wesen offenbart sich in Wahrheit,
funkelnd im reinen Spiegel des Bewusstseins,
wenn dessen Oberfläche gereinigt ist
mit der Essenz der Selbsterkenntnis.

Abb. 3: Yantra mit dem Herz-Mantra *sauḥ* und den sechs Vokalen in den Ecken des Hexagramms

DER VIERTE TAG: DER WEG DER GÖTTLICHEN ENERGIE

Einführung

Der Weg der Energie (*śāktopāya*) bezieht sich auf die Energie der Erkenntnis (*jñānaśakti*). Obwohl jeder der drei Wege sich auf die eine der drei göttlichen Energien stützt, ist dieser Weg im Besonderen mit der Śakti identifiziert, denn sie stellt die Mitte dar zwischen dem begrenzten individuellen Bewusstsein (*aṇu*) und dem göttlichen absoluten Bewusstsein (*śambhu*).

Die Menschen sind meist von ihren Vorstellungen und Gedanken (*vikalpa*) abhängig, und es ist schwer, sich davon mit einem Mal zu befreien, wie es im *anupāya* geschieht. Doch sind die Gedanken nicht nur negativ und der inneren Befreiung hinderlich. Es kommt vielmehr darauf an, in welche Richtung man sie lenkt. In diesem Mittel geht es darum, die Vielzahl der Gedanken auf einen einzigen, heilbringenden Gedanken zu konzentrieren bzw. die falschen Vorstellungen von sich und der Welt in eine einzige, reine und richtige Vorstellung zu verwandeln: der Gedanke, dass die gesamte Wirklichkeit vom Wesen des Geistes ist und dass ich selbst dieser reine und grenzenlose Geist bin. Wie gelangt man zu dieser wahren Vorstellung? Durch eine Form der Kontemplation, *bhāvanā* genannt, die sich mit dem Inhalt auf schöpferische Weise identifiziert, durch eine Betrachtung, die den Betrachter zum Betrachteten macht. Zu Beginn hat sie die Form einer Autosuggestion, doch verwandelt sich diese in eine wahre Erkenntnis, die nicht auf der intellektuellen Ebene stehen bleibt, sondern ein Seinszustand wird.

> So wie einer, der intensiv denkt: »Ich bin ein Sünder«, zu einem solchen wird, so wird einer, der denkt: »Ich bin Śiva, ich bin nichts anderes«, selbst zu Śiva.

> Diese Gewissheit, die sich dem Denken und Herzen einprägt, entspricht einem von Vorstellung freien Zustand, der durch eine Reihe von Vorstellungen bewirkt wird, (und sie führt zur) vollkommenen Einheit mit Śiva.
> (TĀ XV.269b-271a)

Die wichtigste Form des Yoga ist hier die wahre Überlegung (*sattarka*), die »Vernunft« im Sinne Meister Eckharts. Diese ist keine logische Schlussfolgerung (die Bedeutung von *tarka* im Nyāya, der Schule der Logik), sondern eine spontan und gnadenhaft gewonnene Einsicht. Alle anderen Yoga-Glieder[1] beziehen sich auf die Sinne und ihre Gegenstände, allein der Yoga der Erkenntnis vermag alle Spuren von Dualität, von Gespaltenheit und Getrenntheit zu beseitigen.

Der kaschmirische Śivaismus bewertet die Yoga-Glieder des Patañjali als einer niederen Stufe zugehörig, und sie geben denselben Gliedern eine andere Interpretation.[2] Gewiss können die Übungen des Yoga etwas bewirken, sowohl körperlich wie geistig, doch können sie nicht zu dem Ziel führen, das dem śivaitischen Yogi allein genügt: die Vereinigung mit dem höchsten Bewusstsein, mit Śiva. Die klar ausgedrückte Kritik an Yoga als einem ›Tun‹ besagt, dass man dem Geist weder etwas hinzufügen noch etwas von ihm wegnehmen kann. Deshalb besteht der einzige wahre Yoga in einem Zustand der Aufmerksamkeit, der wahren Einsicht (*sattarka*). In der ontologischen Hierarchie der Prinzipien (*tattva*) entspricht dies der »reinen Weisheit« (*śuddhavidyā*), die eine wichtige Vermittlung zwischen dem Bereich der *māyā* und dem Bereich des Herrn (*īśvara*) darstellt.

Wenn auch das religiöse Tun, Ritus und Yoga, nichts bewirken kann in Bezug auf die Vereinigung mit Gott, die allein durch Gnade geschieht, so dient es gleichwohl der Läuterung

---

1 Vgl. die acht Glieder des Yoga bei Patañjali, *Yoga-Sūtra* II.29. Siehe Patañjali, *Die Wurzeln des Yoga. Die klassischen Lehrsprüche des Patañjali – die Grundlage aller Yoga-Systeme*, hg. von Puruṣottama Yaśavanta Deśapāṇḍe, übersetzt von Bettina Bäumer, Bern u.a. [12]2007.

2 Vgl. *Netra Tantra* VIII.41-45; *Śiva-Sūtra Vimarśinī* III.16.

des Bewusstseins. Doch sind es nicht die äußeren Handlungen, die diese Reinigung bewirken. Abhinavagupta gibt hier den wichtigsten Elementen des Kultes – dem Opfer, der Feuerspende, dem Gebet, dem Gelübde und dem Yoga – eine rein spirituelle Bedeutung, die jeden impliziten Dualismus ausschließt.[1]

Da es sich hier um den Weg der Energie handelt, geht der Autor auf das Wesen der Śakti ein, die selbst die Fülle des Seins des Herrn ist. Ihre verschiedenen Bezeichnungen werfen ein Licht auf ihre vielfältige Natur, und der eine oder andere Aspekt wird den Übenden besonders anziehen und ihm einen Zugang zu dieser Fülle eröffnen.

Obwohl die Energien des Herrn unbegrenzt sind, ist es möglich, sie in eine gewisse Ordnung zu bringen. Da die drei Hauptenergien, die transzendente, die transzendent-immanente und die immanente (*parā*, *parāparā*, *aparā*), sich in je vier Zuständen manifestieren, und zwar den Zuständen der Schöpfung, der Erhaltung, der Auflösung und des Unaussprechlichen, entstehen zwölf Energien, die zwölf Kālīs genannt. Die Lehre und Praxis, die mit diesen Energien verbunden ist, gehört der Krama-Schule des kaschmirischen Śivaismus an.[2]

Abhinavagupta betont noch einmal, dass auf dieser Stufe das Ritual und die religiösen Vorschriften nur in einem rein spirituellen Sinn zu verstehen sind, als auf Gott bezogen. In diesem Zusammenhang hebt er die Unterscheidung zwischen Trika und anderen religiösen Schulen hervor, die den Regeln der (rituellen) Reinheit große Bedeutung beimessen. Diese Regeln sind nicht nur äußerlich, sie sind auch abhängig von einem bedingten System von Vorstellungen, die einander oft widersprechen. Diese Begriffe der Reinheit und Unreinheit sind so fundamental in praktisch allen Schulen des Hinduismus, dass der kaschmirische Śivaismus hier eine fast re-

---

1 Vgl. auch *Mahopadeśaviṃśatikā*, siehe unten S. 172-182.

2 Es würde hier zu weit führen, auf diese Lehre einzugehen, deshalb soll sie hier nur erwähnt werden; siehe L. Silburn, *Hymnes aux Kālī*.

volutionäre Haltung einnimmt, weil er der Unterscheidung in Kasten, Geschlecht usw. keine Bedeutung beimisst. Doch darf man nicht vergessen, dass diese Überwindung der sozialen Unterschiede und der rituellen Regeln nur auf der spirituellen Bewusstseinsstufe zutrifft, auf der sich der Weg der Energie bewegt, wo das individualisierte Bewusstsein bereits überwunden ist und wo sich die ganze Aufmerksamkeit des Yogi auf das Absolute richtet.

Text

Wenn nun die Vorstellung (*vikalpa*) allmählich gereinigt wird, um in das eigene Sein (*svarūpa*) einzudringen, das wir vorher beschrieben haben, dann muss der Prozess der schöpferischen Kontemplation (*bhāvanākrama*) angewendet werden, vorbereitet durch wahre Überlegung (*sattarka*), die wahre heilige Schrift (*sadāgama*) und die Unterweisung durch einen wahren Meister (*sadguru*).

So betrachten die Menschen sich selbst als gebunden nur aufgrund der Macht der Vorstellung (*vikalpa*), und diese (falsche) Vorstellung ist der eigentliche Grund für die Gebundenheit in der Welt der Vergänglichkeit (*saṃsāra*). Doch kann eine entgegengesetzte Vorstellung, wenn sie erweckt wird, die Vorstellung, die Ursache (der Gebundenheit im) *saṃsāra* ist, vernichten und wird so zur Ursache des wahren Aufstiegs (bzw. des Aufgehens der Erleuchtung). Diese (heilsame) Vorstellung ist folgende: »Was alle Prinzipien (*tattva*), (von der Erde) bis zu Śiva, die begrenzter Natur sind, übersteigt und vom Wesen grenzenlosen, reinen Bewusstseins ist, das ist die höchste Wirklichkeit, die alle Dinge begründet, das ist die Vitalität (*ojas*) des Universums, dank derer alles atmet und lebt – das ist das (wahre) Ich (*aham*), daher bin ich allem transzendent und allem immanent.«

Eine solche (heilsame) Vorstellung entsteht nicht in Menschen, die von Illusion verblendet sind und denen die wahre Überlegung (*sattarka*) fehlt, wie die Verehrer von Viṣṇu und andere (Anhänger religiöser Sekten), die gebunden sind durch ihre Anhänglichkeit an ihre (eigenen) heiligen Schriften. Diese richten ihre Aufmerksamkeit nicht auf höhere Einsichten, weil sie eine Abneigung gegen wahre Überlegung, wahre heilige Schriften und wahre Meister haben. So heißt es im *Parameśvara Tantra*:

> Die Verehrer von Viṣṇu und andere sind alle beeinflusst von (begrenztem) Wissen und von Anhänglichkeit, sie finden nicht die höchste Wirklichkeit, da ihnen die vollkommene Erkenntnis fehlt.

Daher gehen nur diejenigen in das höchste eigene Wesen ein, deren Vorstellung durch wahre heilige Schriften (und wahre Meister und wahre Überlegung) gereinigt ist und die durchdrungen sind von unerschütterlicher göttlicher Gnade.

Dagegen kann man einwenden: Wird dann nicht die höchste Wirklichkeit zum Gegenstand der Vorstellung? – Keineswegs, denn der eigentliche Zweck der Vorstellung erfüllt sich eben im Beseitigen jeder Spur von Dualität. Und da die höchste Wirklichkeit überall und in allen Manifestationen reines Selbstleuchten ist, kann in Bezug auf sie kein Gedanke förderlich oder hinderlich sein.

Die wahre Überlegung (*sattarka*) entsteht von selber in einem, der von intensiver Gnade durchdrungen ist, aufgrund der Vollkommenheit, und ein solcher wird auch ein »von den Göttinnen Eingeweihter« genannt. Andere müssen den stufenweisen Weg mittels der heiligen Schriften (und des Meisters) usw. gehen, wie wir im Zusammenhang mit der Erklärung der Gnade darlegen werden.[1]

Wenn nun die Aufgabe des Meisters darin besteht, die heiligen Schriften zu erklären, so besteht die Aufgabe der Schriften darin, eine richtige Vorstellung zu erwecken, die andere, damit verbundene (wahre Vorstellungen) hervorbringt, die frei von Zweifel sind. Eine zusammenhängende Folge solcher (wahrer) Vorstellungen wird »wahre Überlegung« (*sattarka*) genannt, und diese ist in Wahrheit die schöpferische Kon-

[1] In Kapitel XI.

templation (*bhāvanā*), mit deren Hilfe man (etwas geistig) »schafft« (*bhāvyate*), indem man eine Wirklichkeit, die nicht offenbar ist und daher als nichtseiend erscheint, offenbar macht.

Es gibt hier eigentlich kein anderes Yoga-Glied als Mittel der direkten Erfahrung außer der wahren Überlegung (*sattarka*), deren Wesen das Licht der Reinen Weisheit ist (*śuddhavidyā*). Die inneren Disziplinen (des Yoga, *niyama*) wie Askese, die äußeren Disziplinen (*yama*) wie Gewaltlosigkeit und die Atemübungen (*prāṇāyāma*) wie das Festhalten (des Atems im Körper) gehören in den Bereich des Gewussten (des Objektes) und spielen daher keine Rolle in Bezug auf das Erlangen des reinen Bewusstseins.

Auch das Zurückziehen der Sinne von ihren Gegenständen (*pratyāhāra*) verstärkt nur den Bereich der Sinnesorgane. Die drei (Yoga-Glieder) Konzentration, Meditation und Versenkung (*samādhi*), durch die man stufenweise aufsteigt, können den Meditierenden nur zur Identität mit dem betrachteten Gegenstand führen. Doch die Übung kann nichts bewirken in Bezug auf die höchste Wirklichkeit, Śiva, der unser eigenstes Wesen ist. Für den, der zum reinen Bewusstsein aufgestiegen ist, besteht die Übung nur darin, Atem, Denken und Körper (in diesem Bewusstsein) zu festigen, ähnlich wie (die Übungen), Gewichte zu heben, (den Atem stärken,) das Verständnis des Sinnes der heiligen Schriften (den Geist vertieft) und Tanz (den Körper geschmeidig macht). Dem reinen Bewusstsein kann man weder etwas hinzufügen noch etwas wegnehmen, wozu dient dann diese Übung?

Wenn man fragt: Wozu dient denn die Überlegung (*tarka*)?, so antworten wir: Sie dient nur dazu, die Spuren der Dualität zu beseitigen, zu nichts anderem. Der Zweck jeder Übung, auch im gewöhnlichen Leben, besteht nur darin, im Körper usw. einen gewünschten Zustand hervorzubringen und den entgegengesetzten Zustand zu verringern, kraft der Natur des Bewusstseins, das alle Formen annehmen kann. Doch was die höchste Wirklichkeit betrifft, gibt es nichts wegzunehmen (oder hinzuzufügen), wie wir schon gesagt haben.

Auch das, was wir »eine Spur von Dualität« nennen, besitzt keine unabhängige Wirklichkeit, vielmehr ist es nur Unachtsamkeit in Bezug auf das wahre Wesen (*svarūpa*), daher kann die Dualität durch eine (wahre) Vorstellung beseitigt werden.

Der letzte Sinn (dieser Aussage) ist der: Das wahre Wesen (*svarūpa*), das aus sich selbst leuchtet, nimmt aufgrund seiner eigenen Freiheit die Form des Selbstvergessens an, es offenbart sich allmählich und strebt danach, sich zu öffnen, dann öffnet es sich und leuchtet (dann) allmählich in vollkommener Offenheit. Diese Selbstoffenbarung ist das wahre Wesen des höchsten Herrn. Aus diesem Grund dienen hier die Yoga-Glieder nicht als direkte Mittel (der Verwirklichung), doch können sie die Überlegung (*tarka*) fördern. Die wahre Überlegung (*sattarka*) ist hier das einzige direkte Mittel, und diese ist identisch mit der Reinen Weisheit (*śuddhavidyā*). (Die Vorstellung bzw. Überlegung) kann auf vielerlei Weise geläutert werden, wie zum Beispiel durch Opfer, Feuerspende, Gebet, Gelübde und geistige Übung (Yoga).

Das Opfer ist die Hingabe aller Dinge an den höchsten Herrn, um die Überzeugung zu festigen, dass alle Dinge ihren Bestand im Herrn haben und dass nichts von ihm getrennt besteht. Der äußere Gebrauch von Dingen, die das Herz erfreuen, wie Blumen, wohlriechende Substanzen usw., hat den Zweck, dass man aufgrund der Schönheit spontan an der Natur des höchsten Bewusstseins teilhat, und eine solche Hingabe an den Herrn ist auch leicht zu vollziehen.

Die Feuerspende (*homa*) ist das Verbrennen aller Dinge in der Glut des Bewusstseins des höchsten Herrn, um die Überzeugung zu gewinnen, dass alle Dinge nur aus der Glut des göttlichen Feuers bestehen, das man sich vorstellt, wie es alle Dinge in sich verzehrt, sodass nichts übrig bleibt als dieses (göttliche) Feuer.

Das Gebet (*japa*) ist ein inneres Gewahrwerden (*parāmarśana*) dessen, dass die höchste Wirklichkeit in ihrer eigenen Natur besteht, unabhängig von den in äußere und innere Objekte unterschiedenen Dingen, um das Bewusstsein zu erwecken, das sie beide (die äußeren und die inneren Objekte) umfasst.

Das Gelübde (*vrata*) besteht darin, alle Dinge, wie den Körper, ein irdenes Gefäß, in ihrer Gleichheit mit dem höchsten Herrn zu betrachten, um die Überzeugung zu gewinnen, dass der Herr immer und überall gegenwärtig ist. So heißt es auch im *Nandīśikhā (Tantra)*:

»Das höchste Gelübde
ist die Gleichheit von allem.«

Yoga (geistige Übung) ist eine besondere Vorstellung, die im verinnerlichten Nachvollzug (*anusandhāna*) des eigenen Wesens der höchsten Wirklichkeit besteht, um zur festen Überzeugung zu gelangen, dass alles nur von der Natur des ewigen Lichtes ist, höchste, selbstseiende Wirklichkeit, die durch alle diese vielfältigen Vorstellungen leuchtet, die Teile der reinen Weisheit und doch unabhängig von jeder Vorstellung sind.

(In dem Zusammenhang ist zu bemerken, dass) die Natur des höchsten Herrn nichts als Geistesfülle ist, und seine Energie (Śakti) ist nichts anderes als diese Fülle selbst, die von den heiligen Schriften je nach ihren Funktionen mit verschiedenen Namen bezeichnet wird, wie: »Ganzheit«, »Kraft«, »Welle«, »Herz«, »Essenz«, »Schwingung«, »Herrlichkeit«, »Dreifaltige Herrin«, »Kālī«, »Anziehung«, »die Furchtbare«, »Wort«, »Genuss«, »Schau«, »die Ewige«. In irgendeiner dieser Formen ist sie im Herzen des Meditierenden gegenwärtig. Wenn sich der Geist in seiner Fülle offenbart, so geschieht es durch die Schau der Totalität der (göttlichen) Energien. Und die Energien des Herrn sind unendlich. Was kann man noch mehr sagen? Da seine Energien so vielfältig wie das Universum sind, wie kann man sie lehren?

Und doch ist das Universum in drei Energien enthalten: Die Energie, durch die der höchste Herr alle Ebenen der Wirklichkeit, von Śiva bis zur Erde, durch ihre reine Geistgestalt, ohne jeden vorstellenden Gedanken, trägt, erkennt und zur Erscheinung bringt, ist seine ehrwürdige transzendente Energie (*parāśakti*, die höchste). Die Energie, durch die der Herr (alles trägt, erkennt und zur Erscheinung bringt) auf eine Weise, die gleichzeitig Unterscheidung und Identität umfasst (*bhedābheda*), so wie ein Elefant oder andere Dinge, die man in einem Spiegel sieht, (gleichzeitig vom Spiegel getrennt und im Spiegel existieren,) ist seine ehrwürdige transzendent-immanente Energie (*parāparā śakti*, die mittlere). Die Energie, durch die der Herr (alles trägt, erkennt und zur Erscheinung bringt) auf differenzierte Weise, wobei sich die Dinge klar voneinander unterscheiden und gegenseitig ausschließen, ist seine ehrwürdige immanente Energie (*aparāśakti*, die niedere).

Diese dreifache Energie, durch die er alles erhält und in sich selbst absorbiert, indem er sie umarmt und mit sich vereinigt, ist seine höchste Herrin, die auch »die wahre Wirklichkeit aller Erkenner«,[1] »die Verschlingerin der Zeit« usw. genannt wird. Diese vier Energien werden aufgrund ihrer Freiheit je dreifach, im Zustand des Entstehens, der Erhaltung und der Auflösung, und so werden sie zu zwölf.

[*Die folgende Erklärung der zwölf Kālīs oder Śaktis ist zu kurz, um verständlich zu sein, ohne die diesbezügliche Literatur ausführlich mit heranzuziehen. Wir lassen daher diese etwas technische Stelle aus. Die zwölf Śaktis werden hier beschrieben, weil sie in den Zusammenhang des* śākta upāya *gehören und weil sie im entsprechenden Kapitel des* Tantrāloka *behandelt werden.*]

Ein großes Geheimnis soll weder an einem Ort erklärt werden, noch soll es völlig geheim gehalten werden – so habe ich es von meinen Meistern gelernt.

Was wir über das Opfer, die Feuerspende, (das Gebet, das Gelübde und den Yoga) gesagt haben, ist so zu verstehen, dass sich all dies nur auf den höchsten Herrn bezieht. Alle jedoch halten Viṣṇu, Śiva (und alle begrenzten Erscheinungen Gottes) für den höchsten Herrn und nehmen so dasjenige an, was eigentlich aufzugeben ist (weil es relativ ist). Doch die Yogis, die nach dem Unübertrefflichen streben, sollen gewiss eine solche falsche Anschauung aufgeben. Aus diesem Grund hat sich Vidyādhipati in seinem *Anubhavastotra* so sehr

[1] Oder: »der Mutter«, nach der doppelten Bedeutung von *māta*.

erhitzt.[1] In Bezug auf diese fünf (religiösen Übungen) vom Opfer bis hin zum Yoga soll man jede einzelne so üben, wie sie sein soll, und sich auf vielfache Weise darin vertiefen, doch soll man sich nicht selbst quälen mit der Unterscheidung zwischen genießbar und ungenießbar, rein und unrein; denn diese gehören nicht zu den Eigenschaften der Sache, sondern sie sind nichts anderes als (vom Menschen gemachte) Vorstellungen, wie es auch im *Mālinīvijaya Tantra* heißt. Die Reinheit ist nicht die Natur der Sache, wie die blaue Farbe (die nur äußerlich ist), weil dieselbe Sache in einer anderen Schule (oder in einem anderen Kontext) als unrein verboten ist, wie im Fall der Spende an einen (vedischen) Initiierten. Wenn eine religiöse Vorschrift etwas für unrein erklärt, so kann eine andere religiöse Vorschrift ihr entgegengehalten werden, doch die andere Vorschrift wäre dann falsch. Da sie sich gegenseitig widersprechen, kann es nicht so sein. Die Widerlegung kann sich nur auf eine Offenbarung Śivas gründen, die logisch begründet und in unzähligen heiligen Schriften wie im *Sarvajñānottara* und in anderen Āgamas bezeugt ist. Daher haben hier alle religiösen Regeln, ob es Gebote oder Verbote sind, die von vedischen Texten oder von den Schriften der Pārameśvaras, des Siddhānta, der Tantras, des Kula, des Ucchuṣma[2] erklärt wurden, keinerlei Bedeutung, das ist gewiss. Ebendies wurde im *Mālinīvijaya Tantra* und in anderen geoffenbarten Texten sowie im *Tantrāloka* ausführlich erklärt.

»Ich bin ungeistig, ich bin durch die Wirkung des *karma* gebunden,
ich bin unrein, ich bin abhängig von anderen«:
Diese Überzeugung der gebundenen Seelen
muss in die entgegengesetzte Überzeugung verwandelt werden.

---

1 Ein verlorengegangener Text dieses Autors, der nur in Fragmenten erhalten ist.

2 Verschiedene śivaitische Traditionen.

Dank einer solchen Gewissheit wird man unverzüglich
eins mit dem Herrn,
dessen Leib das All, dessen Seele der Geist ist.
Der große Yogi soll eine solche Überzeugung erlangen
und ständig achtsam bleiben.
Er soll sich nicht mit Zweifeln quälen in Bezug auf
Ansichten,
die nicht mit der Wirklichkeit übereinstimmen,
wie sie durch unerfahrene Lehrer verbreitet werden.

DER FÜNFTE TAG:
DER INDIVIDUELLE WEG

Einführung

Wenn sich der Mensch auf der äußerlichen, individualisierten Bewusstseinsebene befindet, muss er sich anstrengen, um sich zu verwandeln, um geistig aufzusteigen. Während auf der Ebene des göttlichen Weges Gott selbst das Subjekt des geistigen Geschehens ist und auf der Ebene des Weges der Energie die Śakti im Menschen tätig ist, muss sich auf der Ebene des Individuums (*āṇava upāya*) der Mensch selbst bemühen. Diese Bemühung betrifft den geistigen Bereich (*buddhi*), den Bereich des Atems (*prāṇa*) und den des Körpers (*deha*); denn die Erleuchtung ist nichts weniger als eine vollständige Verwandlung und Integration, in der kein menschlicher Bereich ausgeklammert bleiben kann. *Āṇava upāya* geht daher vom Individuum (*aṇu*) aus, so wie es sich befindet, bevor es vergöttlicht wird.

Hier ist der Ort für alle spirituellen Übungen, die die Reinigung der Gedanken bewirken (*vikalpasaṃskāra*), auf der geistigen oder physischen Ebene, ob mithilfe von Mantras, Yoga, Meditation, Riten, Atemübungen oder Konzentration auf innere oder äußere Punkte (*sthānaprakalpanā*). Alle diese Mittel werden nicht überbewertet, doch dienen sie dem Aufstieg der Seele von ihrem begrenzten und veräußerlichten Bewusstsein zu einem erweiterten, universalen und transzendenten Bewusstsein.

Die drei Methoden, die in diesem Kapitel dargelegt werden, betreffen die Meditation (*dhyāna*), die Atmung (*uccāra*) und die Laute (*varṇa*). Andere Methoden, zusammengefasst unter dem »Weg der Zeit« und dem »Weg des Raumes«, werden in den folgenden Kapiteln beschrieben.[1] Dazu gehört auch die Methode, die sich der Sinnesorgane bedient (*karaṇa*) und die zur Reinigung der Sinnestätigkeit führt. Alle diese Übungen dienen dazu, die menschliche Aktivität von ihrer zerstreuenden und extrovertierten Neigung zu befreien, zu sammeln und auf das innere Bewusstsein zu lenken.

Das Kapitel beginnt mit der Praxis der Meditation (*dhyāna*). Im Unterschied zur Bewusstseinsstufe des Weges der Energie geht der Meditierende hier von der Unterscheidung zwischen Subjekt und Objekt aus. Die Erkenntnis dient hier als deren Verbindung, mit dem Ziel, diese Unterscheidung in der Einheit zu überwinden. Die verschiedensten Methoden der Meditation sind möglich im Bereich des individuellen Weges, doch wird im *Tantrasāra* nur eine bestimmte Weise der Meditation beschrieben. Das Symbol ist hier das Feuer des großen Gottes, das im Herzen durch die Meditation angefacht wird, sich in einem feurigen Rad manifestiert und durch die Sinnesorgane nach außen tritt.[2] Die Dreiheit von Erkenner, Erkenntnis und Objekt des Erkennens wird durch die Lichtformen Feuer, Sonne und Mond symbolisiert, die gleichzeitig die Prozesse der Schöpfung (Mond), Erhaltung (Sonne) und Zerstörung (Feuer) symbolisieren. Diese Dreiheit, die die Vielfalt der Sinneserfahrungen in sich enthält, wird in die Einheit

[1] *Kālādhvan* im 6. Kapitel und *deśādhvan* im 7. Kapitel (entsprechend dem VI. und dem VIII. Kapitel des *Tantrāloka*). Praktisch alle Methoden und Riten, die in den folgenden Kapiteln des *Tantrasāra* beschrieben werden, gehören zum *āṇava upāya*.

[2] Vgl. die Meditation über die zwölf Kālīs im Krama-System.

des inneren Lichtes absorbiert, was auch bedeutet, dass die ganze innere und äußere Wirklichkeit ›gesammelt‹ wird in der Ruhe des Selbst. Wenn dies geschieht, erlangt der Yogi die göttliche Natur und die Freiheit, die damit verbunden ist.

Die zweite Methode betrifft den Atem (*uccāra* oder *uccāraṇa*). *Uccāra* bedeutet »Aufsteigen, Heraustreten«, was zunächst auf das Aufsteigen und Ausstoßen des Atems bezogen wird und damit verbunden mit dem Aussprechen eines Lautes oder Wortes. Mehr als das physische Aussprechen bezeichnet *uccāra* also die Verbindung von Atem und Laut in ihrer aufsteigenden Bewegung. Damit ist in der tantrischen Vorstellung und Praxis noch das Aufsteigen einer anderen Energie verbunden: der vitalen und kosmischen Energie der *kuṇḍalinī*. *Uccāra* ist also letztlich das befreiende Aufsteigen der Atemenergie durch die verschiedenen Zentren des subtilen Körpers (*cakra*), verbunden mit der – meist nur innerlichen – Aussprache eines Mantra. Es kann die natürliche und spontane Aufwärtsbewegung der Atemenergie sein oder Teil einer bewussten Übung, wie hier auf dem individuellen Heilsweg. Das *Vijñāna Bhairava Tantra* sagt schon, dass der Übende durch das ständige Aussprechen (*uccāra*) des Wortes Bhairava (des göttlichen Namens) zu Śiva wird (Vers 30).[1] In dem Sinn ist *uccāra* auch Gebet, ähnlich dem Herzensgebet der Hesychasten, die auch den Namen Jesu mit dem Atem harmonisierten.

In dem kurzen Abschnitt des *Tantrasāra* über *uccāra* ist jedoch nur die Rede von den fünf Formen des Atems. Die indische Tradition unterscheidet zwischen dem allgemeinen Atem bzw. der Atemenergie (*prāṇa*) und den fünf verschiedenen Funktionen, die schon in der Atemlehre der Upaniṣaden vorkommen. Die hier beschriebene tantrische Praxis unterscheidet sich jedoch von der upaniṣadischen; denn hier geht es darum, die Ruhepunkte zu finden zwischen Ein- und Aus-

---

[1] Siehe Bettina Bäumer, *Vijñāna Bhairava – Das göttliche Bewusstsein. 112 Weisen der mystischen Erfahrung im Śivaismus von Kaschmir.* Aus dem Sanskrit übersetzt, kommentiert und herausgegeben, Berlin [6]2021, S. 77-79.

atmen bzw. zwischen den anderen Atemformen und sich auf diese Anfangs- bzw. Endpunkte zu konzentrieren. Es ist ein Prozess, der die vitalen Vorgänge mit inneren und kosmischen Vorgängen in Beziehung bringt.

Aus- und Einatmen (*prāṇa* und *apāna*) erfüllen die Funktionen der Auflösung und der Schöpfung, der ausgleichende Atem (*samāna*) stellt das Gleichgewicht zwischen den Gegensätzen her in dem inneren Ruhepunkt, der mit der Tagundnachtgleiche symbolisch identifiziert wird. Dann steigt die Atemenergie durch den *udāna* auf und breitet sich schließlich durch *vyāna* überall im Körper aus. Dieser letzte Zustand der Alldurchdringung befreit den Yogi von allen Begrenzungen.

Die Ruhe, die der Yogi in den verschiedenen Stadien erfährt, führt ihn durch sechs Stufen der Seligkeit (*ānanda*).[1]

Dem Unerfahrenen mag diese Klassifizierung künstlich erscheinen, doch darf man nicht vergessen, wie subtil die Beobachtungsgabe des Yogi sein kann. Da der Abschnitt fast nur aus einer Aufzählung besteht, ist es angebracht, diese verschiedenen Formen der Seligkeit aufgrund der ausführlicheren Darlegung im *Tantrāloka* zu beschreiben.[2]

Die »angeborene Seligkeit« (*nijānanda*) wird erfahren, wenn die Ruhepause zwischen Ein- und Ausatmen im Herzen eintritt. Da sie an der Schwelle zwischen Sinneswahrnehmung und Innerlichkeit liegt, ist es sozusagen eine ›natürliche‹ Form der Seligkeit. Wenn der Atem in die Leere des Herzens eindringt, entsteht ein Zustand, der Leere und Fülle zugleich ist, *nirānanda.*[3] Wenn der Atem nach außen geströmt ist, nimmt der Yogi die äußere Erfahrung wieder mit ins Innere im Ein-

---

1 *Ānanda* kann auch mit »Freude« übersetzt werden, doch da Freude meist von einem Objekt oder Zustand abhängig ist, ziehe ich die Übersetzung »Seligkeit« vor, denn es handelt sich um eine unabhängige Erfahrung.

2 Vgl. TĀ V.44-53 und *Mālinīvijaya Vārttika* II.35-42a.

3 *Nirānanda* kann nicht als Negation übersetzt werden (wie Raniero Gnoli es in seiner Übersetzung des *Tantrāloka* und des *Tantrasāra* tut), weil es der Beschreibung widersprechen würde. Die Vorsilbe

atmen und erfährt die höchste Seligkeit (*parānanda*). Dann ruht er in der Einheit zwischen äußeren und inneren Eindrücken, die sich gegenseitig absorbieren und ausgleichen im »ausgleichenden Atem« (*samāna*), und erfährt dabei die »Seligkeit Brahmans« (*brahmānanda*). Diese Bezeichnung hängt damit zusammen, dass Brahman per definitionem die kosmische Kraft ist, die alles ausgleicht und im Innern sammelt. Hier tritt der Yogi in den »mittleren Pfad« des subtilen Atems ein (*madhyanāḍī*).

Nun steigt der Atem auf (*udāna*) mit der Kraft der aufsteigenden *kuṇḍalinī*(-Śakti), und der Yogi tritt in den Zustand der »großen Seligkeit« ein (*mahānanda*). Es heißt, dass das Feuer des aufsteigenden Atems alle Dualität von Aus- und Einatmen verzehrt und daher eine Ausweitung der Seligkeit ermöglicht. Der Yogi ruht hier völlig in seinem eigenen Selbst, in vollkommenem Frieden.

Wenn der aufsteigende Atem in den durchdringenden Atem (*vyāna*) übergegangen ist, erfährt der Yogi die Seligkeit des universalen Geistes (*cidānanda*), er überwindet alle Begrenzungen und wird alldurchdringend. In diesem Zustand ist das Bewusstsein von nichts getrennt und leuchtet daher im ganzen Universum. Der Yogi kann sich hier aus dem introvertierten Zustand nach außen wenden und mit offenen Augen dieselbe Absorption erfahren. Er tritt dann in die höchste Stufe der Seligkeit ein, die »universale Seligkeit« (*jagadānanda*), in der die Begrenzung zwischen innen und außen, subjektiv und objektiv nicht mehr existiert. Im *Tantrāloka* beschreibt Abhinavagupta diese Seligkeit etwas ausführlicher:

> Wo es keine Begrenzung gibt, überall und in allen Richtungen leuchtend,
> wo das Bewusstsein uneingeschränkt ist, erfüllt mit dem höchsten Nektar,
> wo die Übungen der Kontemplation und andere keine Rolle spielen –

---

nir- bedeutet nicht nur Negation, sondern auch Intensivierung (»vollkommene Seligkeit«).

dies ist der Zustand der universalen Seligkeit,
die uns Śambhunātha gelehrt hat.
Die Ruhe in diesem Zustand kann durch die Übung
des aufsteigenden Atems im Herzen erlangt werden.
Diese Ruhe ist vollkommen,
sie ist der transzendente Zustand.
(TĀ V.50b-53a)

Im Zuge des Aufsteigens der Energie durch die verschiedenen Zentren im subtilen Körper und durch die Punkte, an denen die Energie ›ruht‹, entstehen verschiedene Phänomene, die nur der Yogi erfährt. Sie werden die fünf »Kennzeichen des Weges« genannt,[1] weil sie wie Symptome sind, an denen der Yogi sein Fortschreiten erkennen kann. Es beginnt mit einem Zustand der Seligkeit (*ānanda*), wenn auch nur ein Teil der göttlichen Fülle erfahren wird, gefolgt von einem Gefühl des Aufsteigens oder der Erhebung (*udbhava*), was damit zusammenhängt, dass die gewöhnliche Körperschwere aufgehoben wird. Wenn so der Geist sich von der Gebundenheit an den Körper mit einem Mal befreit – was keine negative Bewertung des Körpers bedeutet, sondern die Lösung einer falschen Identifizierung mit dem Körper –, so entsteht eine Erschütterung oder ein Zittern (*kampa*) als Reaktion auf die ungewohnte Loslösung von der Schwere der Materie. Die Folge davon ist das Versinken in eine Art Schlaf (*nidrā*), weil plötzlich eine Ruhe über den Körper kommt, die er lange nicht gekannt hat, und sich alle Kräfte nach innen wenden, befreit von ihrer extrovertierten Tendenz. Dieser ›yogische Schlaf‹ dauert so lange, bis der Yogi im Bewusstseins-Selbst fest begründet ist (TĀ V.107a). Dann erfährt er die Universalität des Bewusstseins, genannt die »große Durchdringung« (*mahāvyāpti*), was ihn in einen überschäumenden Zustand der Freude und der mystischen Trunkenheit versetzt (*ghūrṇi*), in dem er sich nicht halten kann aufgrund der Überfülle seiner befreiten Erfahrung.

---

[1] *Pathalakṣaṇāni*, Jayaratha zu TĀ V.100, im *Mālinīvijaya Tantra* werden sie *cihna*, »Zeichen«, genannt (MVT XI.35).

Diese fünf Zustände oder Zeichen entsprechen dem Aufstieg durch die Zentren im subtilen Körper (*cakra*), in denen sie entstehen: an der Basis der Wirbelsäule (*mūlādhāra*, »Dreieck«), an der »Wurzel« (*kanda*, die Stelle der Genitalien), im Herzen (*hṛdaya*), in der Kehle (*tālu*) und am Scheitel (*sahasrāra*).[1] Es handelt sich hier um eine Manifestation der subtilen Schwingung (*spandana*) im Mikrokosmos des Körpers. Doch ist das Eindringen in diesen mystischen Zustand verborgen, wie unser Autor betont.

Die dritte Übung, die in diesem Kapitel beschrieben wird, betrifft den Laut (*varṇa*) oder den Urton (*dhvani*). Sie hängt damit zusammen, dass die Schöpfung aus dem Urton entsteht (*nāda*), der zunächst inartikuliert ist (*anāhata nāda*, wörtlich der »nicht angeschlagene Ton«), der sich mit der Atemenergie (*prāṇa*) vereint und einen subtilen Laut annimmt. Die ›Keimsilben‹ von Schöpfung und Auflösung sind *sa* und *ha*, die spontan mit dem Atem entstehen. Alle Laute sind aber Ausdruck der ursprünglichen Schwingung des Bewusstseins. Wenn Wörter entstehen, die eine von der Konvention festgelegte Bedeutung haben, so entfernt sich das Bewusstsein von deren Ursprung. Wenn man aber die Wörter oder vielmehr Laute in ihren Ursprung zurückverfolgt, bevor sie eine festgelegte Bedeutung haben, nähert man sich dem reinen Bewusstsein als der Bedingung jeder Bedeutung. Dies ist der Hintergrund für die »Keimsilben« (*bīja*), die keinen offensichtlichen Sinn haben, die aber ebendeshalb kraftvoller sind als Worte.

Die mystische Übung der Laute besteht nun darin, die Zentren im Körper mit den Lauten in Verbindung zu bringen und so das transzendente Bewusstsein zu berühren. Dies bewirkt eine Überwindung der Trennung von Erkenner (Subjekt), Erkanntem (Objekt) und Erkenntnis in der Einheit des reinen Bewusstseins.

Wie schon erwähnt, werden in den folgenden Kapiteln noch unzählige Methoden des ›individuellen Weges‹ beschrieben, auf die wir hier nicht eingehen können. Das Ziel dieses

---

[1] Die aufsteigende *kuṇḍalinī*.

Weges ist aber nicht geringer als das Ziel der ›höheren‹ Wege, der Unterschied besteht vor allem im Ausgangspunkt, in der Bemühung, die dem Übenden abverlangt wird, und in der Länge des Weges. Das Ziel ist nichts weniger als die völlige Befreiung – wie wir gesehen haben, nicht eine ›individuelle‹ Befreiung, sondern vielmehr eine Befreiung von der (begrenzten) Individualität und eine Ausweitung auf das universale Bewusstsein – *jagadānanda*.

Text

Nun folgen die individuellen Heilswege. Wenn die Vorstellung (*vikalpa*) aus sich selber imstande ist, sich zu reinigen, ohne von anderen Mitteln abzuhängen, wenn sie sich so von den Weisen tierischer Existenz befreit hat und dank der Reinen Weisheit (*śuddhavidyā*) die Gestalt der Energie des höchsten Herrn erlangt hat, offenbart sie die Erkenntnis der (göttlichen) Energie, indem sie selbst zum Mittel wird. Dies haben wir im vorausgehenden Kapitel beschrieben. Wenn aber nun die Vorstellung für ihre Reinigung von einem anderen Mittel abhängig ist, dann ergreift sie begrenzte Formen der Vermittlung, und zwar die Vernunft (*buddhi*), den Atem (*prāṇa*), den Körper (*deha*) und sichtbare Gegenstände wie eine Vase. Da sie so die Ebene der Individualität erlangt hat, offenbart sie die individuelle Erkenntnis (*āṇavam jñānam*).

Dabei bezieht sich die Vernunft auf die Meditation (*dhyāna*). Der Atem kann grob oder subtil sein, der erste ist vom Wesen des Aufsteigens (*uccāraṇa*), und dieses besteht aus den fünf Funktionen des Atems wie Einatmen, Ausatmen, durchdringender Atem usw. Der subtile Atem wird als »Laut« (*varṇa*) bezeichnet, was wir später erklären werden. Der Körper bezieht sich auf bestimmte Positionen (*saṃniveśa*), die als »Haltungen« (*karaṇa*) bezeichnet werden. »Vase« und andere sichtbare Gegenstände bezieht sich auf Gegenstände des Kultes wie Wassergefäß, Vase, Altar, das Symbol Śivas (Liṅga) und andere, wie wir ausführlich darlegen werden.

1. Die Meditation

Nun lehren wir hier zuerst die Meditation (*dhyāna*), die ein geeignetes Mittel (zur Befreiung) ist. Wenn man die selbstleuchtende höchste Wirklichkeit, die allen Prinzipien innewohnt, im Bewusstsein des eigenen Herzens betrachtet und wenn man über die Vereinigung der Dreiheit von Erkenner, Erkenntnis und Erkanntem, symbolisiert durch Feuer, Sonne und Mond, meditiert, so erlangt man schließlich das Feuer des Großen Gottes (Mahābhairava), angefacht vom Wind der Meditation. Man stelle sich dieses Feuer vor wie ein Rad, umgeben von den Flammen der zwölf Energien, wie es durch die Öffnungen der Sinne wie der Augen usw. austritt und außen im Bereich der Gegenstände zur Ruhe kommt. Dann soll man zuerst aufgrund dieser Ruhe über die äußere Wirklichkeit im Symbol des Mondes, in der Ordnung der Schöpfung, meditieren, dann als die Erscheinung der Erhaltung im Symbol der Sonne und schließlich aufgelöst im Symbol des Feuers der Vernichtung. Dann soll man über die Natur des Unübertrefflichen (der höchsten Wirklichkeit, *anuttara*) meditieren, dem man nahegekommen ist.

Auf diese Weise wird dieses Rad erfüllt mit allen äußeren Gegenständen, die darin ihre Unterschiedenheit aufgeben. Dann soll man über dieses Rad meditieren, wie es (die Reinigung) aller Zustände (*bhāva*) mit ihren psychischen Eindrücken bewirkt. Diejenigen, die so ständig über die Vorgänge der Schöpfung, Erhaltung und Auflösung meditieren, die in ihrer eigentlichen Wirklichkeit nur der »eigene Geist«[1] sind, wenn sie klar erkannt haben, dass dieser Geist eigentlich vom Wesen der Freiheit ist, die Zustände der Schöpfung (und Erhaltung und Auflösung) hervorzubringen, so erlangen sie unmittelbar die göttliche Natur (*bhairavībhāva*). Durch

---

[1] *Svasaṃvit* oder »das eigene Bewusstsein«, sowohl auf Gott wie auf den Yogi bezogen.

eine solche Übung kann man auch alle gewünschten übernatürlichen Fähigkeiten erlangen.

Die Dreiheit Erkenner, Erkenntnis, Erkanntes ist selbstleuchtend
und das innere Wesen aller Dinge.
Der Yogi meditiere darüber, sie nach innen nehmend,
im Reich der Seligkeit des eigenen Herzens.
Er meditiere über den alldurchdringenden Herrn
des Rades der Lichtstrahlen der zwölf großen Energien,
die durch die Sinnesöffnungen nach außen strömen
und die Zustände der Schöpfung (und Erhaltung und Auflösung) hervorbringen.
Der Yogi betrachte, in sich ruhend,
die Gesamtheit aller äußeren und inneren Dinge,
die er in sich selbst absorbiert hat.
Und von seinem Selbst
strahlt seine Herrlichkeit aus.

Dies sind die Verse der Zusammenfassung. So viel über die Meditation.

2. *Die aufsteigende Atmung (*uccāra*)*

Bevor man den Atem ausstößt, ruht man zuerst in der Leere des Herzens, und wenn der Atem (*prāṇa*) aufgestiegen ist, (nach dem Ausatmen) im Äußeren. Wenn darauf der Vollmond des Einatmens (*apāna*) alles erfüllt hat, schaut man außen das Wesen aller Dinge, und man wird frei von allen Wünschen. Wenn dann der ausgleichende Atem (*samāna*) aufgestiegen ist, erfährt man die Ruhe durch die Vereinigung aller Gegensätze. Wenn darauf das Feuer des aufsteigenden Atems (*udāna*) entstanden ist, verschlingt man die Begrenzungen (der Unterscheidung in) Subjekt und Objekt (und anderer Gegensätze). Wenn dieses verzehrende Feuer zur Ruhe gekommen und der alldurchdringende Atem (*vyāna*) entstanden ist, leuchtet man, befreit von allen Begrenzungen.

Diese Formen der Ruhe, von der Leere bis zum alldurchdringenden Atem, werden als die sechs Stufen der Seligkeit gelehrt: die angeborene (eigene) Seligkeit, die intensive Seligkeit, die höchste Seligkeit, die Seligkeit Brahmans, die große Seligkeit, die geistige Seligkeit. Wenn die eine höchste Wirklichkeit, die weder Auf- noch Untergang kennt, diese (sechs Formen der Seligkeit) sammelt und vereint, so ist dies die kosmische Seligkeit (*jagadānanda*), die wahre Grundlage aller inneren Ruhe. Wer in diesen Stufen des Atems ruht, ob in einer, in zwei oder in allen, der erlangt die vollkommene Ruhe (*viśrāntitattvam*), die unabhängig ist vom Körper und vom Atem. Auf diese Weise kann man die Vorstellung (*vikalpa*) reinigen, wenn man sich auf die mystische Praxis des aufsteigenden Atems konzentriert, den Keim von Schöpfung und Auflösung.

Diese Formen der Ruhe enthalten je fünf Zustände, je nach der Intensität des Eindringens (in die Wirklichkeit): zuerst eine Seligkeit (*ānanda*) aufgrund der Berührung mit einem Teil der Fülle (des Bewusstseins); dann folgt eine Erhebung (*udbhava*), wenn man einen Augenblick einen körperlosen Zustand erfährt; darauf eine Erschütterung (*kampa*), wenn man von der eigenen Kraft durchdrungen ist und die Identifizierung mit dem Körper gelockert wird; darauf folgt eine Art Schlaf (*nidrā*), wenn alle nach außen gerichtete Neigung aufhört. Wenn sich schließlich die falsche Vorstellung aufgelöst hat, die das Nichtselbst für das Selbst hält – weil unser wahres Selbst das Selbst von allem ist –, und wenn auch die Vorstellung aufhört, die das Selbst für das Nichtselbst hält, dann entsteht eine mystische Trunkenheit (*ghūrṇi*), weil dann der Zustand der Alldurchdringung auftaucht. Alle diese Stufen entsprechen jeweils den Zuständen des Wachens (des Traumes, des Tiefschlafes, des »Vierten«) bis zu dem »den Vierten Transzendierenden«.[1] Sie entstehen jeweils beim Eintreten in

[1] Die vier Zustände des Bewusstseins sind in allen Systemen der indischen Spiritualität bekannt: Wachen, Traum, Tiefschlaf und der transzendente Zustand, der zum Beispiel in der Versenkung (*samādhi*) erfahren wird. Der »den Vierten transzendierende Zu-

die verschiedenen Zentren (des subtilen Körpers, *cakra*): das Dreieck, die Wurzel, das Herz, der Gaumen (die Kehle) und die aufsteigende *kuṇḍalinī*.

Wenn so der Atem zur Ruhe gekommen ist, offenbart sich die höchste Schwingung (*spandana*), (auf dreifache Weise:) wenn sich alles Gegenständliche aufgelöst hat, wenn es im Begriff ist, in Erscheinung zu treten, oder wenn es erschienen ist. Dies sind die drei Zeichen (*triliṅga*), worüber wir bei passender Gelegenheit sprechen werden. Das höchste Zeichen ist das Herz der Yoginī.[2] Die Natur der ursprünglichen Schwingung (*spandanarūpatā*) hängt zusammen mit der Ruhe in der Energie der Schöpfung, wenn der Zustand der Vereinigung (von Śiva und Śakti) in Form von Einziehen und Entfaltung (*saṃkoca – vikāsa*) entsteht. Doch genug davon, denn das Eindringen in diesen Zustand ist verborgen.

Am Anfang
im eigenen erleuchteten Bewusstsein ruhend,
erfülle der Yogi
alles Gegenständliche.
In dieser Fülle
ruht alle Unterscheidung
in Subjekt und Objekt –
diese soll er schnell vernichten.
Dank dieser Alldurchdringung (des Atems) ruht man
(vollkommen).
Dies sind die Stufen des sechsfachen Weges
des Atems, vom Ausatmen bis zum durchdringenden
Atem.
Die Ausfaltung in die Zustände des Wachens (Traumes,
Tiefschlafs usw.)
ist damit verbunden.

---

stand« (*turyātīta*) entspricht einem göttlichen Bewusstsein, das alle anderen erfahrbaren Zustände durchdringt.

2 Mystischer Ausdruck für das reine Bewusstsein.

Wer in dieser Übung fest steht,
steigt in Kürze zum Reich der Erkenntnis
von Schöpfung und Auflösung auf.

Dies sind die mittleren Strophen, die die Übung des aufsteigenden Atems betreffen (*uccāraṇa*).

3. Die aus subtilem Atem bestehenden Laute

Der Laut ist der Urton (*dhvani*), der einer unausgedrückten Aussprache entspricht und der im Innern derselben aufsteigenden Atmung aufleuchtet. Seine wesentliche Gestalt besteht darin, dass er der Keim von Schöpfung und Auflösung ist. Wenn man darüber meditiert, erlangt man das höchste Bewusstsein. Wenn man zum Beispiel die Konsonanten von *k* bis *m* (des Sanskrit-Alphabets) mit oder ohne Vokale im Innern ausspricht oder ins Gedächtnis ruft, so entsteht jeweils eine besondere Berührung mit der Schwingung des Bewusstseins, die vollkommen ist, weil (die Laute) nicht von konventioneller Bedeutung abhängig sind (d. h. von dem konventionell übereingekommenen Zusammenhang zwischen Laut/Wort und Bedeutung).

Selbst Wörter, die von konventioneller Bedeutung abhängig sind, bezeichnen Gegenstände, obwohl solche Konventionen willkürlich sind.

Die geheime Lehre der Laute besteht darin, dass aufgrund der Berührung mit dem transzendenten Bewusstsein eine Verbindung hergestellt wird von Herz, Kehle und Lippen mit den beiden zwölf Finger langen Extremen (inneres und äußeres *dvādaśānta*)[1] und dem Herzen.

Einige behaupten, dass der innere Laut, der (die Wörter) »weiß«, »gelb« und andere hervorbringt, als Folge des im Innern aufleuchtenden reflexiven Bewusstseins (*vimarśa*) entsteht, wodurch man das reine Bewusstsein in seinem ersten Auftauchen erfährt.

---

[1] Das heißt die Endpunkte des Ein- bzw. Ausatmens.

Wenn, losgelöst von allem Wortsinn,
die Unterscheidung in Erkanntes und Erkenntnis
geschwunden ist
dank der Schwingung des reinen Bewusstseins,
wenn man so vollkommen in die Gleichheit eingedrungen
ist,
dann offenbart sich der Geist in Fülle
durch diese Disziplin der Keimsilben und der Lautgruppen.

Das sind die Zwischenverse bezüglich der Methode der Laute. Die Methode, die sich der Sinnesorgane bedient, werden wir im Zusammenhang der Erklärung der Gesten beschreiben.

Manche können die Vorstellung nicht von selbst zur Fülle
bringen,
sie brauchen Mittel, um sich zu reinigen.
Diese Mittel sind vielfach,
sie betreffen den Geist, den Atem, den Körper und die
äußeren Dinge,
deshalb werden sie »individuelle Mittel« genannt.
Doch aus ihrer Verschiedenheit soll man nicht schließen,
dass ihr letztes Ziel verschieden ist.

[*Kapitel VI-X werden ausgelassen, weil sie sehr detaillierte Beschreibungen der Kosmologie und von anderem beinhalten. Kapitel VI beschreibt den Weg der Zeit (*kālādhvan*); Kapitel VII enthält den Weg des Raumes (*deśādhvan*), beide sowohl die innere wie die äußere Zeit bzw. den inneren wie äußeren Raum; Kapitel VIII enthält die gesamte Kosmologie, die 36 Elemente oder Prinzipien des Universums (*tattva*); Kapitel IX bietet die Fortsetzung der* tattvas, *die sieben Ebenen der Erkenner, Kapitel X die Einteilung des Kosmos in Regionen (*kalā*).*]

DER ELFTE TAG: ÜBER DIE GNADE

Einführung

Alle in den vorausgegangenen Kapiteln beschriebenen Heilswege oder Methoden haben nur Sinn und können nur ihr Ziel erreichen, wenn eine Bedingung gegeben ist: die göttliche Gnade. Was immer der Mensch tun oder erkennen mag: Solange die Gnade nicht mitwirkt, in anderen Worten, wenn es nicht der Wille Gottes ist, bleibt immer noch ein Schleier, der die Wirklichkeit verhüllt. Der theologische Grund ist klar: Gott allein ist es, der in den Heilsmitteln und durch sie in seiner souveränen Freiheit (*svātantrya*) wirkt. Andere theologische Schulen des Hinduismus, die der Gnade eine wichtige Rolle einräumen, wie etwa verschiedene Schulen des Viṣṇuismus, machen diese noch abhängig vom menschlichen Karma, das heißt von der Auswirkung der Werke, die den Menschen begrenzen und unfrei machen. Abhinavagupta stellt diese Ansicht infrage; denn sie bedeutet letztlich, dass Gott selbst vom Karma der Menschen abhängig ist und nicht frei handeln kann. In dem Zusammenhang betont der Śivaismus die absolute Freiheit Gottes, von dem die Seele in ihrer eigenen, letzten Freiheit nicht verschieden ist. Die Gnade wird daher beschrieben als das Spiel seiner Freiheit.

Doch besteht der śivaitische Advaita nicht in einem Monismus als Fusion von zwei Prinzipien (Seele und Gott), sondern in einer Dreifaltigkeit (Śiva, Śakti und Nara). In diesem Kontext hat die Dynamik der Gnade ihren Sinn: Es ist die Śakti, die göttliche Energie, die, von Śiva ausgehend, den Menschen ergreift und so zu Śiva zurückführt. Der bevorzugte Ausdruck für das, was unter dem Wort ›Gnade‹ verstanden wird, lautet daher *śaktipāta*, wörtlich »das Herabfallen der Energie«.

Darunter darf man nicht ein (räumlich vorgestelltes) ›Herabfallen‹ verstehen, sondern ein spontanes Ereignis, einen Einbruch oder Aufbruch der göttlichen Energie, die nicht irgendwo von außen oder oben herkommt, sondern von innen. Doch entspricht dieser Ausdruck auch einer Erfahrung, nämlich der Unerwartetheit, und der mit der Gnade verbundenen inneren Kraft.

Es gibt noch zwei Sanskrit-Wörter, die Gnade bezeichnen, mit je verschiedenen Bedeutungsnuancen: *Anugraha* bedeutet »Gunst, Güte« und *prasāda* impliziert Klarheit und Abgeklärtheit. Abhinavagupta gibt selbst eine Definition von *prasāda*: »Gnade ist ein Zustand der Reinheit, der Śiva selbst in seiner ganzen Fülle in der Seele offenbart« (TĀ XIII.286).

Wenn die Rede ist von den fünf kosmischen Akten Gottes, so ist die letzte die erlösende Gnade (*anugraha*). Diese fünf Tätigkeiten sind ein ständiger Prozess, der im Universum und in der Seele vor sich geht, und die Gnade ist in dem Sinn ein ständiges Angebot, ob der Mensch sich dessen bewusst ist oder nicht. Hingegen ist die mystische Gnade eine erfahrbare Anteilhabe an dieser »allgemeinen« Gnade und, metaphysisch gesprochen, eine Teilhabe an der göttlichen Energie, deshalb *śaktipāta*. Durch sie tritt die Seele eigentlich in das göttliche Leben ein, das ein trinitarisch-dynamisches ist (›Trinität‹ im Sinn von *Trika*). *Śaktipāta* enthält als Begriff ebendiese Dynamik des Geschehens der Gnade, während *prasāda* die Bedingung ausdrückt, unter welcher Gnade wirksam werden kann, sowie ihre Eigenschaft: Reinheit, Transparenz.

Am Anfang seines Kommentars zum *Parātrīśikā Tantra* drückt Abhinavagupta diesen theologischen Sachverhalt folgendermaßen aus:

> Der höchste Herr bringt immer die fünf Akte hervor (Schöpfung, Erhaltung, Auflösung, Verhüllung und Gnade). Er ist in Wahrheit vom Wesen der Gnade selbst, da er immer vereint ist mit seiner höchsten Energie, die Gnade ist. Man darf die Energie nie als von Śiva getrennt betrachten. Diese Energie ist ständig erfüllt von dem Gedanken, der Welt Gnade zu verleihen. ⟨…⟩ Daher stellt sie (die

Gnade), das eigentliche Leben der Lehre des Trika, die höchste Verbindung dar.[1]

Die zentrale Stellung der Gnade in Theologie und Mystik des Trika ist daher unwiderlegbar.

Es ist sicher nicht zufällig, dass Gnade mit Śakti identifiziert wird und dass in fast allen Sprachen das Wort für Gnade weiblichen Geschlechts ist (griechisch *charis*, lateinisch *gratia*, französisch *grâce* usw.).[2] Auch wenn Śiva ikonographisch mit fünf Gesichtern dargestellt wird (*pañcamukha*), ist das Gesicht der Gnade ein weibliches.[3] Gnade zu verleihen, ist eine weibliche, ja mütterliche Eigenschaft Gottes.

In der praktisch gelebten Spiritualität hängt die Vermittlung der Gnade vom Guru oder spirituellen Meister ab. Daher beschreibt das Kapitel über *śaktipāta* auch das Verhältnis von Meistern und Schülern in den verschiedenen Graden der Intensität. Die sakramentale und geistige Vermittlung der Gnade geschieht in der Initiation, die auch hier erwähnt und in späteren Kapiteln ausführlich beschrieben wird.[4] Die Initiation spielt eine zentrale Rolle in der Praxis des Śivaismus, doch würde es zu weit führen, hier ausführlich darauf einzugehen.

Wenn Gottes Wesen selbst Gnade ist – und der Name ›Śiva‹ bedeutet »der Gnädige« –, so mag man fragen, warum es verschiedene Grade der Gnade gibt. Dieses Kapitel (und Kapitel XIII des *Tantrāloka*) beschreibt neun Grade der Intensität der Gnade. Im »Licht der Tantras« sagt Abhinavagupta, dass die Grade nur einen Unterschied in der Zeit bedeuten,

---

1 Abhinavagupta, *Parātrīśikā-Vivaraṇa*, übers. von J. Singh, Sanskrit-Text ediert von S. Lakshmanjee, hg. von B. Bäumer, Sanskrit, S. 2, 4.

2 Die Sanskrit-Wörter *anugraha*, *prasāda* und *śaktipāta* sind nicht grammatikalisch feminin, doch wird ihre Eigenschaft als weiblich beschrieben.

3 Vgl. die Darstellung der Maheśamūrti in Elephanta, siehe Stella Kramrisch, *The Presence of Śiva*, Princeton 1981.

4 In den Kapiteln XII, XIV, XV und XVI.

ob man sein Ziel schnell oder langsam erreicht (vgl. TĀ XIII.210). Da keiner von der Gnade ausgeschlossen ist, aber offensichtlich nicht jeder Mensch bereit ist, sie zu empfangen, hängen die Grade der Intensität von der Bereitschaft der Seele ab und von der Intensität ihrer Suche und Hingabe.

Die neun Grade entsprechen der Systematisierung in drei Grade, die jeweils wieder dreifach unterteilt sind, nach dem durchgehend triadischen Schema der Schule: schwach, mittel und intensiv. Diese Stufung erklärt auch die Unterschiede, die sowohl zwischen Meistern wie zwischen Schülern bestehen. Abgesehen von der höchsten Intensität, die so stark sein kann, dass der physische Körper ihr nicht standhalten kann, führen die anderen hohen Grade den Empfänger zu einer so vollkommenen Erleuchtung, dass er zu einem Meister wird. Auf der höchsten Stufe wird der Guru als Śiva selbst betrachtet. Niedere Grade der Gnade erwecken in dem Empfänger die geistige Suche und den Wunsch, von einem Meister geführt zu werden. Je nach der Reinheit des Schülers und der Intensität der von ihm empfangenen Gnade wird er einen entsprechenden Meister finden.

Der Guru ist nun das Instrument der göttlichen Gnade für den Schüler, und es gibt die verschiedensten Weisen, wie diese Gnade vermittelt wird – oft nur durch ein Wort, eine segnende Berührung, eine Geste oder einen Blick.

Die Klassifizierung in neun Grade darf nicht darüber hinwegtäuschen, dass die Gnade – von Gott her – immer frei ist. Die philosophischen Texte Abhinavaguptas betonen dies immer wieder, doch findet die damit verbundene Erfahrung den stärksten Ausdruck bei Utpaladeva, der zwei Generationen vor Abhinavagupta gewirkt hat. Seine Hymnensammlung *Śivastotrāvalī* enthält bewegende Verse, die diese Erfahrung bezeugen.

Als du mir Gnade gewährtest,
o Herr, hättest du bedenken sollen,
(ob ich dessen würdig bin,)
doch tust du das nie!
Was ist mir heute zugestoßen,

dass du zögerst,
mir deine Herrlichkeit zu zeigen?
(*Śivastotrāvalī* 13.11)

Hier beklagt sich der Mystiker, warum Gott ihm sein Licht vorenthält, da er ihm schon einmal Gnade geschenkt hatte. Doch ist die göttliche Freiheit so souverän, dass er weder die Geeignetheit des Gläubigen betrachtet noch auch verpflichtet ist, ihm weiter Gnade zu gewähren. Abhinavagupta kommentiert diesen Vers mit einer ganz konzisen Definition von Gnade (*śaktipāta*), indem er sagt, dass die Gnade schwer zu erlangen und dass Gott unparteiisch ist.[1] Ferner sagt er, dass die Unterschiede in der Verleihung der Gnade sich so auswirken, dass man sie entweder schnell oder langsam erfährt.

Eine andere Gefahr, die zentrale Rolle der Gnade im geistigen Leben misszuverstehen, ist die des Quietismus. Wenn es allein die Gnade ist, die alles bewirkt, wozu soll man sich dann bemühen? Abhinavagupta greift diesen Einwand in seinem Kommentar zur *Parātrīśikā* auf:

> Wenn es heißt, dass nichts ohne den Willen Gottes geschieht und dass Gottes Wille vollkommen ist, worüber kein Zweifel besteht, wozu dient dann die nutzlose Anstrengung wie Bücher lesen, diskutieren, erläutern, nachdenken? Man soll diese schwere Last aufgeben und sich in die Stille zurückziehen, der Wille Gottes allein wird den retten, der zu retten ist. Es ist nur sein gnädiger Wille, der einem diesen Gedanken eingibt. – (Die Antwort darauf lautet:) Keinesfalls sollen die Leute ihre Füße ausstrecken, sich bequem ausruhen und dem Vergnügen hingeben und sich abwenden von der Reflexion und der immer subtileren Erkenntnis, die durch die immer intensivere Gnade des Herrn geweckt wird, in Übereinstimmung mit der eigenen Bemühung.[2]

Es ist also klar, dass Abhinavagupta keinen Quietismus pre-

1 *Durlabhatvam-arāgitvam*, TĀ XIII.291.

2 Abhinavagupta, *Parātrīśikā-Vivaraṇa*, S. 43.

digt, denn die Wechselwirkung zwischen Gnade und menschlicher Bemühung ist gerade das ›Spiel der Freiheit‹, das den Menschen auf dem geistigen Weg seinem Ziel näherbringt.

Im Zusammenhang mit Śivas fünf Akten ist Gnade nur verständlich vor dem Hintergrund ihres Gegenteils, nämlich der Verhüllung oder Verbergung der Wirklichkeit (*tirodhāna*), die selbst von Gott verursacht ist als Teil des gesamten Prozesses von Schöpfung und Erlösung. Aus diesem Grund spricht Abhinavagupta im Kapitel über *śaktipāta* auch über die Verhüllung. Nur wer die Wirkungen der Verschleierung erfährt, Leid und geistige Verwirrung, kann die Bedeutung der Gnade abschätzen. Ähnlich wie die *felix culpa* (»glückliche Schuld«) der christlichen Tradition ist auch hier jedes Stadium des Weges von Gottes Gnade selbst getragen. Doch die höchste Stufe der Gnade ist erreicht, wenn der Mensch an Gottes souveräner Freiheit teilhat.

Die Erfahrung von *śaktipāta* ist eigentlich unbeschreibbar und wird von jedem anders erlebt. Doch ist sie nur dann echt, wenn sie innere Klarheit, Frieden, Verinnerlichung und Freude bewirkt.

Text

Soviel wir bis jetzt gesagt haben, mag für einige genügen, um die Erlösung unmittelbar zu erlangen, nach den Anweisungen, die in zusammengefasster Form dargelegt sind; doch andere benötigen dazu die Hilfe der Initiation, die wir noch erklären werden. Daher ist es nötig, über die Initiation und damit verbundene Riten zu sprechen. Wer aber ist dazu befähigt (Initiation zu erhalten)? Um diese Frage zu erklären, betrachten wir (in diesem Kapitel) die Gnade (wörtlich »die Herabkunft der göttlichen Energie«).

In diesem Zusammenhang sagen einige, dass das Nichtwissen die Wurzel der Welt der Gebundenheit (*saṃsāra*) ist, aufgrund eines Mangels an Erkenntnis, und wenn dieses Nichtwissen beseitigt wird und die Erkenntnis aufleuchtet, tritt

Gnade ein. Wir fragen aber, was ist die Ursache des Aufleuchtens der vollkommenen Erkenntnis? Wenn man behaupten würde, dass sie wie die Frucht von Werken durch Werke verursacht ist, und nähme man an, dass die Gnade ein Gegenstand des Auslebens von karmischen Ursachen in einem Subjekt der Erfahrung ist, so würde man fälschlicherweise die Gesetze des Karma auf die Gnade übertragen. Nimmt man aber als Ursache des Aufleuchtens der Erkenntnis den Willen des Herrn an (und nicht Gnade), so gerät man in einen Zirkelschluss und in sinnlose Spekulation, und in dem Fall würde man den Herrn mit den Fehlern der Parteilichkeit (und Ungerechtigkeit) belasten.

Behauptet man aber, die Gnade entstehe durch Ausgleich von Karma (Früchten der Werke), wenn ein Karma und ein ihm entgegengesetztes gleich stark werden und sie sich so gegenseitig neutralisieren, so widersprechen wir dem; denn zwei Handlungen können nur nacheinander stattfinden und sich daher nicht gegenseitig neutralisieren. Selbst wenn sie sich neutralisierten, so würde aus der nicht widersprechenden Handlung wieder eine Folge von Karma entstehen, oder der Tod würde unmittelbar folgen, wenn die entgegengesetzte Handlung nicht entstünde. Hier mag jemand einwenden, dass es nicht um Handlungen geht, die Geburt und Lebensdauer bestimmen, sondern um solche, die ausgelebt werden müssen.[1] Warum das? Wenn die göttliche Energie über einen kommt, ob Handlungen bestehen oder nicht (die Geburt und Lebensdauer bestimmen), was hat man dann zu fürchten von Handlungen, die ausgelebt werden müssen? Wenn andere behaupten, die Gnade trete ein, wenn die Befleckungen ausgereift sind, so fragen wir: Was ist die Natur dieser Befleckungen

[1] *Bhogaprada.* Die indische Karma-Lehre unterscheidet zwischen verschiedenen Arten von Werken und deren Auswirkung in diesem oder in späteren Leben. Demnach gibt es eine bestimmte Form von Karma, die auf jeden Fall ausgelebt werden muss, auch wenn die Befreiung oder Erleuchtung schon eingetreten ist. Dieser Theorie widerspricht die śivaitische Lehre von der Gnade.

und was ist die Ursache (der Gnade)? Wenn sie darauf antworten, die Ursachen (der Gnade) seien Loslösung (*vairāgya*, »Verzicht«), eine besondere religiöse Observanz, geistige Unterscheidung, Verehrung der Heiligen, die Erlangung des Guten, der Götterkult und anderes mehr, so widerlegen wir alle diese Ursachen. Alle diese Theorien der pluralistischen Schulen sind unangemessen.[1]

Im Licht der nichtdualistischen Lehre von der Freiheit Gottes werden alle diese Probleme gelöst. Dies ist der Zusammenhang: Aufgrund des Spiels seiner Selbstverbergung wird der höchste Herr zur begrenzten Seele, das heißt zu einem Individuum, einem »Atom«. Doch stellen die Unterschiede von Raum, Zeit und Gestalt kein Hindernis für ihn dar, und wenn die Verhüllung seines eigenen Wesens abnimmt und er sein eigenes Wesen plötzlich oder stufenweise wiedergewinnt, so wird diese individuelle Seele für würdig erachtet, Gnade zu empfangen. Der höchste Śiva, der vom Wesen der reinen Freiheit ist, lässt dann seine Energie herabkommen. Daher ist die Gnade als Frucht der Selbsterkenntnis völlig unabhängig (von anderen Ursachen), doch wenn jemand Genuss begehrt, dann hängt sie von der Handlung ab. Diejenigen, die überirdische Genüsse begehren, erhalten Gnade nur indirekt, durch die Vermittlung von Göttern wie Rudra, Viṣṇu und Brahmā, die, vom Willen des höchsten Herrn gelenkt, über Bereiche der *māyā* verfügen. Solche Gnaden können die Einheit mit Mantras bewirken, die Unterscheidung zwischen *māyā* und Seele, zwischen Seele und begrenzenden Prinzipien, zwischen Seele und Natur, zwischen Seele und Intellekt und andere Ergebnisse, sie können auch die Auswirkung niederer Prinzipien verhindern. Bei einem Menschen, der sowohl Genuss wie Befreiung begehrt, ist die Gnade von seiner Handlung abhängig (was den Genuss betrifft), doch im Hinblick auf die Befreiung ist sie völlig unabhängig –

---

[1] Pluralistische Schulen: *bhedavādinaḥ*, das sind diejenigen, die an eine Vielzahl von Seelen und deren Unterschiedenheit von Gott glauben.

daher ist sie sowohl abhängig wie unabhängig. Man wende aber nicht ein: Warum empfangen nur wenige auserwählte Seelen Gnade? – In Wahrheit ist es nur der höchste Herr, der (als Seele) erscheint. Wer ist also diese getrennte Seele, auf die sich dieser Einwand bezieht?

Die Gnade besteht aus neun Graden: intensiv, mittel und schwach, die jeweils wieder drei Grade haben: gehoben, mittel und niedrig. Dabei bewirkt die höchste intensive Gnade das unmittelbare Abfallen des Körpers (den sofortigen Tod) und die Erlangung der Göttlichkeit. Die mittlere intensive Gnade bewirkt das Aufleuchten einer intuitiven Erkenntnis aus eigener Einsicht, ohne Hilfe der heiligen Schriften oder eines Meisters. Wem diese Erkenntnis aufleuchtet, der wird ein »intuitiver Meister« (*prātibho guru*) genannt, der ohne äußere Sakramente Erfahrung und Befreiung vermitteln kann. Ein solcher Meister braucht sich auch nicht den Disziplinen eines Novizen (*samayī*) und der anderen Stufen der Initiation zu unterziehen. Selbst in diesem Grad gibt es verschiedene Abstufungen, entsprechend der Vielfalt des göttlichen Willens. Selbst wenn die intuitive Erkenntnis besteht, kommt es vor, dass einer sich auf die heiligen Schriften zur Bestätigung beruft. Daher sprechen die Schriften von verschiedenen Arten von »intuitiven Meistern«: von solchen, die sich auf nichts stützen, und solchen, die sich auf die Schriften stützen. Bei all diesen ist das dominierende Element ihr Anteil an der intuitiven Erkenntnis. In der Gegenwart eines solchen Meisters haben andere keine Autorität, so wie in den pluralistischen Schulen in der Gegenwart des Anfanglosen Śiva die erlösten Śivas keinerlei Macht über Schöpfung und Auflösung besitzen.[1]

Die niedere intensive Gnade bewirkt den Wunsch, zu einem wahren Meister zu gehen und sich von einem schlechten Meister zu lösen. Dieser Wunsch, einen schlechten Meister

[1] Eine spirituelle Hierarchie ist hier impliziert. In den pluralistischen Schulen gibt es eine Vielfalt von erlösten Seelen, die aber nicht mit Śiva eins werden.

zu verlassen und zu einem wahren Meister zu gehen, ist allein Frucht der Gnade. Ein wahrer Meister ist einer, der erfüllt ist von der Erkenntnis aller Schriften und aller Prinzipien und der selbst eine Verkörperung des transzendenten Herrn (Bhairava) ist. Selbst Yogis[1] können die Befreiung anderer nicht bewirken, die einzig durch eine gut eingeübte Erkenntnis möglich ist, ebenso wenig wie Reichtum oder Schönheit dazu befähigen können. Ein schlechter Meister ist das Gegenteil von all dem (vorher Beschriebenen).

Ein Schüler, der zu einem wahren Meister gehen will, erhält von ihm eine Initiation in die Erkenntnis, durch die er unmittelbar, in diesem Leben noch, befreit wird. Eine solche Initiation kann durch einen gnädigen Blick, durch ein Wort, durch Erläuterung der Schriften, durch eine Betrachtung des rechten Lebenswandels, durch (Riten wie) Darbringung von Reis oder auf andere Weise geschehen. Ein geübter Meister kann eine Initiation erteilen, durch die der Schüler sofort seinen Lebensatem aufgibt; doch soll diese nur im Moment des Todes gegeben werden, wie wir noch darlegen werden. Dies sind die drei Formen der intensiven Gnade.

Eine gehobene mittlere Gnade zeigt sich darin, dass einer, auch wenn er die Initiation empfangen hat, noch nicht die feste Überzeugung seiner eigenen Göttlichkeit[2] besitzt; erst nach dem allmählichen Reifen dieser Überzeugung wird er im Moment des Todes zu Śiva.

Eine »mittlere mittlere Gnade« ist gegeben, wenn einer zwar das Śiva-Sein anstrebt, doch gleichzeitig Erfahrungen zu genießen begehrt. In diesem Fall gibt die Initiation einen Anteil an Erkenntnis, doch muss ein solcher Schüler Yoga üben, und wenn er mit diesem Körper Erfahrungen genossen hat, wird er im Moment des Todes zu Śiva.

Einer, der eine »niedere mittlere Gnade« empfangen hat,

---

[1] Hier ist »Yogi« in einem anderen Sinn gebraucht, im mehr technischen Sinn derer, die Yoga üben, damit aber noch nicht die höchste Erkenntnis erlangen.

[2] Wörtlich »seines Śiva-Seins«.

wird erst zu Śiva, nachdem er in einem anderen Körper Erfahrungen genossen hat. So gibt es auch drei Stufen der mittleren Gnade.

Eine schwache Gnade ist daran zu erkennen, dass der Wunsch nach Erfahrung und Genuss dominiert. Dass auch dies eine Form der Gnade ist, ist damit begründet, dass dieser Wunsch mithilfe von Mantras und Yoga erlangt wird, die sich auf den höchsten Herrn beziehen, und dass diese göttlichen Mantras, dieser Yoga und die anderen Mittel letztlich zur Befreiung führen. Auch darin gibt es eine dreifache Abstufung, je nach der Intensität. So weit die wichtigsten (Stufen der) Gnade.

[*Hier folgt eine Abhandlung über die anderen religiösen Schulen, die verschiedenen Grade der Gnade, an der sie teilhaben, und ihr Verhältnis zum Śivaismus. Von da geht Abhinavagupta über zu einer Betrachtung der verschiedenen Meister.*]

Ein Meister einer höheren Ordnung besitzt Autorität über alle (spirituellen Wege) aufgrund seiner Vollkommenheit. Die Meister sind folgende: Lehrer, Guru, Meister, Einweihende und Umarmende. Der beste von allen ist derjenige, der die volle Erkenntnis besitzt, ohne die die Initiation und andere Riten fruchtlos sind. Wenn ein Yogi mit einem Schüler verbunden ist, der (geistige) Früchte begehrt, und er ihm durch Belehrung in den Methoden (und Wegen) solche Früchte ohne Behinderung zu geben vermag, so bringt er ihn durch die Belehrung in den entsprechenden Methoden (und Wegen) mit der Erkenntnis in Verbindung, und dank dieser Mittel wird er auch die Befreiung erlangen.

Wenn ein Schüler die Fülle der Erkenntnis erlangen will, soll er zu vielen Meistern gehen. Doch soll er von ihnen in der Ordnung eines je höheren Wissens lernen.[1] Wenn ein

[1] Das heißt, er soll nicht von einem Meister mit hoher Erkenntnis wieder zu einem mit begrenztem Wissen gehen, doch kann er mehrere Meister aufsuchen zur Ergänzung seines Wissens.

Schüler einen Meister verlässt, der die volle Erkenntnis besitzt, so muss er dafür Buße tun. – Doch soll man einen so vollkommenen Meister nicht auch verlassen, wenn er schweigt oder wenn er Gegenteiliges sagt? – Keineswegs, antworten wir. Denn aufgrund seiner vollkommenen Erkenntnis ist er frei von Anhänglichkeit, und sein Schweigen und anderes Verhalten ist vielmehr auf den Schüler zurückzuführen, der entweder unwürdig ist oder nicht genug Vertrauen in den Meister besitzt. In einem solchen Fall soll vielmehr der Schüler sich bemühen, ihm zu dienen, doch soll er ihn nicht verlassen.

Daher ist die Gnade allein durch die göttliche Gunst verursacht und ist völlig frei und unabhängig von Werken (*karma*), von Determination oder anderen Faktoren.

Nun über die Verhüllung (*tirobhāva*). Die Frucht der Verhüllung ist tiefes Leid und geistige Verwirrung, die von früheren Handlungen (*karma*) und anderen Bedingungen abhängen. So zum Beispiel kann ein Erleuchteter aufgrund der Freiheit des Geistlichtes sich wie ein Verblendeter verhalten, wobei er das verblendete Verhalten in seinem Herzen verurteilt, und ein Verblendeter mag das Verhalten eines Erleuchteten nachahmen, indem er Mantras rezitiert, Anbetungen verrichtet und dergleichen und dieses Verhalten verspottet. Wenn ein Erleuchteter ein verblendetes Verhalten nachahmt, so wird dies früher oder später aufhören und auch die Nachahmung des Erleuchteten durch einen Verblendeten. Doch ist diese Letztere zu verurteilen, denn sie ist verboten, und derjenige wird selbst durch eine solche Nachahmung in Zweifel verfallen und schließlich im Schlamm von Leid und Verwirrung versinken.

Wenn jedoch die Gnade eingetreten ist, bleibt die Verhüllung nicht bestehen. Doch trifft hier, wie zuvor gesagt, die Abhängigkeit von Werken wie vorher nicht zu, sondern vielmehr aufgrund des Reichtums des göttlichen Willens bleibt auch die Frucht des Leidens nur auf diesen Körper beschränkt. Ein solches Leiden betrifft auch solche, die die Initiation, die Regeln eines Novizen, die Disziplin, den Meister, die Götter, das heilige Feuer usw. sowohl verehren wie schmähen, und solche, die die śivaitische Tradition zuerst befolgt und dann verlassen haben. Selbst in diesem Fall, aufgrund des Reichtums des göttlichen Willens, kann ein Verblendeter durch Gnade geeint werden, entweder von selbst oder nach seinem Tod, dank der Gebete seiner Verwandten (die den Totenritus ausführen) oder seines Meisters.

Letztlich hat das Selbst durch meditative Aufmerksamkeit teil an den fünf Tätigkeiten, deren Urheber der höchste Herr allein ist. Daher soll man das Selbst nicht (vom Herrn) getrennt betrachten.

So wie der Herr sein eigenes Reich
aufgrund seiner unbegrenzten Freiheit
zuerst verbirgt, so enthüllt er es auch.
Selbst im Bereich des Unerleuchteten
mag er wie ein Erleuchteter handeln
oder in Wahrheit erleuchtet werden.
Wahrlich, die Gnade ist unabhängig.

DER ZWÖLFTE TAG: DAS BAD DER REINIGUNG

Einführung

Das wichtigste Ritual im Śivaismus ist die Initiation, und ihr sind viele Kapitel des *Tantrasāra* gewidmet. Ohne auf die rituellen Details einzugehen, ist eine kurze Einführung im XII. Kapitel enthalten, das die rituelle Reinigung als Voraussetzung der Initiation zum Inhalt hat. Es ist ein Beispiel für die zwei – oder mehreren – Ebenen, auf denen sich jedes tantrische Ritual abspielt: die äußere, physische und die innere, spirituelle oder esoterische, die im Fall eines würdigen Schülers die erste ersetzen kann. Im Hinduismus spielen allgemein die Reinheit und das Reinigungsbad (*snāna*) eine große Rolle, ohne das keine sakrale Handlung vollzogen werden kann; daher steht auch hier das Thema der Reinigung allen anderen rituellen und spirituellen Handlungen voran.

Die Initiation (*dīkṣā*) verleiht dem Adepten sowohl Zugang zu Erfüllung (*bhoga*) als auch Befreiung (*mokṣa*).

Die wahre Reinheit ist Vereinigung mit dem Herrn und das »Eintauchen« in ihn.[1] Wenn Reinheit angestrebt wird, erhebt sich die Frage, worin die Unreinheit besteht. Die Unreinheit ist in diesem Fall weder äußerlich noch moralisch, sondern sie besteht in der falschen Annahme, dass die wahre Natur, die allem, Körper und Universum, innerlich ist, mit ihr fremden Elementen assoziiert wird. Diese wahre Natur ist das reine, göttliche Bewusstsein.

Die Versenkung in Bhairava kann nun durch eine Meditation über seine acht Manifestationen (*aṣṭamūrti*)[2] geschehen, sie kann aber auch spontan und plötzlich eintreten, ohne Vermittlung. Die acht kosmischen Formen Śivas gehen auf vedische Quellen zurück. Sie bedeuten die Durchdringung des Kosmos mit dem Göttlichen. Die Meditation oder rituelle Anwendung dieser Manifestationen führt zu einer Identifizierung mit ihren Eigenschaften.

Identifizierung bzw. das symbolische Bad mit der Erde führt zu Festigkeit, mit dem Element Wasser zu Wachstum und Kraft, mit dem Element Feuer zum Verbrennen aller Unreinheit, mit dem Element Wind zu Alldurchdringung. Die Elemente Sonne und Mond bewirken die Fähigkeit, zu schaffen und zu erhalten, und alle diese ›Früchte‹ führen letztendlich zur Einheit des Kosmischen mit dem Göttlichen.

Abhinavagupta macht auch eine Konzession an die übliche

---

1 Das Wort *samāveśa* bedeutet vollkommene Versenkung, aber es beinhaltet auch die Vorstellung eines Eintauchens in die göttliche Wirklichkeit, die ja oft als Nektar (*amṛta*) beschrieben wird.

2 Erde, Wasser, Feuer, Wind, Äther, Sonne, Mond und das Selbst des Verehrenden.

Weise, das rituelle Bad zu vollziehen, was mit körperlicher Reinigung, dem Anlegen neuer Kleider usw. verbunden ist, mit der Begründung, dass dieses Ritual Freude und Befriedigung bewirkt.

Da das Bad der Reinigung den Fähigkeiten des Schülers angepasst ist, werden auch die höchsten tantrischen Adepten, *vīra* oder »geistige Helden« genannt, hervorgehoben, deren Ritual – ihrem Status angemessen – extreme Formen annimmt, wie die Praxis an einem Leichenverbrennungsplatz. In diesem Fall bedeutet Reinigung eine Überwindung der gewöhnlichen Assoziation von Unreinheit mit Leichen, Alkohol und anderem. Der Zweck ihrer Praxis ist ebendie Verwandlung des Unreinen in die Reinheit des Göttlichen.

In jedem Fall, ob in der Form des Bades mit Wasser, der Identifizierung mit Manifestationen Śivas mittels Mantras usw. oder im Fall des tantrischen Helden, Ziel ist immer die Verwandlung des Körpers in einen göttlichen bzw. die Durchdringung aller Aspekte mit dem höchsten göttlichen Bewusstsein. Die höchste Form der Reinheit, die keines Rituals und keiner Meditation bedarf, ist »ein Selbst, das frei von Gedanken ist« (*ātmā nirvikalpakaḥ*).

Text

Das Bad der Reinheit

Wie gesagt, muss über die Initiation gesprochen werden. Daher ist es zunächst notwendig, das rituelle Bad zu erklären, das ihr vorausgeht, um das wahre Wesen der Initiation darzulegen.

Das rituelle Bad wird Reinheit genannt, und (die wahre) Reinheit ist die vollkommene Vereinigung (*samāveśa*) mit der Natur des höchsten Herrn. Reinheit bedeutet die Entfernung/Abwesenheit von Befleckung, und Befleckung besteht in der falschen Annahme, dass das, was eins ist mit dem Herrn, mit anderen Dingen verwechselt wird, die nicht er sind.

Unreinheit ist daher die Vermischung mit einer anderen Natur, obwohl hier (in diesem System) das eigene Selbst von der Essenz absoluter Freiheit, Seligkeit und reinen Bewusstseins ist und allgegenwärtig. Und diese Unreinheit wird entfernt durch die Vereinigung mit dem Herrn Bhairava (Mahābhairava). Er wird von einigen in einem Augenblick spontan erlangt, von anderen durch die Vermittlung anderer Heilsmittel.

Um eine solche Überzeugung zu erlangen, gibt es vielfältige Weisen, eine, zwei, drei oder mehr (Arten des rituellen Bades), je nachdem, von wem, wie und wo es vollzogen wird und ob alle Arten oder nur einzelne davon ausgeführt werden.

Es ist achtfach: bezogen auf die acht Manifestationen des Herrn in Erde, Wasser, Feuer, Wind, Äther, Mond, Sonne und Selbst. Man soll über sie meditieren als Formen des höchsten Herrn, mittels der Praxis von *Mantranyāsa* (rituelle Anwendung von Mantras auf den Körper) und durch Identifizierung. Damit erlangt man die Vereinigung mit dem höchsten Herrn im Körper, indem alle körperlichen Bestandteile als von Bewusstsein durchdrungen betrachtet werden.

Doch einige erlangen die Vermittlung zur Göttlichkeit (Zustand des höchsten Herrn, Parameśvaratā) auch durch das Bad, neue Kleider usw., die eine Befriedigung bewirken, wie es in heiligen Schriften wie dem *Śrīmadānanda* heißt. Die wichtigsten Früchte, die durch diese acht Formen des Bades erlangt werden, sind jeweils[1]: Festigkeit, Wachstum, Kraft, Verbrennen der Unreinheiten, Alldurchdringung, die Fähigkeit zu schaffen, die Fähigkeit zu erhalten, und die Einheit (*abheda*); denn die Mantras, die jeweils (auf Teile des Körpers) aufgetragen werden, erlangen die Form des jeweiligen Elements (als Form Śivas). Die geistigen Helden (*vīra*) haben besondere (Formen des Bades), wie zum Beispiel mit Sand von einem Schlachtfeld, Alkohol (*mahāmarut*), Asche von Leichen, Luft an einem Leichenverbrennungsplatz, Mond und Sonne an

[1] Sie entsprechen den acht Formen Śivas, die vorher genannt wurden.

einem Leichenverbrennungsplatz und ein Selbst, das frei von Gedanken ist.

Ferner können die rituellen Bäder zweierlei sein: äußere und innere. Was die äußeren betrifft, so haben wir schon dargelegt, dass sie in einem Eintauchen in die acht Formen Śivas bestehen, mittels einer Identifikation mit dem zu verehrenden Mantra und in Einheit damit (mit den jeweiligen Formen Śivas). Eine besondere Form des äußeren Bades, die von spirituellen Helden vollzogen wird, besteht in einer Vergöttlichung,[1] durch eine Betrachtung, mit einem beseligenden, berauschenden Getränk und mit der Verehrung der Zentren (*cakra*) durch Mantras. Darauf bringt (der spirituelle Held) das Hauptbad dem Rad der Gottheiten dar, die in seinem Körper und in seinem Atem weilen und die sich gegenseitig stärken.

Doch das innere Bad besteht darin, durch eine Konzentration auf die Natur der jeweiligen Elemente, Erde usw., sich damit zu vereinigen (damit eins zu werden).

Das wahre Bad, so heißt es,
ist ein Eintauchen in den höchsten Bhairava.
Das äußere Bad ist nicht wesentlich,
es ist nur symbolisch.

---

[1] Wörtlich »Zu-Śiva-Werden«.

II. TEIL
HYMNEN AN DAS ABSOLUTE: STOTRAS

Abb. 4: Śiva Naṭarāja, der Herr des Tanzes. Chola-Bronze, etwa 11. Jh., Südindien

EINFÜHRUNG

Die Sanskrit-Literatur ist reich an Hymnen an die verschiedenen Gottheiten, die täglich bei der Andacht rezitiert oder gesungen werden. Diese Hymnen enthalten nicht nur Preis und Gebet, sondern behandeln auch philosophische oder mystische Themen. Der Überlieferung zufolge haben fast alle indischen Philosophen auch solche Hymnen verfasst, entweder als Ausdruck ihrer Frömmigkeit oder um ihre mystische Erfahrung oder philosophische Einsicht in einer poetischen Form ausdrücken zu können, ohne die Regeln der Scholastik oder Dialektik befolgen zu müssen. So werden fast alle vedantisch inspirierten Hymnen dem großen Philosophen Śaṅkara zugeschrieben. Die literarische Form der Hymne hat auch in bedeutendem Maß dazu beigetragen, dass die Eigenschaften der Götter, die Intensität der Gottesliebe (*bhakti*), die grundlegenden philosophischen Lehren und mystischen Erfahrungen ihre Wirkung auf die Menge ausüben konnten; denn diese Hymnen wurden mündlich überliefert, auswendig gelernt, gesungen und gehört, mehr als alle philosophischen Traktate. Das Bedürfnis, Hymnen zu singen oder zu hören, ist im Hinduismus heute noch sehr lebendig.

Aus dem Reichtum der Hymnenliteratur in Sanskrit (*Stotra* oder *Stuti* genannt) sind einige Hymnen in bestimmten Kreisen besonders beliebt – so etwa die »Hymne an die Herrlichkeit Śivas« (*Śivamahimnastotra* oder *Mahimnastava*, eine der ältesten überlieferten Hymnen), die unter anderem in Ashrams von Sannyāsīs regelmäßig rezitiert wird.[1]

---

[1] Für einen allgemeinen Überblick über die Stotra-Literatur vgl. Jan Gonda, *Medieval Religious Literature in Sanskrit*, Wiesbaden 1977, S. 232 ff.

Der kaschmirische Śivaismus bildet hier keine Ausnahme, und seine Verbindung von Mystik, Bhakti und Philosophie war ein besonders fruchtbarer Boden für diese Form von religiöser Literatur. Die bekannteste Hymnensammlung vor Abhinavagupta ist die *Śivastotrāvalī* seines Vorgängers Utpaladeva (etwa 900-950), deren Stotras heute noch von der śivaitischen Gemeinde mit Inbrunst rezitiert werden.[1] Utpaladeva war ein bedeutender Philosoph, der die Grundlagen für das System des »Wiedererkennens« (Pratyabhijñā) gelegt hat, doch in seiner *Śivastotrāvalī* gibt er seiner intensiven mystischen Gottesliebe freien Ausdruck. Viele Verse sind inständige und tief empfundene Gebete.

O Herr,
da ich im Meer Deiner Seligkeit
die Harmonie der Einheit gefunden habe,
möge mein Herz mit einem Mal
von diesem sinnlosen Zustand der Trennung
befreit werden. (VII.1)

Er beschreibt sowohl den Zustand der Vereinigung mit Gott als auch die Qualen der Trennung:

O Herr! Höre in Kürze
die Beschreibung von Freude und Leid,
soweit sie mich betrifft:
Vereinigung mit Dir (allein) ist Freude
und Trennung von meinem Herrn
ist Leid. (XIII.1)

Doch in allen Zuständen will er nur den Herrn verehren:

Ob ich lebe oder sterbe
oder in irgendeinem anderen Zustand bin,
möge ich nur Dich, o Herr, verehren,

---

[1] Vgl. *The Śivastotrāvalī of Utpaladevācārya*, hg. von R. Lakṣmaṇa, Vārāṇasī [2]2008; *Śivastotrāvalī of Utpaladeva. A Mystical Hymn of Kashmir.* Exposition by Swami Lakshman Joo, transcribed and edited by Ashok Kaul, with musical rendering in a CD by Manju Sundaram, New Delhi 2008; und die englische Übersetzung von C. R. Bailly, *Shaiva Devotional Songs of Kashmir.*

dessen Leib das Universum umfasst
und der voll ist vom Nektar des unvergänglichen Geistes.
(XIII.3)

Diese ununterbrochene Verehrung des Herrn setzt eine Anpassung an die Wirklichkeit voraus:

Was keine Realität hat,
das soll auch für mich nicht sein,
was etwas ist,
soll auch für mich sein –
auf diese Weise, o Herr,
möge ich in allen Zuständen
und überall Dich finden
und verehren. (XII.29)

Bhakti und *Advaita*, Liebe und Nichtdualität, verschmelzen hier zu einem einzigen intensiven Zustand:

Wo nicht einmal eine Spur eines anderen Gegenstandes zu finden ist,
wo das Selbstleuchten überall offenbar ist,
wo Du, o Herr, in Deiner Stadt weilst,
mache mich dort für immer
zu Deinem Anbeter. (XIII.9)

Diese Stimmung der Sehnsucht des Mystikers nach Vereinigung mit seinem Herrn ist für Utpaladeva charakteristisch, doch finden wir sie bei Abhinavagupta nicht.

Noch vor Utpaladeva hat der kaschmirische Mystiker Bhaṭṭanārāyaṇa (etwa zweite Hälfte des 9. Jahrhunderts) seine Hymne *Stavacintāmaṇi* (»Juwel des Lobpreises«) verfasst,[1] die ebenfalls die Intensität der Gottesliebe mit der Klarheit der mystischen Erkenntnis verbindet.

O Herr der Welt!
Solange wir leben,
haben wir nur eines zu tun:
durch Deine Gnade
immer im Zustand

[1] Siehe L. Silburn, *La Bhakti*.

des geistigen Gesammeltseins in Dir
zu verbleiben. (Vers 15)

Ehre sei dem Einen, Ungeborenen,
der ohne Eigenschaften ist,
doch der von denen erkannt wird,
die die Eigenschaften kennen.
Er, der keine Wünsche hat,
ist doch die höchste Erfüllung aller Wünsche. (Vers 28)

Abhinavagupta befindet sich in dieser Tradition der Hymnendichter, und doch tragen seine Hymnen den Stempel seiner persönlichen, stark philosophisch geprägten Mystik. Sie sind nicht Ausbrüche einer emotionalen Gottesliebe, sondern Spiegel der Klarheit seines Bewusstseins, nachdem er die höchste mystische Erfahrung erlangt hat.

Welcher Platz kommt diesen Stotras in Abhinavaguptas Gesamtwerk zu? Man kann aus ihrem Inhalt schließen, dass er sie verfasst hat, nachdem er die Gipfel der mystischen Erfahrung erklommen hatte, also wohl in der späteren Phase seines Lebens. Darauf weist auch die Tatsache hin, dass zum Beispiel die *Anuttarāṣṭikā* von dem Kommentar zur *Parātrīśikā* beeinflusst ist, der zu seinen späten Werken gehört. Andere Stotras hat er aber sicher im Lauf seines Lebens zu verschiedenen Zeiten verfasst, weil er einige in seinen größeren Werken wie *Tantrāloka* und *Gītārthasaṃgraha* zitiert. Die große innere und auch literarische Freiheit, die sich in diesen Hymnen ausdrückt, ist auf jeden Fall ein Hinweis auf seine Reife. Er wendet sich damit auch an seine im geistigen Leben bereits fortgeschrittenen Schüler, ohne auf Didaktik oder Rhetorik Rücksicht zu nehmen. Er fühlt sich darin an keine Regeln philosophischer Exkurse oder der kommentierenden Hermeneutik gebunden, vielmehr setzt er seine gesamte Theologie schon voraus und deutet sie nur mehr an. Vom literarischen Gesichtspunkt sind diese Verse, die in teils komplizierten Metren verfasst sind, von einer poetischen Qualität, die der Stärke ihres Inhalts entspricht. Sie enthalten Alliterationen, Vergleiche und andere sprachliche Ausdrucksmittel. Einige Hymnen haben einen einfachen und eindringlichen Stil, der sich besonders gut für die Rezitation eignet (z. B. *Bhairavastava*).

Fast alle der erhaltenen und ihm zugeschriebenen Hymnen sind hier übersetzt. Sie wurden zuerst von K. C. Pandey im Anhang seines Werkes über Abhinavagupta gedruckt und von L. Silburn korrigiert und ins Französische übersetzt. Ich folge sowohl ihrer Lesart, die sich auf Manuskripte im Besitz von Swami Lakshman Joo stützt, als auch ihrem Urteil, was die Echtheit betrifft. Darüber hinaus habe ich zwei Stotra-Fragmente hinzugefügt, die sich im Kommentar Abhinavaguptas zur *Bhagavad-Gītā* finden. L. Silburn hat die Stotras, die der tantrischen Krama-Schule angehören, in einem eigenen Band übersetzt und kommentiert, die ich hier auslasse.[1]

Was die Echtheitsfrage betrifft, so hat Abhinavagupta in einigen seiner Stotras ein Kolophon mit seinem Namen hinzugefügt, andere können aufgrund des Stils, des Inhalts sowie der śivaitischen Überlieferung in Kaschmir mit Sicherheit seiner Autorschaft zugeschrieben werden (so z. B. das *Anubhavanivedana*).

Inhaltlich ist auffallend, dass wir nur wenige Preis- und Lobeshymnen auf den höchsten Gott, Paramaśiva, finden, dass trotz der großen Bedeutung, die dem Guru zukommt, keine Lobeshymne Abhinavaguptas auf den wahren Meister überliefert ist und dass auch das inständige Gebet um Erlösung und Vereinigung mit Gott, wie wir es bei Utpaladeva gesehen haben, nur in wenigen Hymnen zum Ausdruck kommt (so z. B. im *Bhairavastava*, Vers 4). Der Form nach sind nur fünf der acht Hymnen an Śiva gerichtet, wobei das Lob nur ein Aspekt der Beziehung zu dem göttlichen Du ist: das *Bhairavastava*, die *Paramārthacarcā*, das *Mahopadeśaviṃśatikā*, die *Bodhapañcadaśikā* und das *Dehasthadevatācakrastotra*; zwei Fragmente richten sich an die Śakti oder Göttin. Die anderen Hymnen enthalten mystische Anweisungen, wie die *Anuttarāṣṭikā* und die *Paramārtha-Dvādaśikā*, und das *Anubhavanive-*

---

[1] Siehe L. Silburn, *Hymnes aux Kālī.*

dana beschreibt den höchsten mystischen Zustand des Yogi in vier dichten Strophen. In allen Hymnen, ob in der Form der Anrede an Gott, in didaktischer oder ekstatischer Form, ist aber die philosophische Mystik ihres Autors im wahrsten Sinn des Wortes ver-dichtet. Es ist daher notwendig, den Gesamtzusammenhang zu verdeutlichen.

In allen Hymnen, ganz gleich in welcher literarischen Form, geht es um die Erfahrung (nicht die intellektuelle Erkenntnis) des Absoluten: *anuttara*, *paramārtha*, Bhairava und mit welchen Namen und Begriffen es noch angesprochen wird. Zwei Titel enthalten *paramārtha*, »das höchste Ziel«, einer *anuttara*, »das Absolute«, und einer Bhairava, den transzendenten Gott, während ein Titel die Erleuchtung, *bodha*, und einer die höchste Erfahrung, *anubhava*, als Thema angibt. Im Unterschied zu einigen vedāntischen Hymnen, die auf negative Weise vorgehen, um zur höchsten Erfahrung des reinen Bewusstseins zu gelangen, indem sie unter anderem singen: »Ich bin nicht dieser Körper, diese Sinne, diese Gedanken usw.«,[1] taucht Abhinavagupta unmittelbar in die höchste Erfahrung ein, ohne Negation, aber auch ohne Zwischenstufen oder Vorbereitung. Es geht hier nicht um ein allmähliches Aufsteigen der Seele zu ihrem Herrn bzw. zum Absoluten wie in den Heilsmitteln, die er im *Tantrāloka* und im *Tantrasāra* beschreibt. Er ist hier vielmehr mitten in der Wirklichkeit des Trika, wo der Stufenweg keine Rolle spielt, wo Ausgangspunkt und Ziel des mystischen Weges in eins fallen.

Und doch blickt er mit grenzenloser Verehrung auf den höchsten Herrn, »die Zuflucht der Verlassenen« (*Bhairavastava*, Vers 1). Er nimmt die existenzielle Situation des Menschen in der Welt der Wiedergeburt und der Gebundenheit (*saṃsāra*, Vers 3) angesichts des Leides und des Todes (Vers 4) realistisch wahr, er leitet auch seine fortgeschrittenen Schüler mit gnädigem Blick durch die Gefahren des mystischen Weges.[2]

---

1 Siehe *Nirvāṇāṣṭakam*.

2 »Sei immer im Frieden und vergeude dich nicht im vielen Reden …« (*Paramārtha-Dvādaśikā*, Vers 1).

Doch all dies badet sozusagen im selben mystischen Licht desjenigen, der das Absolute schon ›verkostet‹ hat. Im Kontext der Heilswege bedeutet dies, dass sich viele Erfahrungen und Aussagen dieser Hymnen auf den »weglosen Weg« (*anupāya*) beziehen. Die Dualität ist schon überwunden, und auch die Tiefe der Anbetung und der Gottesliebe erweist sich nicht in einer Trennung zwischen Anbeter und Angebetetem, sondern in der Einheitserfahrung (*Bhairavastava*, Vers 1).

Wie ist es jedoch möglich, mit dem Absoluten eins zu werden? Diese Frage stellt auch die Göttin im *Parātrīśikā Tantra*, die Abhinavagupta so paraphrasiert: »Auf welche Weise kann man dieses Absolute (*anuttara*) erlangen? Indem man alles aufgibt, was nicht das Absolute ist, oder auf andere Weise?«[1] Und in der *Anuttarāṣṭikā* antwortet er auf diese Frage, dass es weder darum geht, etwas aufzugeben, noch darum, etwas zu ergreifen (Vers 1-2); denn weder eine negative noch eine positive Methode kann sich der letzten Wirklichkeit bemächtigen, die immer präsent ist. Wenn der Suchende sich so in die Enge gedrängt fühlt, wenn er einsieht, dass er durch sein Tun nichts erreichen kann, dann lautet die Antwort durchgehend, dass die Gnade allein vermag, was keine menschliche Bemühung erlangen kann. Die Gnade ist eine Kraft (*anugrahaśakti*, vgl. *Bhairavastava*, Vers 2), ja, sie ist das Wesen des höchsten Herrn selbst und seiner Energie, die »immer erfüllt ist mit dem Gedanken, der ganzen Welt Gnade zu schenken«.[2] Nur das Absolute kann Anteil an sich selbst schenken, kann sich selbst mit-teilen.[3]

1 Siehe Abhinavagupta, *Parātrīśikā-Vivaraṇa*, hg. von M. R. Shastri, S. 32.

2 Abhinavagupta, *Parātrīśikā-Vivaraṇa*, Anfang des Kommentars zum 1. Vers.

3 Vgl. die Wurzel *bhaj-*, »teilen, zuteilen, gewähren«, von der *bhakti*, »verehrende Liebe«, und *bhakta*, »der Gottliebende«, abgeleitet sind: Wörter, die Abhinavagupta nur selten verwendet. In den Stotras kommt das Verb im gewöhnlichen Sinn von »teilhaben« unter anderem vor in der *Anuttarāṣṭikā* (Verse 7 und 8), *Paramār-*

Dieses Absolute ist ja »das Transzendente, weil es nichts zu transzendieren gibt«,[4] das heißt, weil nichts außerhalb von ihm besteht. Es wird ferner beschrieben als höchstes Licht, nicht zu vergleichen mit den sichtbaren Lichtern der Sonne, des Mondes oder einer Lampe (*Anuttarāṣṭikā*, Vers 4); und doch schließt es die irdischen Lichter nicht aus, sondern ein, weil es alles durchdringt (*Paramārthacarcā*, Vers 1), ja, es ist nicht nur das unvergängliche »Licht aller Lichter«, sondern auch das »Licht aller Finsternisse«, in dem Glanz und Dunkelheit in gleicher Weise enthalten und aufgehoben sind (*Bodhapañcadaśikā*, Vers 1). Dieses Licht ist der Geist, das reine Bewusstsein, das im Menschen als sein Selbst (*ātman*), als sein wahres Ich (*aham*) leuchtet, auch wenn er sich dessen nicht bewusst ist oder es zudeckt mit dem Schleier der Ungeistigkeit und Unreinheit.

> Leuchtet nicht Śiva als bewusstes Subjekt im Herzen aller Lebewesen? Ja, doch wenn er auch (in ihnen) leuchtet, wird er nicht in Wirklichkeit mit dem Herzen erfahren. Solange er nicht mit dem Herzen erfahren wird, ist auch das, was leuchtet, als würde es nicht leuchten, ebenso wie man die Gräser und Blätter (auf dem Weg nicht wahrnimmt), wenn man in einem Wagen vorbeifährt. (*Laghuvṛtti*, S. 3)

Wenn er erkannt hat, wie dieses Licht im »Firmament des eigenen Bewusstseins leuchtet«, dann ruft der Mystiker aus:

> Alle Lichter bestehen in mir,
> sie erlangen Raum in der höchsten Leere des Firmaments.
> Seine Strahlen leuchten in meiner ewigen Herrlichkeit,
> ungeteilt.
> Dieses Licht der grenzenlosen Erkenntnis, unverstellt,
> ewig, makellos, wahr,

tha-Dvādaśikā (Vers 1), *bhakta* im *Mahopadeśaviṃśatikā* (Vers 4), *Dehasthadevatācakrastotra* (Vers 4).

[4] *Taraṇaṃ yatra na bhavati tat anuttaram*, Abhinavagupta, *Parātriśikā-Vivaraṇa*, zu Vers 1, vgl. die Einführung zu *Anuttarāṣṭikā*.

unabhängig, das die Finsternis der beiden Gegensätze
Dualität und Nichtdualität vertreibt –
dieses Licht bin ich!
(*Paramārtha-Dvādaśikā*, Vers 10)

Welche Anweisungen können den Suchenden zu diesem Bewusstseinszustand führen? Um dem Absoluten zu entsprechen, muss er den Aufforderungen folgen, wie: »Erwache!« (*Anuttarāṣṭikā*, Vers 6), »denn du bist immer schon erwacht oder erleuchtet« (*Paramārtha-Dvādaśikā*, Vers 5), »habe teil am Frieden« (*Paramārtha-Dvādaśikā*, Vers 1), »bleibe in dir selbst« (*Anuttarāṣṭikā*, Vers 1-2), »mache dir keine unnützen Sorgen!« (*Anuttarāṣṭikā*, Vers 3). Die Bedingung dafür ist die Überwindung der Trennung, der Dualität, der Unterschiede (*bheda*, *Paramārthacarcā*, Verse 2, 4), doch auch eine leidenschaftliche Liebe zum Absoluten (*paramārthakāma*, Vers 8).

Anstatt einen Stufenweg aufzuzeigen, erwecken diese Hymnen im Hörer oder Leser jene Stimmung der mystischen Intensität, die ihn wie von selbst aus seinem Alltagsbewusstsein auf eine höhere Ebene hebt, wo nicht nur die alltäglichen, sondern auch die spirituellen Probleme sich wie von selbst lösen, nur vergleichbar mit der Gegenwart, dem *darśana* (der »Schau«) eines großen Yogi oder Erlösten (*jīvanmukta*). Sie weisen aber auch hin auf eine höhere Form der Verehrung (*parā pūjā*, *Mahopadeśaviṃśatikā*, Vers 20), auf einen verinnerlichten Kult (*Mahopadeśaviṃśatikā*, die ganze Hymne, und *Dehasthadevatācakrastotra*, besonders Vers 14-15), in dem der Unterschied zwischen Verehrer, Verehrung und Gegenstand der Verehrung aufgehoben ist (*Anuttarāṣṭikā*, Vers 3).

Wenn jemand der Meinung ist, dass dieser Zustand der mystischen Trunkenheit, der Spontaneität und Glückseligkeit sich kaum von den Zuständen unterscheidet, die durch berauschende Getränke oder durch sexuelle Vereinigung hervorgerufen werden, so erklärt Abhinavagupta einerseits, dass kein Vergleich möglich ist, weil diese irdischen Freuden immer zwischen den Alternativen von Liebe und Hass, von Freude und Leid, Anziehung und Abstoßung schwanken, während die mystische Seligkeit jenseits dieser Dualismen und vollkommen frei ist (*Anuttarāṣṭikā*, Vers 4). Andererseits haben auch alle Zustände der Sinneserfahrung an der universellen Freude Anteil, wenn man sie in ihrer undifferenzierten, un-bedingten Dimension erfassen kann (*Anuttarāṣṭikā*, Vers 5, und *Dehasthadevatācakrastotra*). Es geht ja um eine Verwandlung des Bewusstseinszustandes, nicht um die Negation irgendwelcher Erfahrungen.

Wenn der Mensch sich dem Absoluten zuwendet, so kann er es als ein Du betrachten, als ein Er/Sie objektivieren oder als sein eigenes Selbst oder Ich erfahren. Abhinavagupta spielt diese Möglichkeiten durch in seinen Versen über die »Große Lehre« (*Mahopadeśaviṃśatikā*).[1] Keines der Personalpronomen, keine Beziehung kann Ihn wirklich erfassen, der erst nach der Übersteigung des Du, des Ich und des Es wirklich gefunden wird als DU (*Mahopadeśaviṃśatikā*, Vers 3) und letztlich als das wahre ICH (Vers 4).

Doch wie leicht werden solche mystischen Erfahrungen nachgeahmt oder bloß vorgetäuscht! Wie sehr muss man sich daher hüten, etwas auszusprechen, was nicht der tiefsten inneren Erfahrung entspringt (*Mahopadeśaviṃśatikā*, Vers 5-8). Wie Abhinavagupta im Kommentar zur *Parātrīśikā* erläutert, sind die Personen und damit die Personalpronomen nicht klar voneinander zu trennen, sondern gehen ineinander über und bedingen sich gegenseitig. Letztlich sind die Personen wie Rollen, die Śiva als göttlicher Schauspieler annimmt und in denen er das Weltdrama spielt (Vers 10). Alles hat seine ihm eigene Realität im Licht der Offenbarung des absoluten Herrn, der wie geteilt erscheint, doch in Wirklichkeit in allem ungeteilt anwesend ist (Vers 9-10).

In den kurzen, gedrängten Versen dieser Hymnen sind alle Bereiche der mystischen Erfahrung enthalten, wenn auch die psychologische Dimension eine untergeordnete Rolle spielt. Ziel und gewissermaßen auch Ausgangspunkt ist der Zustand des *jīvanmukta*, des »zu Lebzeiten Erlösten«, der nichts mehr

---

[1] Vgl. auch Abhinavagupta, *Parātrīśikā-Vivaraṇa*, übers. von J. Singh, S. 70-74.

zu erreichen hat. Die kurze Hymne *Anubhavanivedana* macht dies besonders deutlich. Sie beschreibt den vergöttlichten Zustand der *bhairavīmudrā*, in der alle Handlungen des Yogi spontan werden, in der das Äußere verinnerlicht wird und das Innere sich nach außen wendet; einen Zustand, der »jenseits von Leere und Nichtleere« ist, der die Harmonie zwischen Körper und Universum vollzieht, wahrlich »ein wunderbares Fest im lichtvollen Reich des Herrn« (Vers 4). Die höchste mystische Stufe reflektiert im Trika ja die göttliche Freiheit und Spontaneität, der aufseiten des Menschen nur das Staunen, das Wundern entsprechen kann (*adbhuta* in Vers 4, *vismaya* in den *Śiva Sūtras* I.12).

Nur im Licht dieses verwandelten Bewusstseins, in dem die Begrenzungen und Unterschiede verschwunden sind, selbst der Unterschied zwischen Bindung und Befreiung – weil im Herrn alle Seinszustände aufgehoben sind (*Bodhapañcadaśikā*, Vers 14-15) –, können diese ekstatischen und gleichzeitig philosophisch klaren Hymnen verstanden werden.

HYMNE AN ŚIVA: *BHAIRAVASTAVA*

Einführung

Die mündliche Überlieferung in Kaschmir besagt noch heute, dass Abhinavagupta diese Hymne sang, als er mit einer Menge seiner Schüler in die Bhairava-Höhle[1] eintrat, um dort sein Leben zu beenden. Die Höhle soll sich hinter ihnen geschlossen haben. Zu dieser Legende hat sicher beigetragen, dass hier Śiva sowohl in seinem schrecklichen, todbringenden Aspekt angerufen wird wie auch als Überwinder des Todes. Viele Namen Śivas identifizieren ihn mit dem Tod: Hara, »der Wegraf-

[1] Diese Höhle ist heute unter dem Namen Bhīruvā bekannt, und Śivaiten pilgern zu ihr in Erinnerung an Abhinavagupta.

fer«, Mahākāla, »die große Zeit«, das heißt der große Tod, Antaka, »der Beender«; andere bezeichnen ihn als Besieger des Todes, zum Beispiel Mṛtyuñjaya.

Der Schlüssel zu dieser Hymne ist aber der Name Śivas als *Bhairava*, eigentlich »der Schreckliche«, das *mysterium tremendum*. Dieser Name, der sonst die furchterregenden und volkstümlichen Formen Śivas bezeichnet, ist im Trika zum Namen des höchsten, transzendenten Gottes aufgestiegen. Befreit von mythologischen Assoziationen, bedeutet er hier nur die Absolutheit des Göttlichen. In seinem *Tantrāloka* zitiert Abhinavagupta die Erklärung dieses Namens im *Vijñāna Bhairava* (Vers 130):

> Er wird Bhairava genannt, weil er das ganze Universum durchdringt und weil er mit seinem Glanz (*bha*) alles zum Tönen bringt (*ravayati*). Wer so den Namen Bhairava ständig im Innern wiederholt, wird selbst zu Śiva.

Jayaratha erklärt dazu in seinem Kommentar:

> Bhairava wird etymologisch erklärt als der Alldurchdringende, weil er alles trägt, ernährt, schafft und Innen wie Außen macht, weil er Schöpfung, Erhaltung und Auflösung (der Welt) hervorbringt, und er ist die Fülle, weil er die gesamte Welt spielerisch erfüllt. Weil so der Name Bhairava das Selbst erfüllt, bewirkt die wiederholte »Aussprache« des Namens Bhairava, das heißt die Bewusstwerdung in dem »mittleren Bereich«, vom Herzen bis zum »Ende der zwölf Finger«,[1] ein Einswerden mit Śiva, das heißt, die Vereinigung mit Bhairava wird erfahren.[2]

Śivas ambivalente Natur ist in dieser Hymne noch sichtbar, weil seine schrecklichen wie beseligenden Aspekte in gleicher Weise präsent sind. Wenn Bhairava der Zerstörer ist, so bedeutet das, er ist der Zerstörer der Dualität, der Illusion, der Schrecken der Welt, der Sünde und Unreinheit. Die Bhairava

---

1 *Dvādaśānta*: Punkt des subtilen Körpers »zwölf Finger« über dem Scheitel.

2 Jayaratha zu TĀ V.135-136.

einzig angemessene Haltung ist die der Überwindung jeder Dualität.

Hier ist das Dilemma des Dichters der Hymne: Wie kann er den anrufen und verehren, mit dem er sich schon eins weiß? Auf der anderen Seite, wie kann er einen Gott verehren, der von ihm, von seinem Selbst verschieden ist? Bewegt sich nicht alle mystische Sprache in diesem Dilemma? Der Śivaismus ist sich dessen besonders bewusst; denn selbst in seinem rituellen Kontext heißt es immer wieder: »Nur wer Śiva geworden ist, kann Śiva verehren« (*śivo bhūtvā śivaṃ yajet*). Wer nicht selbst göttlich ist, ist nicht würdig, Gott anzubeten. Doch sowohl in der Handlung des Ritus wie in der Sprache der Anbetung ist ein gewisser Dualismus unvermeidlich; denn die reine Einheit kann nur im Schweigen bezeugt werden.

Daher beginnt die Hymne mit einer Anrufung des Herrn, im Bewusstsein der Einheit mit Ihm. Trotz der zugrunde liegenden Einheitserfahrung von Selbst und Gott enthält gerade diese Hymne menschlich realistische Aspekte, die die reale, von Verwirrung, Leid, Angst, Verlassenheit, Befleckung und Tod bedrängte Situation des Menschen reflektieren und die göttliche Barmherzigkeit anrufen.

Vers 4 erinnert an die bekannte Episode, als Śiva mit seinem feurigen dritten Auge den Liebesgott Kāma, der ihn in seiner Meditation störte, zu Asche verbrannte. Dieser sein Blick ist daher wie eine Prüfung, die man nur bestehen kann, wenn man in der Vereinigung mit dem Herrn fest steht. Die Begegnung mit Gott ist immer tödlich: »Keiner kann Gott sehen und am Leben bleiben« (Exodus 33,20) – nur die Vernichtung des getrennten Ich und die Vereinigung mit Ihm kann ihr entsprechen.

Diese Einheit ist aber nicht ein undifferenziertes Einerlei, sondern alle Dinge erstehen in ihr im Licht ihrer Wirklichkeit (Vers 6). Die Erscheinungsformen sind wie die Strahlen der göttlichen Erkenntnis, sie sind Teil der Offenbarung des göttlichen Wesens. Daher werden die Dinge selbst zum »Nektar« (*amṛta*), zum Medium der Erfahrung der göttlichen Wirklichkeit für den, der von einer solchen Einheitsschau erfüllt ist. Es ist nicht die Abkehr von den Dingen, die Frieden und Ruhe bringt, sondern die Dinge selbst sind es, im Licht der Wirklichkeit betrachtet.

Die göttliche Gnade, die als Grundton diese Hymne durchzieht (*anugrahaśakti*, Vers 2), wird auch in Ausdrücken wie »Strom« oder »Regen« des Nektars oder des Friedens im Herzen deutlich (Vers 7-8). Es ist dieser Gnade zu verdanken, dass auch der Moment der Versuchung, wenn unreine Gedanken den Geist trüben, zum Moment der Befreiung werden kann (Vers 7).

Alle religiösen Übungen sind eine Hilfe, um die Qualen des Daseins zu bewältigen; doch räumt Abhinavagupta der Meditation über die göttliche Offenbarung oder die heiligen Schriften einen besonderen Platz ein, weil sie den Geist klärt und zur Erkenntnis führt (Vers 8).

Abhinavagupta, der Meister der reinen Erkenntnis, zeigt sich hier aber auch als Liebender Gottes (*bhakta*), wenn er seine Seligkeit in der Schau des Geliebten (*priya*) findet. Diese Schau befähigt ihn, das wahre Opfer darzubringen, das er »Opfer der Gleichheit« (*samayajña*) nennt. Das höchste Ideal des Trika besteht ja im Erreichen des Zustandes der Gleichheit, der Harmonie, der Ausgeglichenheit (*samatā*), der hier angedeutet ist. Schon die *Bhagavad-Gītā* definiert Yoga als einen Zustand der »Gleichheit« (*samatvaṃ yoga ucyate*, BhG II.48). Eines der von Abhinavagupta am meisten verehrten Tantras, *Parātrīśikā*, das er kommentierte, beschreibt auch schon im ersten Vers das Ziel des mystischen Weges als »Gleichheit mit dem absolut freien, göttlichen Bewusstsein« (*khecarīsamatā*). Diese Harmonie bedeutet Übereinstimmung mit dem göttlichen Willen, Einstimmen in den Gesang der Einheit, frei von Dissonanzen, und ein Gefühl der Gleichheit, das sich auf alles und alle auswirkt.

Die Hymnen, die auch zum Rezitieren oder Singen einladen, werden in Sanskrit in Transkription der Übersetzung vorangestellt.

Text und Transkription

भैरवस्तवः
Bhairavastava

व्याप्तचराचरभावविशेषं चिन्मयमेकमनन्तमनादिम् ।
भैरवनाथमनाथशरण्यं त्वन्मयचित्ततयाहृदिवन्दे ॥ १ ॥

vyāptacarācarabhāvaviśeṣaṃ
cinmayamekamanantamanādim |
bhairavanāthamanāthaśaraṇyaṃ
tvanmayacittatayā hṛdi vande || 1

त्वन्मयमेतदशेषमिदानीं भाति मम त्वदनुग्रहशक्त्या ।
त्वं च महेश सदैव ममात्मा स्वात्ममयं मम तेन समस्तम् ॥ २ ॥

tvanmayametadaśeṣamidānīṃ
bhāti mama tvadanugrahaśaktyā |
tvaṃ ca maheśa sadaiva mamātmā
svātmamayaṃ mama tena samastam || 2

स्वात्मनि विश्वगते त्वयि नाथे तेन न संसृतिभीतिकथास्ति ।
सत्स्वपि दुर्धरदुःखविमोहत्रासविधायिषु कर्मगणेषु ॥ ३ ॥

svātmani viśvagate tvayi nāthe
tena na saṃsṛtibhītikathāsti |
satsvapi durdharaduḥkhavimoha-
trāsavidhāyiṣu karmagaṇeṣu || 3

अन्तक मां प्रति मा दृशमेनां क्रोधकरालतमां विनिधेहि ।
शङ्करसेवनचिन्तनधीरो भीषणभैरवशक्तिमयोऽस्मि ॥ ४ ॥

antaka māṃ prati mā dṛśamenāṃ
krodhakarālatamāṃ vinidhehi[1] *|*
śaṅkarasevanacintanadhīro
bhīṣaṇabhairavaśaktimayo'smi || 4

---

[1] *vidadhīhi*, Lesevariante in *Gurustuti*.

इत्थमुपोढभवन्मयसंविद्दीधितिदारितभूरितमिस्रः ।
मृत्युयमान्तककर्मपिशाचैर्नाथ नमोऽस्तु न जातु बिभेमि ॥५॥

itthamupoḍhabhavanmayasaṃvid
dīdhitidāritabhūritamisraḥ |
mṛtyuyamāntakakarmapiśācair
nātha namo'stu na jātu bibhemi || 5

प्रोदितसत्यविबोधमरीचिप्रोक्षितविश्वपदार्थसतत्त्वः ।
भावपरामृतनिर्भरपूर्णे त्वय्यहमात्मनि निर्वृत्तिमेमि ॥६॥

proditasatyavibodhamarīci-
prokṣitaviśvapadārthasatattvaḥ |
bhāvaparāmṛtanirbharapūrṇe
tvayyahamātmani nirvṛttimemi || 6

मानसगोचरमेति यदैव क्लेशदशातनुतापविधात्री ।
नाथ तदैव मम त्वदभेदस्तोत्रपरामृतवृष्टिरुदेति ॥७॥

mānasagocarameti yadaiva
kleśadaśātanutāpavidhātrī |
nātha tadaiva mama tvadabheda-
stotraparāmṛtavṛṣṭirudeti || 7

शङ्कर सत्यमिदं व्रतदानस्नानतपो भवतापविदारि ।
तावकशास्त्रपरामृतचिन्ता स्यन्दति चेतसि निर्वृतिधाराम् ॥८॥

śaṅkara satyamidaṃ vratadāna-
snānatapo bhavatāpavidāri[1] *|*
tāvakaśāstraparāmṛtacintā
syandati[2] *cetasi nirvṛtidhārām || 8*

नृत्यति गायति हृष्यति गाढं संविदियं मम भैरवनाथ ।
त्वां प्रियमाप्य सुदर्शनमेकं दुर्लभमन्यजनैः समयज्ञम् ॥९॥

nṛtyati gāyati hṛṣyati gāḍhaṃ
saṃvidiyaṃ mama bhairavanātha |
tvāṃ priyamāpya sudarśanamekaṃ
durlabhamanyajanaiḥ samayajñam || 9

---

1 *vināśī*, Lesevariante in *Gurustuti*.
2 *sindhyati*, Lesevariante in *Gurustuti*.

वसुरसपौषे कृष्णदशम्यामभिनवगुप्तः स्तवमिममकरोत् ।
येन विभुर्भवमरुसन्तापं शमयति झटिति जनस्य दयालुः ॥१०॥

vasurasapauṣe kṛṣṇadaśamyām
abhinavaguptaḥ stavamimamakarot |
yena vibhurbhavamrusantāpaṃ
śamayati jhatiti janasya[1] *dayāluḥ* || *10*

Übersetzung

1. In Gedanken eins mit Dir
verehre ich in meinem Herzen Bhairava, den Herrn,
der alle beweglichen und unbeweglichen Wesen erfüllt,
reinen Geist, den Einen, Endlosen und Anfanglosen,
die Zuflucht der Verlassenen.

2. Kraft Deiner Gnade, o großer Herr,
erscheint mir nun dies alles als eins mit Dir.
Du bist wahrlich immer mein eigenes Selbst,
daher ist mir die ganze Wirklichkeit
eins mit meinem eigenen Selbst.

3. In Dir, o Herr, meinem eigenen Selbst,
Du Alldurchdringender,
vergeht die Furcht vor den Schrecken der Welt (*saṃsāra*),
selbst wenn eine Menge von Taten besteht,
die unerträgliches Leid, Verwirrung und Angst bewirken.

4. O Tod, blicke nicht auf mich
mit von Zorn und Schrecken erfülltem Auge;
denn ich bin gefestigt im Dienst und in der Meditation Śivas,
vereint mit dem furchterregenden Bhairava und seiner Energie.

---

[1] *janasya jhaṭiti* in K. C. Pandey, *Abhinavagupta*, Appendix 1.

5. So ist die dichte Finsternis
durch die Strahlen Deines Geistes vertrieben,
da Du nun nahe bist, o Herr!
Nie wieder werde ich die Taten des Todes, des Zerstörers,
noch die dämonischen Kräfte fürchten!
Herr, Ehre sei Dir!

6. (Du bist) die Wirklichkeit aller Dinge, betrachtet
als die Strahlen der wahren Erkenntnis,
die sich geoffenbart hat.
Wenn ich in Dir, meinem wahren Selbst,
vom reinsten Nektar aller Dinge erfüllt bin,
erlange ich vollkommenen Frieden.

7. O Herr, wenn der Zustand der Befleckung,
der große Bedrängnis hervorruft,
in den Bereich meiner Gedanken eindringt,
erhebt sich in mir im selben Augenblick
der Schauer des Lobes Deiner Einheit
wie reinster Nektar.

8. O Śiva, wenn es wahr ist,
dass Fasten, Almosen, Reinigungsbad und Askese
die Qual der Existenz überwinden,
so lässt doch der Nektar der Meditation über Deine heiligen Schriften
einen Strom des Friedens im Herzen fließen.

9. O Herr Bhairava, mein Geist tanzt, singt
und freut sich zutiefst –
wenn er Dich, den Geliebten, geschaut hat,
vollbringt er das eine Opfer der Gleichheit,
das sonst so schwer zu erlangen ist.

Abhinavagupta hat diese Hymne am zehnten Tag der dunklen Hälfte des Monats Pausya im 68. Jahr verfasst,[1] durch die der gnädige Herr die Qual der Wüste des menschlichen Daseins sofort stillt. Damit sind die neun Verse dieser Hymne von Abhinavagupta beendet.

ACHT VERSE ÜBER DAS UNÜBERTREFFLICHE: *ANUTTARĀṢṬIKĀ*

Einführung

Das Unübertreffliche, Absolute, die letzte Wirklichkeit und der höchste Gott (*anuttara*) sind hier nicht Gegenstand der Anbetung oder der Reflexion, vielmehr ist es der Bereich, in dem sich der Dichter dieser Hymne bewegt und an dem er den Hörer oder Leser teilnehmen lassen will. Es ist also weder eine Hymne *an* das Unübertreffliche noch *über* es/ihn, sondern ein mystischer Zustand *im* Unübertrefflichen, der hier beschrieben wird. Und doch ist Abhinavagupta hier Pädagoge, der es versteht, den Schüler zu dieser Erfahrung hinzuführen, seinen Zweifeln und Einwänden vorzugreifen und sie ins rechte Licht zu rücken. Allerdings spricht er hier zu fortgeschrittenen Schülern, die dieser Wahrheit schon so gleich geworden sind, dass sie keiner spirituellen Methoden mehr bedürfen. Für unreife, unvorbereitete Schüler wären diese Anweisungen gefährlich, weil sie alles negieren, was zur anerkannten Praxis des spirituellen Weges gehört: Meditation, Konzentration, Gebet, Erklärung der Schriften und Diskussion, kultische Anbetung, ja die Vorstellung eines geistigen Stufenweges überhaupt werden infrage gestellt.

Dieser Text bewegt sich ganz im Bereich von *anupāya*, dem

[1] Wahrscheinlich das 68. Jahr der Saptarṣi-Ära, also etwa 992 n. Chr., vgl. K. C. Pandey, *Abhinavagupta*, S. 8 f.

weglosen Weg, der Unvermitteltheit der Transzendenz. Wenn Abhinavagupta im II. Kapitel des *Tantrāloka* über *anupāya* davon spricht, dass dieser Zustand durch ein einziges Wort des Meisters ausgelöst – nicht verursacht – werden kann, so haben wir hier Beispiele solcher kraftvoller Worte der Weisheit, die unmittelbar in die Erfahrung eindringen lassen. Das stärkste ist wohl die Anweisung, die weder eine bloße Negation noch eine Affirmation ist, die aber den Zustand der vollkommenen inneren Freiheit beschreibt: »Verzichte auf nichts und besitze nichts!« (Vers 1, ähnlich Vers 2). Eine negative Spiritualität wie die des Vedānta würde allein den Verzicht betonen, um sich zu befreien; doch selbst dies bedeutet, dass man etwas erreichen will, was noch nicht erreicht ist. Hier geht es aber nicht darum, einen Zustand zu erreichen, der noch nicht vorhanden ist, sondern allein darum, so zu sein, wie man ist, und sich daran zu erfreuen. Dabei sind aber beide Haltungen hinderlich, die des Verzichts und die des Habenwollens, weil beide vom individuellen Willen ausgehen. An der Ganzheit kann man sich nur erfreuen, wenn man von sich selbst, vom Wunsch, zu haben oder nicht zu haben, zu sein oder nicht zu sein, frei ist. Die positive Beschreibung dieser eigentlich mystischen Haltung ist allein die: »in sich stehend« (*svastha*, Vers 2). Diese ganz klare und befreiende Erfahrung wird in ihrer Einfachheit noch verglichen mit der Erleichterung, die einer empfindet, wenn er eine schwere Last auf dem Boden absetzt, oder mit dem Wiederfinden eines verlorenen Schatzes (Vers 4). Die Aufforderung ist daher einfach: »Erwache!«

Doch Befreiung wovon? Nicht von einer tatsächlichen Last, sondern von etwas, das man irrtümlicherweise für eine Last gehalten hat. Die ganze Vorstellung der Unerlöstheit, der Gebundenheit, der Welt der Wiedergeburt (*saṃsāra*) und der daraus folgenden Notwendigkeit, sich zu befreien, einen religiösen Weg zu gehen und darauf Fortschritte zu machen, all das ist ebenso unwirklich wie »der Schatten, den man für ein Gespenst hält« (Vers 2). Im Licht des Absoluten ist jede Bemühung, es zu ›erreichen‹, falsch.

Der Schlüsselbegriff, der in der Hymne nur einmal vorkommt (Vers 3) und ihr den Titel gegeben hat, ist *anuttara*, der von Abhinavagupta selbst in seinem *Parātrīśikā-Vivaraṇa* auf sechzehn verschiedene Weisen interpretiert wird.

Bevor wir einige dieser Bedeutungen aus dem *Parātrīśikā-Vivaraṇa* übersetzen, muss erklärt werden, dass *anuttara* aus der negativen Vorsilbe *an-* (vgl. deutsch »un-«) und dem Wort *uttara* besteht, das sowohl »nächstfolgend, mehr, höher, jenseits, weiter« als auch »Antwort« bedeutet. In seiner Exegese entwirft Abhinavagupta eine ganze *theologia negativa*:

1. *Anuttara* bedeutet »das, wovon es kein Höheres, kein Mehr gibt«. Wie die (Hierarchie der) 36 Prinzipien bis zum »unbegründeten Śiva«, deren Wirklichkeit nur durch ihr Eingehen in die Erkenntnis des höchsten Herrn (Para-Bhairava) begründet ist, im göttlichen Geist ihr (je) Höheres hat, so trifft dies nicht zu auf den vollkommenen, transzendenten göttlichen Geist, der immer erfüllt ist von dem Wunder seiner eigenen, uneingeschränkten, unabhängigen Herrlichkeit.

2. *Anuttara* ist der Zustand, in dem es keine Antwort (*uttara*) gibt, weil weder Frage noch Antwort zutreffen (bzw. notwendig sind). Denn der große Ozean des Geistes ist ein Reich unendlicher, aufleuchtender Erkenntnis, und der Schüler wird fähig zu intuitiven Erkenntnissen in Bezug auf die auftauchenden Fragen. Denn in Wahrheit ist diese Wirklichkeit immer gegenwärtig. Wozu dient dann noch die Antwort eines Meisters (auf die Fragen des Schülers)?

3. *Uttara* bedeutet »Überqueren«, das heißt Erlösung nach der Meinung der Dualisten. Damit wird der Gang der Dinge nicht wirklich überstiegen. Demzufolge muss man zuerst vom Körper auf die Ebene des Atems übergehen, dann in den Bereich des Intellekts eindringen, dann in das Wesen des Lebensprinzips, das aus Schwingung besteht, dann soll man in den Bereich der Leere eingehen, in dem sich alles Erkennbare auflöst im Selbst, und schließlich, wenn man den höchsten Zustand erreicht hat, in dem die Befleckungen nach und nach verschwunden sind, wird die individuel-

le Seele erlöst und der göttliche Zustand (*śivatva*) offenbart sich. Doch dieser ganze Aufstieg ist in der Tat sinnlos (denn der göttliche Zustand ist immer gegenwärtig und nicht von einem solchen Prozess abhängig).

4. Ähnlich bedeutet *uttara* den stufenweisen Aufstieg durch die Zentren (des subtilen Körpers, *cakra*) vom Nabel über das Herz, die Kehle, den Gaumen bis zum Scheitel (*brahma*, d. h. *sahasrāra*) (und ein solches Aufsteigen ist ebenfalls unnötig, daher *anuttara*).

5. *Uttara* bedeutet »was man übersteigen muss«, und zwar die Gebundenheit an die Welt, daher ist das Übersteigen dieser Gebundenheit Befreiung. *Anuttara* wäre dann dasjenige, in dem ein solches Übersteigen nicht gegeben ist (weil die Gebundenheit nicht real ist und daher die Erlösung immer schon da ist).

6. *Uttara* bedeutet eine Rede, die immer Unterscheidungen macht: »Es ist so, es ist anders«. *Anuttara* wäre dann die unbegrenzte Wirklichkeit, auf die eine solche Rede nicht zutrifft.

7. Selbst die bloße Aussage über das Absolute als »Dieses« begrenzt es, weil ein solcher Hinweis an sich schon eine Begrenzung ist. Aufgrund ihrer begrenzenden Natur ist sie daher nur eine Vorstellung (*vikalpa*). Denn solange das begrenzte Subjekt den Wunsch hat, in das Absolute einzugehen, bleibt es in einer bestimmten Vorstellung verhaftet (auch wenn es eine Vorstellung des Absoluten ist). Dasjenige aber, das sich jeder Vorstellung entzieht, das in allem gegenwärtig ist und ohne das auch keine bestimmte Vorstellung entstehen kann, ist in Wahrheit das Absolute (*anuttara*). Deshalb ist (in Bezug auf das Absolute) jede vorstellende Betrachtung (*bhāvanā*) unangemessen, und es heißt, dass dieses jenseits von Betrachtung und spirituellen Übungen ist, die von den Sinnesorganen abhängen. Damit ist nicht gesagt, dass diese Übungen nutzlos sind. Das Absolute ist ja auch in den Tätigkeiten der Alltagswelt gegenwärtig. So habe ich selbst in einer Hymne gesagt:[1]

---

[1] Die von Abhinavagupta selbst zitierte Hymne findet sich nicht un-

Im weitgespannten Firmament
ist der feine Regen, der herabfällt,
nicht mit Augen zu sehen.
Erst wenn er in Berührung kommt mit den Bäumen des Waldes
oder dem Dach eines Hauses,
wird er deutlich erkennbar.
Ebenso, da der höchste Herr
äußerst subtil ist,
tritt er nicht in den Bereich
der Erfahrung ein.
Nur durch die Verbindung
mit Raum, Gestalt, Zeit,
Ordnung und Zustand
wird diese Erfahrung plötzlich hervorgerufen
für die, deren göttliche Erkenntnis
verborgen war.

So heißt es auch später (im *Parātrīśikā*): »Das Unübertreffliche ist auch jenseits jeder Antwort« (*uttarasyāpi anuttaram*). Nun erklären wir dies weiter.

8. So heißt es auch, dass der Weg der Energie höher ist als der individuelle Weg und dass der göttliche Weg noch höher ist (als der der Energie). Selbst innerhalb eines Weges gibt es eine Hierarchie von Element, Prinzip, Mantra, Herr des Mantra (der Energie usw.[2]). Selbst unter den Elementen gibt es eine Hierarchie in der Form von Erde, Wasser usw. (von denen je das folgende höherstehend ist als das vorausgehende). (Bei den Zuständen) ist der Traum höher als das Wachen, der Tiefschlaf höher als der Traum, der »vierte Zustand« höher als der Tiefschlaf und der transzendente Zustand höher als der »vierte«. Selbst im Wachzustand gibt es eine Abstufung in vier Grade, von denen einer

---

ter den uns erhaltenen und hier übersetzten und kann daher als Fragment hinzugefügt werden.

2 Die Hierarchie der Prinzipien (*tattva*).

höher als der andere ist. ⟨…⟩ Eine solche Hierarchie, die von niedriger und höher spricht, zeigt nur die Illusion des Dualismus (*anuttara* bedeutet hier daher einen Zustand ohne Hierarchie).

9. So bedeutet *uttara* (in *anuttara*) im abstrakten Sinn das, wo es keine Unterscheidung in höher und niedriger gibt, im Zusammenhang mit den Kasten wie Brahmane, Krieger, Händler, Diener und der niedrigsten Kaste.[1]

Aus diesen letzten Bedeutungen geht unter anderem klar hervor, dass sich Begriff und Erfahrung des »Unübertrefflichen« bis dahin auswirken, dass alle vom Menschen gemachten oder gedachten Hierarchien unwirklich sind, weil sie nur einer relativen Sicht der Wirklichkeit entsprechen. Doch gibt es hier keine dritte Möglichkeit: Entweder man ist im Bereich des Absoluten und erkennt alles in diesem Licht, oder »auch nur ein Iota der Unkenntnis dieses Absoluten bedeutet das Nichterkennen der eigenen Natur (*svarūpa*) und den Verlust der Harmonie. Ebendarin besteht die Welt der Vergänglichkeit (*saṃsāra*).«[2]

Die Sicht der Wirklichkeit vom Absoluten aus bewegt sich jenseits aller Dualismen und Unterscheidungen. Damit wird die Vielfalt der Wirklichkeit aber nicht geleugnet, sondern nur im Licht der göttlichen Herrlichkeit gesehen (Vers 7).

Abgesehen von *anuttara* ist ein anderer Schlüsselbegriff *sahaja*, der angeborene natürliche Zustand, »das Ursprüngliche« (Vers 7), man könnte ihn auch mit Spontaneität übersetzen. Diese Spontaneität, die allein als Haltung dem Unübertrefflichen gerecht wird, besteht darin, »zu sein, wie man ist«.

Doch wie entsteht diese »momentane Täuschung«, die die Sicht der Wirklichkeit plötzlich verhüllt? Es ist die Erfahrung der Gegensätze als Gegensätze, wie Liebe und Hass, Freude und Leid, anstatt sie als Ausdruck des Einen, göttlichen Bewusstseins zu sehen. Zwei Zustände können aber nur als sich widersprechend erfahren werden, wenn sie zeitlich getrennt

---

[1] Abhinavagupta, *Parātriśikā-Vivaraṇa*, Sanskrit-Text, S. 7-9.

[2] Zitiert ebenda, S. 52f.

sind, wenn der eine Zustand (z. B. Leid) auftaucht und der andere (z. B. Freude) endet. *Saṃsāra* ist ebendieser Fluss der Veränderung, der Unbeständigkeit, der Zeitlichkeit. Ebendies ist Illusion, *māyā*, als ein »mittlerer Zustand« zwischen Entstehen und Vergehen (Vers 6). Um diese Illusion zu überwinden, muss man zu dem Moment des Auftauchens eines Gedankens oder einer Erfahrung zurückkehren, in dem die Zeitlichkeit noch nicht wirksam ist. Es geht nicht darum, zu wählen zwischen zwei Alternativen, sei es auch Sein oder Nichtsein, Ewiges oder Vergängliches (Vers 8), sondern vielmehr darum, beide im Licht des Geistes, des göttlichen Bewusstseins zu sehen. Dazu ist nicht nur Licht (*prakāśa*), sondern auch Selbsterkennen (*vimarśa*) nötig (Vers 8). Erst dann hat man teil an der Herrlichkeit, die alles durchdringt und die unsere eigene Natur ist, weil wir keinen Platz außerhalb haben können. Dies ist Teilhabe an Gottes eigener Allmacht (*viśveśvaratvaṃ bhaja*, Vers 8).

Text und Transkription

अनुत्तराष्टिका
Anuttarāṣṭikā

संक्रामोऽत्र न भावना न च कथायुक्तिर्न चर्चा न च
ध्यानं वा न च धारणा न च जपाभ्यासप्रयासो न च ।
तत्किं नाम सुनिश्चितं वद परं सत्यं च तच्छ्रूयतां
न त्यागी न परिग्रही भज सुखं सर्वं यथावस्थितः ॥१॥
saṃkrāmo 'tra na bhāvanā na ca kathāyuktir na carcā na ca
dhyānaṃ vā na ca dhāraṇā na ca japābhyāsaprayāso na ca |
tat kiṃ nāma suniścitaṃ vada paraṃ satyaṃ ca tacchrūyatāṃ
na tyāgī na parigrahī bhaja sukhaṃ sarvaṃ yathāvasthitaḥ || 1

संसारोऽस्ति न तत्त्वतस्तनुभृतां बन्धस्य वार्तैव का
बन्धो यस्य न जातु तस्य वितथा मुक्तस्य मुक्तिक्रिया ।
मिथ्यामोहकृदेष रज्जुभुजगच्छायापिशाचभ्रमो
मा किञ्चित्त्यज मा गृहाण विहर स्वस्थो यथावस्थितः ॥२॥

saṃsāro 'sti na tattvatas tanubhṛtāṃ bandhasya vārtaiva kā
bandho yasya na jātu tasya vitathā muktasya muktikriyā |
mithyāmohakṛd eṣa rajjubhujagacchāyāpiśācabhramo
mā kiṃcit tyaja mā gṛhāṇa vihara svastho yathāvasthitaḥ || 2

पूजापूजकपूज्यभेदसरणिः केयं कथानुत्तरे
संक्रामः किल कस्य केन विदधे को वा प्रवेशक्रमः ।
मायेयं न चिदद्वयात्परतया भिन्नाप्यहो वर्तते
सर्वं स्वानुभवस्वभावविमलं चिन्तां वृथा मा कृथाः ॥ ३ ॥
pūjāpūjakapūjyabhedasaraṇiḥ keyaṃ kathānuttare
saṃkrāmaḥ kila kasya kena vidadhe ko vā praveśakramaḥ |
māyeyaṃ na cidadvayāt paratayā bhinnāpyaho vartate
sarvaṃ svānubhavasvabhāvavimalaṃ cintāṃ vṛthā mā kṛthāḥ || 3

आनन्दोऽत्र न वित्तमध्यमदवन्नैवाङ्गनासङ्गवत्
दीपार्केन्दुकृतप्रभाप्रकरवन्नैव प्रकाशोदयः ।
हर्षः संभृतभेदमुक्तिसुखभूर्भारावतारोपमः
सर्वाद्वैतपदस्य विस्मृतनिधेः प्राप्तिः प्रकाशोदयः ॥ ४ ॥
ānando 'tra na vittamadhyamadavan naivāṅganāsaṅgavat
dīpārkendukṛtaprabhāprakaravan naiva prakāśodayaḥ |
harṣaḥ saṃbhṛtabhedamuktisukhabhūr bhārāvatāropamaḥ
sarvādvaitapadasya vismṛtanidheḥ prāptiḥ prakāśodayaḥ || 4

रागद्वेषसुखासुखोदयलयाहङ्कारदैन्यादयो
ये भावाः प्रविभान्ति विश्ववपुषो भिन्नस्वभावा न ते ।
व्यक्तिं पश्यसि यस्य यस्य सहसा तत्तत्तदेकात्मता-
संविद्रूपमवेक्ष्य किं न रमसे तद्भावनानिर्भरः ॥ ५ ॥
rāgadveṣasukhāsukhodayalayāhaṅkāradainyādayo
ye bhāvāḥ pravibhānti viśvavapuṣo bhinnasvabhāvā na te |
vyaktiṃ paśyasi yasya yasya sahasā tattattadekātmatā-
saṃvidrūpamaveksya kiṃ na ramase tadbhāvanānirbharaḥ || 5

पूर्वाभावभवक्रिया हि सहसा भावाः सदाऽस्मिन्भवे
मध्याकारविकारसङ्करवतां तेषां कुतः सत्यता ।
निःसत्ये चपले प्रपञ्चनिचये स्वप्नभ्रमे पेशले
शङ्कातङ्ककलङ्कयुक्तिकलनातीतः प्रबुद्धो भव ॥ ६ ॥

pūrvābhāvabhavakriyā hi sahasā sadā 'smin bhave
madhyākāravikārasaṃkaravatāṃ teṣāṃ kutaḥ satyatā |
niḥsatye capale prapañcanicaye svapnabhrame peśale
śaṅkātaṅkakalaṅkayuktikalanātītaḥ prabuddho bhava || 6

भावानां न समुद्भवोऽस्ति सहजस्त्वद्भाविता भान्त्यमी
निःसत्या अपि सत्यतामनुभवभ्रान्त्या भजन्ति क्षणम् ।
त्वत्संकल्पज एष विश्वमहिमा नास्त्यस्य जन्मान्यतः
तस्मात्त्वं विभवेन भासि भुवनेष्वेकोप्यनेकात्मकः ॥७॥
bhāvānāṃ na samudbhavo 'sti sahajas tvadbhāvitā bhānty amī
niḥsatyā api satyatām anubhavabhrāntyā bhajanti kṣaṇam |
tvatsaṅkalpaja eṣa viśvamahimā nāsty asya janmānyataḥ
tasmāt tvaṃ vibhavena bhāsi bhuvaneṣv ekopy anekātmakaḥ || 7

यत्सत्यं यदसत्यमल्पबहुलं नित्यं न नित्यं च यत्
यन्मायामलिनं यदात्मविमलं चिद्दर्पणे राजते ।
तत्सर्वं स्वविमर्शसंविदुदयाद् रूपप्रकाशात्मकं
ज्ञात्वा स्वानुभवाधिरूढमहिमा विश्वेश्वरत्वं भज ॥८॥
yatsatyaṃ yadasatyam alpabahulaṃ nityaṃ na nityaṃ ca yat
yanmāyāmalinaṃ yadātmavimalaṃ ciddarpaṇe rājate |
tatsarvaṃ svavimarśasaṃvidudayād rūpaprakāśātmakaṃ
jñatvā svānubhavādhirūḍhamahimā viśveśvaratvaṃ bhaja || 8

Übersetzung

1. Hier ist kein Fortschritt nötig,
keine vorstellende Betrachtung,
weder kunstvolle Rede noch Diskussion,
weder Meditation noch Konzentration,
noch die Anstrengung der Gebetsübung.
Sag mir, was ist dann die höchste Wahrheit, die absolut gewiss ist?
Höre die Antwort: Gib nichts auf und halte nichts fest.
Nimm teil an der Freude des Ganzen und sei, wie du bist!

2. In Wahrheit gibt es keine Welt der Vergänglichkeit (*saṃsāra*),
wie kommt es dann zur Vorstellung der Gebundenheit?
Wenn die freie Seele nicht gebunden ist,
wozu soll sie sich um Befreiung bemühen?
Das alles ist nichts als die Täuschung eines Schattens, den man für ein Gespenst hält,
oder der Schnur, die man für eine Schlange hält,[1] was eine grundlose Verwirrung bewirkt.
Gib nichts auf, halte nichts fest,
erfreue dich, in dir selbst stehend, so wie du bist!

3. Wie kann man im Unübertrefflichen unterscheiden
zwischen Verehrung, Verehrer und Verehrtem?
Wie kann man darüber sprechen? Für wen und wie kann es einen Fortschritt geben, und wer geht einen Stufenweg?
Selbst wenn diese Illusion verschieden erscheint,
ist sie doch nicht getrennt vom höchsten Bewusstsein.
Oh, alles ist nur die reine Natur der Selbsterfahrung –
so mache dir keine unnützen Sorgen!

4. Diese Seligkeit ist nicht zu vergleichen mit der Freude, die durch Reichtum,
durch Berauschen mit Wein oder auch durch die Vereinigung mit der Geliebten entsteht.
Das Aufleuchten dieses Lichtes ist nicht zu vergleichen mit dem Entzünden einer Lampe
noch mit dem Schein des Mondes oder der Sonne.
Die Gelassenheit, die durch die Befreiung von angesammelter Getrenntheit[2] entsteht,

---

[1] Ein klassisches Beispiel der indischen Epistemologie für eine Täuschung oder Illusion.

[2] Das heißt von Zuständen der Trennung und Unterschiedenheit (*bheda*), die sich über ein oder mehrere Leben angesammelt haben und die Seele behindern.

ist wie die Erleichterung, wenn man eine Last auf der Erde absetzt.
Das Aufleuchten dieses Lichtes ist wie das Finden eines verlorenen Schatzes:
(der Schatz) des Reiches der universalen Nichtdualität.

5. Liebe und Hass, Freude und Leid, Entstehen und Vergehen,
Selbstvertrauen und Niedergeschlagenheit:
Alle diese Zustände erscheinen in der Gestalt der Welt als getrennt,
doch in Wirklichkeit sind sie nicht verschieden.
Immer wenn du eine individuelle Form (dieser Zustände) wahrnimmst,
achte sofort auf die Identität des jeweiligen (Zustandes)
mit dem Wesen des (reinen) Bewusstseins.
Erfüllt von dieser Kontemplation, wirst du nicht Freude dabei erfahren?

6. Was vorher nicht war, wird plötzlich aktiv;
so sind immer die Seinszustände in dieser Welt.
Wie können diese in Wahrheit existieren, wenn eine Verwirrung besteht
durch die Veränderung des »mittleren Zustandes«?
(Wo liegt die Wahrheit) in der Unwirklichkeit und Unbeständigkeit,
in der Vielfalt der Erscheinungswelt, in der Illusion eines Traumes, in der schönen Täuschung?
Überwinde die Unvollkommenheit, die mit Angst und Zweifel verbunden ist,
und erwache!

7. Das Ursprüngliche (*sahaja*) bringt nicht die bedingten Seinszustände hervor,
sie sind von deiner Vorstellung geschaffen.
Sie besitzen keine wahre Wirklichkeit,
nur durch eine momentane Täuschung

nehmen sie (scheinbar) Wirklichkeit an.
Die Herrlichkeit des Universums entsteht aus deiner Vorstellungskraft,
sie hat keinen anderen Ursprung.
Daher leuchtest du in allen Welten durch deine eigene Herrlichkeit –
(du bist) Einer und doch von vielfältiger Natur.

8. Das Wirkliche und das Unwirkliche, das Eine und das Viele,
das durch die Illusion Befleckte und das reine Selbst –
all dies leuchtet im (klaren) Spiegel des Geistes.
Wenn du all dies erkennst als die Lichtgestalt,
das Aufleuchten des Geistes aus dem Selbsterkennen,
und deine Herrlichkeit fest verwurzelt ist in deiner eigenen Erfahrung,
dann hast du teil an der Allmacht des Herrn.

DIE GABE DER ERFAHRUNG: *ANUBHAVANIVEDANA*

Einführung

Diese vier dichten, aber klaren Strophen beschreiben den höchsten mystischen Zustand des śivaitischen Yogi oder zu Lebzeiten Erlösten (*jīvanmukta*). Dieser Zustand wird in der Sprache der Schule *śāmbhavī-mudrā* (Vers 1) oder *bhairavī-mudrā* genannt, »die göttliche Haltung« oder »das Siegel Śivas«, entsprechend der doppelten Bedeutung des Wortes *mudrā*: »Siegel, Aufdruck« und »Geste« oder »Haltung«. *Mudrā* wird auch von der tantrischen Tradition ›etymologisch‹ erklärt als »die Haltung, die Freude schenkt« (*mudaṃ rāti dadāti iti mudrā*). Derjenige, dem das göttliche Siegel aufgeprägt wurde, bleibt davon gezeichnet, und seine innere und äußere Haltung ist nur mehr Ausdruck dieser ›Prägung‹. Das ist *mudrā* im mystischen Sinn. Bittet nicht die Braut im Hohen Lied den göttlichen Bräutigam: »Drücke mich wie ein Siegel auf dein Herz, wie ein Siegel auf deinen Arm« (Hohes Lied 8,6)?

Diese innere Prägung bewirkt zunächst eine Harmonisierung von Innen und Außen. Ein Merkmal dieser mystischen Haltung ist der Zustand der Versenkung (*samādhi*) mit offenen Augen, mit Augen, die »sehend nicht sehen«, weil sie regungslos nach innen gewandt sind (Vers 1). Der höchste Zustand nach dieser Schule ist nicht der *samādhi* als reine Enstase, vielmehr ist es die Integration von Innen und Außen, von Versenkung und Wachen, von Selbst und Universum, ›versiegelt‹ in einer einzigen Haltung. Im ersten Vers ist die Rede nicht von der Übung, die dazu führt, sondern von dem vollkommenen, spontanen Zustand, der dem »göttlichen Weg« entspricht (*śāmbhava upāya*). Nur der Moment ist angedeutet, in dem der Yogi sich von innen nach außen wendet, der in der Terminologie der Schule *kramamudrā* genannt wird. In diesem Zustand wird auch die Leere transzendiert, die zunächst notwendig ist, um sich von allem zu befreien. Keine begriffliche oder erfahrungsmäßige Fixierung vermag einen solchen Zustand zu beschreiben – weder Leere noch Fülle. Dass er auf keine Weise ›gemacht‹ werden kann, wird deutlich an der Betonung der Gnade.

Nach der absteigenden Ordnung beschreibt die zweite Strophe den höchsten Zustand des Weges der Energie (*śākta upāya*), der dem des ersten Verses sehr ähnlich ist. Nur ist der spontane Zustand hier mit einer subtilen Übung verbunden, die die Mitte der dreifachen Bewegung oder Vibration (*spanda*) des Atems sucht, in der sich die gegensätzlichen Pole, symbolisiert durch Sonne und Mond, auflösen. Ein- und Ausatmen (*apāna* und *prāṇa*) sind die beiden Pole, und der aufsteigende Atem (*udāna*) wird in ihrer Mitte erzeugt. Diese ›Übung‹, wenn man sie so nennen will, hilft, den Körper in die Erfahrung der Innerlichkeit und der Ekstase zu integrieren.

Im dritten Vers hat der Yogi die reine Spontaneität erreicht.

Die drei Elemente des Weges der Energie finden in ihm ihre Erfüllung: Mantra (heiliges Wort), Mudrā (heilige Geste) und Yoga. Diese drei entsprechen den drei Komponenten des Menschen: Wort, Körper und Atem, als Wege zur Integration. Im Fall des Erlösten oder vollkommenen Yogi sind es aber keine Übungen mehr, sondern es ist der Zustand, den die Übung angestrebt hat: Seine Worte, die er spontan ausspricht, besitzen die Kraft von Mantras, sie offenbaren etwas, das unmittelbar in das Herz des Hörenden eindringt. Seine Bewegungen und Körperhaltungen nehmen die Form von Mudrās an, weil sie seine innere Fülle körperlich zur Erscheinung bringen. Er muss nichts Besonderes tun, die Existenz seines Körpers allein ist schon eine Mudrā. Sein natürlicher Atem, der tief und verlangsamt ist, ist die Erfüllung aller yogischen Atemübungen, die für ihn überflüssig geworden sind. All das ist nur die Auswirkung der Erfahrung des göttlichen Reiches, in dessen Licht ihm alles leuchtet, auch die äußere Welt, die ihm nicht mehr äußerlich ist (Vers 2). Einen so vollkommenen Yogi zu sehen (*darśana*) und seine Worte zu hören, hat schon erlösende Kraft, weil er, sein Körper, Atem und Wort, ganz transparent geworden ist für die göttliche Fülle.

Im vierten Vers greift Abhinavagupta noch einmal die drei Elemente jeder geistigen Übung auf, diesmal als die höchste Stufe des »individuellen Weges« (*āṇava upāya*). Dieser Weg verwendet körperliche, äußere Mittel und dient daher zur vollen Integration des Lebens, wie der Mensch spricht, handelt und atmet. Hier haben alle drei, Mantra, Mudrā und Yoga, ihr eigentliches Wesen erreicht und sind mit ihrem Sinn eins geworden: Mantra ist nur noch die erleuchtende Kraft, die im Wort enthalten ist, es ist nicht mehr Buchstabe, sondern Geist. Mudrā ist nicht mehr willkürliche körperliche Bewegung, künstliche Anstrengung und Streben nach einem egozentrischen Ziel, sondern die totale Ruhe und Reinheit. Mudrā ist nicht mehr *Aus*druck, sondern *Ein*druck des Geistes im Körper. So beschreibt Abhinavaguptra diesen Zustand im *Tantrāloka*:

Wenn sich alle Unterschiedenheit aufgelöst hat, betrachtet

der Yogi seinen eigenen Körper allein als Gefäß der Erleuchtung, und er, der Herr, steht fest in der Bloßheit des freien, reinen Bewusstseins. (TĀ IV.119b-120a)

Yoga ist dann ebenfalls keine Anstrengung mehr, kein Unterdrücken des Atems, sondern die völlige Stille, in der der Atem wie von selbst aufzuhören scheint. Auch der Atem hat sich im reinen Bewusstsein aufgelöst.

Dieser Zustand, das Ziel des Mystikers, ist wie ein Fest der Freude – *utsava* ist ein Begriff, den Utpaladeva vor Abhinavagupta in seinen Hymnen verwendet, um das Fest der mystischen Seligkeit auszudrücken. Er impliziert nicht eine bloß individuelle Befreiung, sondern eine Teilhabe an einem Fest, das alle, die guten Herzens sind, einschließt.

Die »Erfahrung« (*anubhava*), die diese Hymne »darbringt« (*nivedana*), macht deutlich, dass der Dichter selbst diesen Zustand erlebt hat, sonst hätte er ihn nicht mit solcher Klarheit beschreiben können.

Text und Transkription

अनुभवनिवेदनम्
Anubhavanivedana

अन्तर्लक्ष्यविलीनचित्तपवनो योगी यदा वर्तते
दृष्ट्या निश्चलतारया बहिरसौ पश्यन्नपश्यन्नपि ।
मुद्रेयं खलु शाम्भवी भवति सा युष्मत्प्रसादाद् गुरो
शून्याशून्यविवर्जितं भवति यत् तत्त्वं पदं शाम्भवम् ॥ १ ॥
antarlakṣyavilīnacittapavano yogī yadā vartate
dṛṣṭyā niścalatārayā bahir asau paśyann apaśyann api |
mudreyaṃ khalu śāmbhavī bhavati sā yuṣmatprasādād guro
śūnyāśūnyavivarjitaṃ bhavati yat tattvaṃ padaṃ śāmbhavam || 1

अर्धोद्घाटितलोचनः स्थिरमना नासाग्रदत्तेक्षण-
श्चन्द्रार्कावपि लीनतामुपगतौ त्रिस्पन्दभावान्तरे ।
ज्योतीरूपमशेषबाह्यरहितं चैकं पुमांसं परं
तत्त्वं तत्पदमेति वस्तु परमं वाच्यं किमत्राधिकम् ॥ २ ॥

ardhodghāṭitalocanaḥ sthiramanā nāsagradatteksạṇaś candrār-
kāv api līnatām upagatau trispandabhāvāntare |
jyotīrūpam aśeṣabāhyarahitaṃcaikaṃ pumāṃsaṃ paraṃ tat-
tvaṃ tatpadam eti vastu paramaṃ vācyaṃ kim atrādhikam || 2

शब्दः कश्चन यो मुखादुदयते मन्त्रः स लोकोत्तरः
संस्थानं सुखदुःखजन्मवपुषो यत्कापि मुद्रैव सा ।
प्राणस्य स्वरसेन यत्प्रवहणं योगः स एवाद्भुतः
शाक्तं धाम परं ममानुभवतः किन्नाम न भ्राजते ॥३॥
śabdaḥ kaścana yo mukhād udayate mantraḥ sa lokottaraḥ
saṃsthānaṃ sukhaduḥkhajanmavapuṣo yat kāpi mudraiva sā |
prāṇasya svarasena yatpravahaṇaṃ yogaḥ sa evādbhutaḥ
śāktaṃ dhāma paraṃ mamānubhavataḥ kinnāma na bhrājate || 3

मन्त्रः स प्रतिभाति वर्णरचना यस्मिन्न संलक्ष्यते
मुद्रा सा समुदेति यत्र गलिता कृत्स्ना क्रिया कायिकी ।
योगः स प्रथते यतः प्रवहणं प्राणस्य संक्षीयते
त्वद्धामाधिगमोत्सवेषु सुधियां किं किं न नामाद्भुतम् ॥४॥
mantraḥ sa pratibhāti va varṇaracanā yasmin na saṃlakṣyate
mudrā sā samudeti yatra galitā kṛtsnā kriyā kāyikī |
yogaḥ sa prathate yataḥ pravahaṇam prāṇasya saṃkṣīyate tvad-
dhāmādhigamostsaveṣu sudhiyāṃ kiṃ kiṃ na nāmādbhutaṃ || 4

Übersetzung

1. Hat ein Yogi Denken und Atem im inneren Objekt
   aufgelöst
   und wendet er seinen Blick unverändert nach außen
   (das Äußere) sehend und doch nicht sehend –,
   diese Haltung ist das Siegel Śivas (*śāmbhavī-mudrā*).
   O Meister! Dank deiner Gnade ist dies der göttliche
   Zustand der Wirklichkeit,
   frei von Leere und Nichtleere!

2. Mit halb geöffneten Augen, reglosem Denken,
   den Blick auf die Nasenspitze gerichtet,

Sonne und Mond (Ein- und Ausatmen) aufgelöst in der Mitte der dreifachen Bewegung,[1]
erlangt der Yogi die höchste Wirklichkeit:
jenen Bereich vom Wesen des Lichtes, frei von aller Äußerlichkeit,
den einen Geist, die transzendente Realität.
Was gibt es noch mehr zu sagen?

3. Jedes Wort, das aus seinem Munde hervorkommt, ist ein transzendenter Mantra,
die (natürliche) Haltung seines Körpers, in dem Freude und Leid entstehen, ist selbst die mystische Haltung (Mudrā),
der spontane Strom seines Atems ist der wunderbare Yoga.
Wenn ich das lichtvolle Reich der göttlichen Energie erfahren habe,
was bleibt dann, das nicht leuchten würde?

4. Mantra ist das Wort, das erleuchtet,
ohne die Zusammensetzung der Buchstaben zu unterscheiden.
Mudrā ist die Haltung, die entsteht,
wenn jede körperliche Bewegung aufgehört hat,
Yoga ist die geistige Übung, die sich offenbart,
wenn der Strom des Atems sich aufgelöst hat.
Wenn die Gutgesinnten in dein lichtvolles Reich eingegangen sind,
was wäre nicht wunderbar bei diesem Fest der Freude?

---

[1] Dreifache Bewegung: *trispanda*, die drei Momente des Atems als subtiler Vibration, und zwar Einatmen, Ausatmen und aufsteigender Atem.

ZWANZIG VERSE ÜBER DIE GROSSE LEHRE: *MAHOPADEŚAVIṂŚATIKĀ*

Einführung

Diese Hymne hat den Grundton der Verehrung Gottes, der aber nicht mit Namen – wie Śiva, Bhairava, Śaṅkara oder ähnlich – angerufen wird, sondern nur als das DU des Anbetenden: *tvam.* Im ersten Teil der Hymne (Vers 1-11) fragt sich der Anbetende aber nach dem wahren Wesen dieses Du, und er kann nicht umhin, sich gleichzeitig nach dem wahren Wesen des Ich zu fragen. Es gibt im Wesentlichen zwei Weisen, Gott zu suchen: als Du, als Gegenüber, als Partner und Geliebten, oder als Selbst, als innerste Wirklichkeit im Menschen, als (wahres) Ich (Vers 3). Und doch ist das Finden immer anders als erwartet, und Gott wird gerade dort gefunden, »wo weder ich bin noch Du bist« (Vers 2). Abhinavagupta spielt aber alle Möglichkeiten dieses Verhältnisses durch, und er schließt weder die liebende Du-Erfahrung noch die auf Erkenntnis beruhende Selbst-Erfahrung aus (Verse 2 und 4). Doch alle diese Erfahrungen münden in die Erkenntnis der Einheit, in der es nie eine Trennung gegeben hat, sodass es dem Anbeter schwerfällt, zwischen sich selbst und Gott zu unterscheiden, vielmehr hat er die Natur Gottes angenommen. Ähnlich singt ein Heiliger von Maharashtra, Tukārām (16.-17. Jahrhundert): »Ich gebe Dir Gestalt, Du machst mich unendlich!«[1]

Der Dichter der Hymne ist empfindlich für jeden falschen Ton, sei es eine geistige Unterweisung (Vers 5) oder ein bloß

[1] Psalm CI nach: Toukārām, *Psaumes du pèlerin*, traduit du marathe, présenté et commenté par Guy-A. Deleury, Paris 1956, Nr. 1038 in der Marathi-Ausgabe von Indu Prakash.

poetischer Ausdruck wie »ich bin Du, Du bist ich«, dem keine mystische Einheitserfahrung entspricht. Die Versenkung (*samādhi*) kann nie die Frucht des Willens, der Absicht sein (Vers 6). So real die Unterscheidungen, die sich in den Personalpronomen »ich, du, er, sie, es« ausdrücken, in der Welt der Erscheinung sein mögen, im Bereich des Absoluten haben sie keinen Platz (Vers 7). Aber ebenso scheut sich der wahre Mystiker – im Gegensatz zu so viel Pseudomystik –, die Einheitserfahrung in Worten auszusprechen (Vers 8). Über die eine Wirklichkeit kann man nicht sprechen, es sei denn, man stellt sich außerhalb von ihr.

Die Frage ist berechtigt, ob im Bereich der Ununterschiedenheit (*abheda*) überhaupt Platz ist für eine echte Liebeserfahrung. Abhinavagupta würde darauf antworten, dass sie nur hier echt ist; denn keine auf Dualität gründende Erfahrung der Liebe übersteigt den Bereich des Psychischen, der Emotion, der Vorstellung (*vikalpa*). Seine gelegentlichen, von Gottesliebe (*bhakti*) erfüllten Ausbrüche zeigen deutlich die Echtheit der absoluten Liebe, der das gefühlsmäßige ›Verkosten‹ nicht fehlt (Vers 8).

In den Versen 9-11 stellt der Dichter das Verhältnis von Du, Ich und Welt in den weiteren Zusammenhang der Metaphysik und Kosmologie und in den Kontext von Śivas fünf Tätigkeiten, besonders der seiner Selbstverhüllung (*tirodhāna*) und Selbstoffenbarung (*anugraha*). Diese sind wie die verschiedenen Rollen, die ein einziger Schauspieler verkörpert (Vers 10), oder wie der kosmische Schlaf und das kosmische Erwachen. Wenn der Herr wacht, sind alle Unterscheidungen und Beziehungen real; doch wenn er sich zurückzieht, versinkt alles in die ungeteilte Einheit (Vers 9, 11).

Der zweite Teil der Hymne (Vers 12-20) kommt zurück zum Thema der Anbetung vor dem Hintergrund der Einheitserfahrung, das bis ins Detail ausgeführt wird.[1] »Für den

---

[1] V. Raghavan ist der Ansicht, dass diese Verse sich an die Śaṅkara zugeschriebene Hymne *Nirguṇa-Mānasa-Pūjā* oder *Ātmapūjā* anlehnen (siehe *Abhinavagupta and His Works*, S. 70-75). In der Hymnen-

Anhänger des Trika können Anbetung und Verehrung auf natürliche Weise in das mystische Leben integriert werden, in der Form eines Liebesspiels zwischen dem Du und dem Ich, doch im Innern des Absoluten.«[2] Was im ersten Teil mystisch-philosophisch dargelegt wurde, wird hier konkret auf die rituelle Verehrung (*pūjā*) angewendet.

Dabei muss vorausgeschickt werden, dass der nichtdualistische Śivaismus von Kaschmir, vor allem aber Abhinavagupta selbst, dem äußeren Ritual gegenüber kritisch eingestellt ist. Die Verehrung des Gottesbildes (*mūrti*) oder des Symbols von Śiva (*liṅga*)[3] nimmt einen untergeordneten Platz ein, denn es geht immer wieder um den geistigen Kult, um die Verehrung des »geistigen Symbols«.[4] Das bedeutet nicht, dass das Ritual nicht vollzogen wird, doch zeigen ebendiese Verse, in welchem Bewusstsein es ausgeführt würde. Es ist das Bewusstsein, dass Gott, der Absolute, nicht zum Objekt gemacht werden kann, dass er sowohl die Verdinglichung wie die Vorstellung transzendiert.

Hier werden nun alle Momente in der kultischen Verehrung eines Gottesbildes mit den Eigenschaften Gottes kontrastiert, die jede äußere Handlung infrage stellen. Dazu ist es erforderlich, die Abfolge des Ritus der *pūjā* zu kennen: Zu Beginn muss der Anbetende über die Form des Gottes meditieren, die er verehren will; dann lädt er die Gottheit ein, im Kult anwesend zu sein (*āvāhana*), und bietet ihr einen

---

literatur kommt es häufig vor, dass Verse ähnlich oder identisch sind, doch ist es meist sehr schwer festzustellen, welche die ursprüngliche Version war. In diesem Fall wäre zuerst die Frage der Autorschaft Śaṅkaras zu klären.

2 L. Silburn, *Hymnes de Abhinavagupta*, S. 81.

3 Das konische Symbol, das im Allerheiligsten aller Śiva-Tempel, aber auch unter einem Baum oder am Hausaltar kultisch verehrt wird. Zu seiner Bedeutung vgl. Bettina Bäumer, »Unmanifest and Manifest Form according to the Śaivāgamas«, in: Anna Libera Dallapiccola (Hg.), *Shastric Traditions in Indian Arts*, Wiesbaden 1989, S. 339-349.

4 Vgl. *Mālinīvijayottara Tantra* 18, *Tantrāloka* V.113-121, usw.

Sitz bzw. Thron an (*āsana*). Das Vorbild der Verehrung eines Gottesbildes ist der Gastritus, und der herbeigerufene Gott wird wie ein ehrwürdiger Gast bedient. Wenn er seinen Sitz eingenommen hat, werden ihm zuerst die Füße gewaschen (*pādya*), er wird mit Wasser besprengt (*arghya*) und man reicht ihm Wasser zum Reinigen des Mundes (*ācamana*). Alle diese Handlungen werden von den entsprechenden Mantras begleitet. Dann wird die ganze Figur gebadet (*snāna*), in Wasser, aber auch in Milch, Joghurt, Honig und Butterschmalz, je nach der Ausführlichkeit des Ritus. Nach dem Bad wird sie bekleidet, geschmückt und mit Wohlgeruch verehrt (*vastra*, *ābharaṇa*, *gandha*) und es wird ihr die heilige Schnur umgebunden wie einem Brahmanen (*yajñopavīta*). Schließlich bringt man ihr Blumen dar und hängt ihr Girlanden um (*puṣpa*). Nun wird vor dem Gottesbild Weihrauch verbrannt (*dhūpa*) und Öllampen werden in kreisender Bewegung vor ihm dargebracht (*dīpaka*). Dann reicht der Anbetende ihm eine Speisegabe, die meist aus Früchten und Süßigkeiten besteht (*naivedya*) und die dann als gesegnete Speise an die Gläubigen verteilt wird. Wie es sich dem Gast gegenüber gebührt, bietet man ihm nach dem Essen Betel[1] an zur Reinigung des Mundes (*tambūla*). Am Ende dieser Darbringungen vollzieht der Anbeter die rituelle Umschreitung des Kultbildes, wobei seine rechte Seite dem heiligen Objekt zugewandt ist (*pradakṣiṇa*), und wirft sich vor ihm nieder (*praṇāma*). Noch einmal werden Lichter dargebracht (*nirājana*), begleitet von der Rezitation von Veda-Hymnen (*stotra*), und ebenso wie die Präsenz Gottes in die Statue gerufen wurde, wird er auch wieder entlassen (*visarjana*), nachdem eine letzte Spende im Opferfeuer dargebracht wurde. Nun werden die Priester entlohnt (*dakṣiṇā*) und der Opfernde bittet um Vergebung für Verfehlungen in der Ausführung des Rituals (*kṣamāpaṇa*).

Nachdem er so den Ritus der Vollkommenheit Gottes ge-

[1] Betel besteht aus Blättern und einer Nuss (Arecanuss), und es wird als *pan* nach dem Essen oder unabhängig davon gekaut und soll die Verdauung fördern.

genübergestellt hat, fasst Abhinavagupta in einem Vers zusammen, worin die wahre Verehrung, der transzendente Kult (*parā pūjā*), besteht: Nicht nur zu einem bestimmten Zeitpunkt, sondern in allen Umständen und jederzeit soll man Herz und Gedanken (*manas*) dem Herrn des Alls gesammelt hingeben (*niyojayet*, die Wurzel *yuj-*, vgl. *yoga*), mit geeintem Geist. Diese Sammlung und Einung ist das wahre geistige Opfer.

Text und Transkription

महोपदेशविंशतिका
Mahopadeśaviṃśatikā

प्रपञ्चोत्तीर्णरूपाय नमस्ते विश्वमूर्तये ।
सदानन्दप्रकाशाय स्वात्मनेऽनन्तशक्तये ॥१॥
prapañcottīrṇarūpāya namaste viśvamūrtaye |
sadānandaprakāśāya svātmane'nantaśaktaye || 1

त्वं त्वमेवाहमेवाहं त्वमेवासि न चास्म्यहम् ।
अहं त्वमित्युभौ न स्तो यत्र तस्मै नमो नमः ॥२॥
tvaṃ tvamevāhamevāhaṃ tvamevāsi na cāsmyaham |
ahaṃ tvamityubhau na sto yatra tasmai namo namaḥ || 2

अन्तर्देहे मया नित्यं त्वमात्मा च गवेषितः ।
न दृष्टस्त्वं न चैवात्मा यच्च दृष्टं त्वमेव तत् ॥३॥
antardehe mayā nityaṃ tvamātmā ca gaveṣitaḥ |
na dṛṣṭastvaṃ na caivātmā yacca dṛṣṭaṃ tvameva tat || 3

भवद्भक्तस्य सञ्जातभवद्रूपस्य मेऽधुना ।
त्वामात्मरूपं सम्प्रेक्ष्य तुभ्यं मह्यं नमो नमः ॥४॥
bhavadbhaktasya sañjāta bhavadrūpasya me'dhunā |
tvāmātmarūpaṃ samprekṣya tubhyaṃ mahyaṃ namo namaḥ || 4

एतद्वचननैपुण्यं यत्कर्तव्येतिमूलया ।
भवन्मायात्मनस्तस्य केन कस्मिन् कुतो लयः ॥५॥

etadvacananaipuṇyaṃ yatkartavyetimūlayā |
bhavanmāyātmanastasya kena kasmin kuto layaḥ || 5

अहं त्वं त्वमहं चेति भिन्नता नावयोः क्वचित् ।
समाधिग्रहणेच्छाया भेदस्यावस्थितिर्ह्यसौ ॥६॥
ahaṃ tvaṃ tvamahaṃ ceti bhinnatā nāvayoḥ kvacit |
samādhigrahaṇecchāyā bhedasyāvasthitirhyasau || 6

त्वमहं सोऽयमित्यादि नूनं तानि सदा त्वयि ।
न लभन्ते चावकाशं वचनानि कुतो जगत् ॥७॥
tvamahaṃ soyamityādi nūnaṃ tāni sadā tvayi |
na labhante cāvakāśaṃ vacanāni kuto jagat || 7

अलं भेदानुकथया त्वद्भक्तिरसचर्वणात् ।
सर्वमेकमिदं शान्तमिति वक्तुं च लज्जते ॥८॥
alaṃ bhedānukathayā tvadbhaktirasacarvaṇāt |
sarvamekamidaṃ śāntamiti vaktuṃ ca lajjate || 8

त्वत्स्वरूपे जृम्भमाणे त्वं चाहं चाखिलं जगत् ।
जाते तस्य तिरोधाने न त्वं नाहं न वै जगत् ॥९॥
tvatsvarūpe jṛmbhamāṇe tvaṃ cāhaṃ cākhilaṃ jagat |
jāte tasya tirodhāne na tvaṃ nāhaṃ na vai jagat || 9

जाग्रत्स्वप्नसुषुप्त्याद्या धारयंश्च निजाः कलाः ।
स्वेच्छया भासि नटवन् निष्कलोऽसि च तत्त्वतः ॥१०॥
jāgratsvapnasuṣuptyādyā dhārayaṃśca nijāḥ kalāḥ |
svecchayā bhāsi naṭavan niṣkalo'si ca tattvataḥ || 10

त्वत्प्रबोधात् प्रबोधो ऽस्य त्वन्निद्रातो लयो ऽस्य यत् ।
अतस्त्वदात्मकं सर्वं विश्वं सदसदात्मकम् ॥११॥
tvatprabodhāt prabodho 'sya tvannidrāto layo 'sya yat |
atastvadātmakaṃ sarvaṃ viśvaṃ sadasadātmakam || 11

जिह्वा श्रान्ता भवन्नाम्नि मनः श्रान्तं भवत्स्मृतौ ।
अरूपस्य कुतो ध्यानं निर्गुणस्य च नाम किम् ॥१२॥
jihvā śrāntā bhavannāmni manaḥ śrāntaṃ bhavatsmṛtau |
arūpasya kuto dhyānaṃ nirguṇasya ca nāma kim || 12

पूर्णस्यावाहनं कुत्र सर्वाधारस्य चासनम् ।
स्वच्छस्य पाद्यमर्घ्यञ्च शुद्धस्याचमनं कुतः ॥ १३ ॥
pūrṇasyāvāhanaṃ kutra sarvādhārasya cāsanam |
svacchasya pādyamarghyañca śuddhasyācamanaṃ kutaḥ || 13

निर्मलस्य कुतः स्नानं वस्त्रं विश्वोदरस्य च ।
निर्लेपस्य कुतो गन्धो रम्यस्याभरणं कुतः ॥ १४ ॥
nirmalasya kutaḥ snānaṃ vastraṃ viśvodarasya ca |
nirlepasya kuto gandho ramyasyābharaṇaṃ kutaḥ || 14

निरालम्बस्योपवीतं पुष्पं निर्वासनस्य च ।
अप्राणस्य कुतो धूपश्चक्षुर्हीनस्य दीपकः ॥ १५ ॥
nirālambasyopavītaṃ puṣpaṃ nirvāsanasya ca |
aprāṇasya kuto dhūpaścakṣurhīnasya dīpakaḥ || 15

नित्यतृप्तस्य नैवेद्यं ताम्बुलं च कुतो विभोः ।
प्रदक्षिणमनन्तस्याऽद्वितीयस्य कुतो नतिः ॥ १६ ॥
nityatṛptasya naivedyaṃ tāmbulaṃ ca kuto vibhoḥ |
pradakṣiṇamanantasyā'dvitīyasya kuto natiḥ || 16

स्वयं प्रकाशमानस्य कुतो नीराजनं विभोः ।
वेदवाचामवेद्यस्य कुतः स्तोत्रं विधीयते ॥ १७ ॥
svayaṃ prakāśamānasya kuto nīrājanaṃ vibhoḥ |
vedavācāmavedyasya kutaḥ stotraṃ vidhīyate || 17

अन्तर्बहिश्च पूर्णस्य कथमुद्वासनं भवेत् ।
भेदहीनस्य विश्वत्र कथं च हवनं भवेत् ॥ १८ ॥
antarbahiśca pūrṇasya kathamudvāsanaṃ bhavet |
bhedahīnasya viśvatra kathaṃ ca havanaṃ bhavet || 18

पूर्णस्य दक्षिणा कुत्र नित्यतृप्तस्य तर्पणम् ।
विसर्जनं व्यापकस्या ऽप्रत्यक्षस्य क्षमापणम् ॥ १९ ॥
pūrṇasya dakṣiṇā kutra nityatṛptasya tarpaṇam |
visarjanaṃ vyāpakasyā 'pratyakṣasya kṣamāpaṇam || 19

एवमेव परा पूजा सर्वावस्थासु सर्वदा ।
ऐक्यबुद्ध्या तु सर्वेशे मनो देवे नियोजयेत् ॥ २० ॥

evameva parā pūjā sarvāvasthāsu sarvadā |
aikyabuddhyā tu sarveśe mano deve niyojayet || 20

Übersetzung

1. Verehrung sei Dir, dessen Gestalt das All ist,
dessen Wesen die Welt übersteigt, Dir,
dem Licht der ewigen Freude,
meinem eigenen Selbst von grenzenloser Energie.

2. Wo Du Du bist und ich ich bin,
wo Du allein bist und ich nicht bin,
wo weder ich bin noch Du bist –
diesem sei Verehrung!

3. Ich habe Dich immer im Innern des Körpers
sehnsüchtig gesucht,
als »Du« oder als (mein) »Selbst«.
Wenn ich weder Dich finde noch (mich) selbst,
was ich dann finde, bist wahrlich DU!

4. Wenn ich Dich in der Form (meines eigenen) Selbst
betrachtet habe,
da ich, Dein Verehrer, jetzt Deine Gestalt
angenommen habe –
so sei Dir, ja mir selbst, Verehrung!

5. Zu sagen: »Du musst das tun«, ist nur eine
Redewendung;
denn der, dessen Selbst mit Dir eins geworden ist,
wie, worin und woher wird er absorbiert?

6. Zu sagen: »Ich bin Du, Du bist ich« (ist falsch, denn)
eine solche Trennung hat nie bestanden.
Ein solcher Zustand der Trennung verrät den Wunsch,
sich der Versenkung zu bemächtigen.

7. Wörter wie »du, ich, er, es« finden in Dir keinen Platz,
noch viel weniger die (äußere) Welt.

8. Wenn man den Nektar Deiner Liebe gekostet hat,
will man nicht mehr über Unterscheidungen reden.
Man scheut sich sogar zu sagen:
»Alles ist eins, es ist voll des Friedens.«

9. Wenn sich Dein eigenes Wesen offenbart,
bist Du, bin ich, ist diese ganze Welt.
Wenn das Geschaffene wieder eingezogen wird,
bist weder Du, noch bin ich, noch ist die Welt.

10. Du erscheinst nach Deinem Willen wie ein Schauspieler,
der verschiedene Rollen einnimmt, als wären es Teile seiner selbst,
wie die Zustände des Wachens, des Traumes, des tiefen Schlafes,
doch in Wirklichkeit bist Du ungeteilt.

11. Wenn Du erwachst, erwacht die Welt,
wenn Du schläfst, löst sie sich auf.
So ist das ganze seiende und nichtseiende Universum
eins mit Dir.

12. Die Zunge ermüdet im Preis Deines Namens,
das Denken ermüdet im Gedenken an Dich.
Wie kann man über den Gestaltlosen meditieren
und wie kann man den Eigenschaftslosen benennen?

13. Wie kann man den Vollkommenen zur Verehrung anrufen,
wie kann man dem All-Grund einen Sitz anbieten?
Wie kann man dem Allreinen die Füße waschen
und wie dem Lauteren Mundwasser reichen?

14. Wie kann man den Unbefleckten baden,
wie kann man den bekleiden, dessen Leib das All enthält?
Wie kann man dem Unberührten Wohlgeruch
anbieten,
wie dem Allschönen Schmuck umhängen?

15. Wie kann man dem Ungebundenen die heilige Schnur
umbinden,
wie kann man dem Blumen darbringen, der nicht
riechen kann?
Wie kann man dem Atemlosen Weihrauch opfern,
wie dem Augenlosen eine Lampe darbringen?

16. Wie kann man dem ewig Zufriedenen ein Speiseopfer
reichen,
wie dem Allgegenwärtigen Betel anbieten?
Wie kann man den Unendlichen umkreisen,
wie kann man sich vor dem Zweitlosen verneigen?

17. Wie kann man dem selbstleuchtenden Herrn das
Lichtopfer darbringen?
Wie kann man dem Unerkennbaren eine Hymne aus
Veda-Worten singen?

18. Wie kann man den, der innen und außen vollkommen
ist,
(aus dem Ritus) entlassen?
Wie kann man dem, der überall ohne Unterscheidung
gegenwärtig ist,
ein Opfer darbringen?

19. Wie kann man dem Vollkommenen einen Opferlohn
geben,
wie kann man dem ewig Erfüllten eine Wasserspende
anbieten?
Wie kann man den Alldurchdringenden (am Ende des
Ritus) entlassen?

Wie kann der Unsichtbare den Ritus der Vergebung
vollziehen?

20. Nur so wird die höchste Verehrung immer
und in allen Zuständen dargebracht:
wenn man mit geeintem Geist
das Denken in Gott, dem Herrn des Alls, sammelt.

ZWÖLF VERSE ÜBER DIE HÖCHSTE WIRKLICHKEIT: *PARAMĀRTHA-DVĀDAŚIKĀ*

Einführung

Diese Hymne erweckt den Eindruck, wie in Ekstase geschrieben zu sein. Ihre Verse erscheinen oft unzusammenhängend und auch die Gedanken innerhalb eines Verses scheinen nicht immer organisch zu sein. Sie klingt so, als wolle Abhinavagupta hier – wie ein Zen-Meister – den Hörer all seiner gedanklichen Stützen entwaffnen, ihm alle Logik entziehen und ihn der Nacktheit der Erfahrung des Absoluten (*paramārtha*) aussetzen. Die Hymnen sind nicht die geeignete Form für philosophische Argumentation, die er in anderen Texten rigoros betreibt, sie sind vielmehr der Ort für mystische Ausbrüche, ohne Bindung an einen zu kommentierenden Text. Und doch bleibt wie in allen Werken Abhinavaguptas der theologische Hintergrund glasklar sichtbar. Es geht aber nicht darum, diesen Hintergrund theoretisch zu akzeptieren, sondern ihn in der Erfahrung einzuholen und nachzuvollziehen.

Den allgemeinen Hintergrund, der wie ein unsichtbarer Faden diese Verse zusammenhält, kann man vielleicht so beschreiben: Das göttliche Bewusstsein ist jenseits nicht nur der Dualität, sondern auch der Vorstellung von Nichtdualität. Es ist das einzige und wahre Ich, das Subjekt, das nie als Objekt ›begriffen‹ werden kann. Dieses Bewusstsein leuchtet in allen Zuständen, selbst in dem der Verblendung. Das Einzige, was sein volles Leuchten behindert, ist die Fragmentierung der Wirklichkeit, das Festhalten an einer Spaltung in Subjekt und Objekt, in Gott und Welt. Dies ist die eigentliche Funktion von *vikalpa* – Vorstellung, Zweifel und fragmentarisches Denken.

Das Wesen dieser störenden Gedanken besteht unter anderem im unnützen Gebrauch der Sprache, in Gerede und neugierigen Fragen (Vers 1). Die erste erforderliche Haltung ist daher die des inneren Friedens (*śāntiṃ sambhaja*, Vers 1). Das Licht, das alles erleuchtet, wenn die störenden Hindernisse beseitigt sind, ist das göttliche Reich, es ist Leere und es offenbart sich nicht nur im Seienden, sondern auch im Nichtseienden. Hier ist auch die scharfe Unterscheidung in negative und positive Theologie überwunden. Die höchste Wirklichkeit kann weder nur durch Negation noch nur durch Affirmation erlangt werden (Vers 1).

Abhinavagupta scheint in diesen Versen zu betonen, dass jede *Meinung* falsch ist – wie etwa die Meinung, dass man die Unwirklichkeit aufgegeben und die Wirklichkeit erlangt hat (Vers 2), die Vorstellung des Unterschiedes zwischen bewusstem Geist und unbewusster Materie (*jaḍa*, Vers 4), zwischen Innen und Außen (Vers 6). Die Illusion, die Furcht hervorbringt, kann nur durch die Erkenntnis überwunden werden, ähnlich wie ein Alptraum dann nicht mehr furchterregend ist, wenn man sich im Traum bewusst ist, dass man träumt (Vers 3).

Alles, auch das scheinbar Leblose, vibriert mit derselben Energie des Lichtes; denn das Sein der Dinge ist nichts als dieselbe kondensierte Energie, die auch Erkennen und Tun ermöglicht (Vers 4).

Die Frage erhebt sich: Wenn alle Erscheinung nur die Herrlichkeit des Herrn ist, woher kommt dann die Verblendung? Kann die Täuschung, kann der Irrtum außerhalb des göttlichen Lichtes bestehen? Sind nicht auch sie das Werk des Herrn, das heißt seine eigene Energie der Verhüllung, eine notwendige Stufe auf dem Weg zur Befreiung? Letztlich vermag nichts die göttliche Herrlichkeit zu behindern; denn Gott ist immer unverstellt und in der Klarheit des Erwachtseins gegenwärtig. Die Erfahrung seiner Fülle schließt nichts aus, nicht einmal die Verblendung (Vers 5).

Eine der wichtigsten spirituellen Übungen der Krama-Schule des kaschmirischen Śivaismus hat zum Ziel, Innen- und Außenwelt in einer einzigen mystischen Haltung (*mudrā*) zu verschmelzen und zu integrieren. Sie besteht darin, aus einem Zustand der völligen Verinnerlichung und Absorption den Blick nach außen zu richten und die Außenwelt nach innen zu nehmen sowie umgekehrt. Doch ist dies im Eigentlichen keine Übung, sondern eine mystische Erfahrung, genannt *Bhairava-Mudrā*, »die Haltung Śivas«. Es besteht daher die Gefahr, wenn man sie als ›Übung‹ betreibt, dass sie keinem echten Zustand entspricht, sondern nur eine Nachahmung ist. Darauf geht der sechste Vers ein, der in einem noch höheren Licht selbst dies infrage stellt, ob es im Bereich der Erleuchtung überhaupt einen Unterschied gibt zwischen außen und innen.

Wie schon erwähnt, scheinen die Verse in der Abfolge keinen inneren Zusammenhang zu haben, und doch haben sie ein verbindendes Thema: die mystische Erfahrung in allen Bewusstseinszuständen durchzuhalten, auch in den verwirrenden psychischen Eindrücken (*vāsanā*). Selbst diese negativen Zustände können durch die Intensität, mit der man sie betrachtet, verwandelt und so ›durchleuchtet‹ werden. Wenn das Licht des Bewusstseins durch alle Erfahrungen hindurch leuchtet, an deren Anfang, Mitte und Ende, so bleibt man im Zustand der Einheit (Vers 7).

Auch in den Zuständen des Leides, der Verwirrung, der Unruhe geht es darum, das Licht zu sehen, das im inneren Firmament leuchtet. Das Leid wird nur vergrößert, wenn man ihm grüblerisch nachhängt. Diese Zustände sind so verwirrend wie die mythische Stadt der Gandharvas, der himmlischen Musikanten, die ein Bild der Unwirklichkeit ist (Vers 8).

Um zu zeigen, dass nur das reine Bewusstsein sich durch

alle Zustände hindurchzieht, dass hingegen die störenden psychischen Eindrücke nicht immer präsent sind, analysiert Abhinavagupta, was im Traum, im Schlaf und im Wachen geschieht. Auch die im Wachzustand beobachteten Gegenstände sind nicht getrennt von der Erkenntnis – und hier nähert sich Abhinavagupta der Position der buddhistischen Vijñānavādins an, die behaupten, dass die Gegenstände nur in der Erkenntnis bestehen. Allerdings würde er die eigene Existenz der Dinge nicht leugnen, sondern nur die Annahme, dass etwas getrennt vom Bewusstsein bestehen kann.

Der Höhepunkt der Hymne ist der zehnte Vers, in dem alle vorausgehenden Erkenntnisse in eine persönliche Erfahrung münden: Dieses Licht der grenzenlosen, reinen Erkenntnis bin ich selbst! So wie das Licht der Sonne seine Strahlen nur in der Leere des Himmelsraumes ausbreiten kann, so kann sich auch die göttliche Herrlichkeit nur in der Offenheit des inneren Bewusstseins offenbaren.

Im elften Vers betrachtet der Dichter das ganze Phänomen der universalen Veränderung, der zeitlichen Schöpfung als ein Spiel, in dem sich der Schöpfer verbirgt, scheinbar zerteilt, doch auch offenbart. Selbst die Zeitlichkeit, die alle Dinge fragmentiert, selbst die Vielfalt der Schöpfung, selbst die Antriebe der körperlichen Liebe vermögen nicht die Schau dessen zu trüben, der auch in allen Aspekten der Veränderung gegenwärtig ist. Das Bild der äußeren Welt ist wie eine Zeichnung des göttlichen Malers auf der Leinwand des leeren Firmaments. Dieses Spiel der Veränderung erstreckt sich auch auf die Funktionen des Körpers und der Psyche. Doch auch darin wird Er erfahren, weil keine Hülle ihn verbergen kann.

Der zwölfte Vers klingt wie der wilde Ausbruch eines Erleuchteten: Er beschreibt die Erleuchtung wie einen Prozess des Verzehrens, des Trunkenseins, der Vernichtung aller Dinge. Der Erleuchtete hat dieses ganze Spiel der Veränderung, das im vorhergehenden Vers beschrieben wurde, wie in sich verschlungen. Nichts darf übrig bleiben, was er nicht in sich, in sein erleuchtetes Inneres aufgesogen hat.

Das Ich, das in seiner Göttlichkeit erfahren wurde als

Geistlicht, befreit von allem Künstlichen, unendlich und frei, vertreibt durch sein Leuchten die Dunkelheit der Spekulationen, die sich um Dualität oder Nichtdualität drehen, diese beiden Gegensätze, die Abhinavagupta vom Leben ausgeschlossen hat.[1]

Text und Transkription

परमार्थद्वादशिका
Paramārtha-Dvādaśikā

शान्तिं संभज नित्यमल्पवचनैर्जल्पक्रमं संहर
तत्संहारगमेन किं कथमिदं कोऽसीति माचीक्लृपः ।
भावाभावविभागभासनतया यद्भात्यभग्नक्रमं
तच्छून्यं शिवधाम वस्तु परमं ब्रह्मात्र कोऽर्थग्रहः ॥ १ ॥
śāntiṃ saṃbhaja nityamalpavacanairjalpakramaṃ saṃhara
tatsaṃhāragamena kiṃ kathamidaṃ ko'sīti mācīklṛpaḥ |
bhāvābhāvavibhāgabhāsanatayā yadbhātyabhagnakramaṃ
tacchūnyaṃ śivadhāma vastu paramaṃ brahmātra ko'rthagrahaḥ || 1

यद्यतत्त्वपरिहारपूर्वकं तत्त्वमेषि तदतत्त्वमेव हि ।
यद्यतत्त्वमथ तत्त्वमेव वा तत्त्वमेव ननु तत्वमीदृशम् ॥ २ ॥
yadyatattvaparihārapūrvakaṃ tattvameṣi tadatattvameva hi |
yadyatattvamatha tattvameva vā tattvameva nanu tatvamīdṛśam || 2

यद्यद्भाति न भानतः पृथगिदं भेदोऽपि भातीति चेद्
भाने सोऽपि न भाति किं जहि ततस्तद्भंगिभंगग्रहम् ।
स्वप्ने स्वप्नतया प्रथां गतवति क्रीडैव नो भीतिकृ-
च्छस्त्राघातजलावपातहुतभुं निर्घातबन्धादिकम् ॥ ३ ॥
yadyadbhāti na bhānataḥ pṛthagidaṃ bhedo'pi bhātīti ced
bhāne so'pi na bhāti kiṃ jahi tatastadbhaṃgibhaṃgagraham |
svapne svapnatayā prathāṃ gatavati krīḍaiva no bhītikṛ-
cchastrāghātajalāvapātahutabhuṃ nirghātabandhādikam || 3

[1] L. Silburn, *Hymnes de Abhinavagupta*, S. 74.

ज्ञानक्रियाकलनपूर्वकमध्यवस्ये-
द्यद्यद्भवान् कथय कोऽस्य जडाद्विशेषः ।
स्फूर्जञ्जडोऽपि न किमद्वयबोधधाम
निस्सीमनित्यनिरवग्रहसत्यरूपम् ॥४॥

jñānakriyākalanapūrvakamadhyavasye-
dyadyadbhavān kathaya ko'sya jaḍādviśeṣaḥ |
sphūrjañjaḍo'pi na kimadvayabodhadhāma
nissīmanityaniravagrahasatyarūpam || 4

भावानामवभासकोऽसि यदि तैर्मोहः किमातन्यते
किं ते तद्यदि भान्ति हन्त भवतस्तत्राप्यखण्डं महः ।
नोचेन्नास्ति तदेवमप्युभयथा निर्व्याजनिर्यन्त्रणा-
त्रुट्यद्विभ्रमनित्यतृप्तमहिमा नित्यं प्रबुद्धोऽसि भोः ॥५॥

bhāvānāmavabhāsako'si yadi tairmohaḥ kimātanyate
kiṃ te tadyadi bhānti hanta bhavatastatrāpyakhaṇḍaṃ mahaḥ |
nocennāsti tadevamapyubhayathā nirvyājaniryantraṇā-
trutyadvibhramanityatṛptamahimā nityaṃ prabuddho'si bhoḥ || 5

दृष्टिं बहिः प्रहिणु लक्ष्यपथातिरिक्तं
स्याद्भैरवानुकरणं बत वञ्चनेयम् ।
निर्द्वन्द्वबोधगगनस्य न बाह्यमस्ति
नाभ्यन्तरं निरवकाशविकासधाम्नः ॥६॥

dṛṣṭiṃ bahiḥ prahiṇu lakṣyapathātiriktaṃ
syādbhairavānukaraṇaṃ bata vañcaneyam |
nirdvandvabodhagaganasya na bāhyamasti
nābhyantaraṃ niravakāśavikāsadhāmnaḥ || 6

वासनाप्रसरविभ्रमोदये यद्यदुल्लसति तत्तदीक्ष्यताम् ।
आदिमध्यनिधनेषु तत्र चेद् भासि भासि तव लीयते जगत् ॥७॥

vāsanāprasaravibhramodaye yadyadullasati tattadīkṣyatām |
ādimadhyanidhaneṣu tatra ced bhāsi bhāsi tava līyate jagat || 7

मोहो दुःखवितर्कतर्कणघनो हेतुप्रथानन्तर-
प्रोद्यद्विभ्रमशृंखलातिबहुलो गन्धर्वपूःसन्निभः ।
द्वैताद्वैतविकल्पनाश्रयपदे चिद्व्योम्नि नाभाति चेत्
कुत्रान्यत्र चकास्तु कास्तु परमा निष्ठाप्यनेकात्मना ॥८॥

moho duḥkhavitarkatarkaṇaghano hetuprathānantara-
prodyadvibhramaśṛṃkhalātibahulo gandharvapūḥsannibhaḥ |
dvaitādvaitavikalpanāśrayapade cidvyomni nābhāti cet
kutrānyatra cakāstu kāstu paramā niṣṭhāpyanekātmanā || 8

स्वप्ने तावदसत्यमेव सरणं सौसुप्तधाम्नि प्रथा
नैवास्यास्ति तदुत्तरे निरुपधौ चिद्व्योम्नि कोऽस्य ग्रहः ।
जाग्रत्येव धरावदर्थनिचयः स्याच्चेत् क्षणे कुत्रचित्
ज्ञानेनाथ तदत्यये ऽपृथगिदं तत्रापि का खण्डना ॥९॥

svapne tāvadasatyameva saraṇaṃ sausuptadhāmni prathā
naivāsyāsti taduttare nirupadhau cidvyomni ko'sya grahaḥ |
jāgratyeva dharāvadarthanicayaḥ syāccet kṣaṇe kutracit
jñānenātha tadatyaye 'pṛthagidaṃ tatrāpi kā khaṇḍanā || 9

ये ये केऽपि प्रकाशा मयि सति परमव्योम्नि लब्धावकाशाः
काशा ह्येतेषु नित्ये महिमनि मयि ते निर्विभागं विभान्ति ।
सो ऽहं निर्व्याजनित्यप्रतिहतकलनानन्तसत्यस्वतन्त्र-
ध्वस्तद्वैताऽद्वयारिद्वयमयतिमिरापारबोधप्रकाशः ॥१०॥

ye ye ke'pi prakāśā mayi sati paramavyomni labdhāvakāśāḥ
kāśā hyeteṣu nitye mahimani mayi te nirvibhāgaṃ vibhānti |
so 'haṃ nirvyājanityapratihatakalanānantasatyasvatantra-
dhvastadvaitā'dvayāridvayamayatimirāpārabodhaprakāśaḥ || 10

कालः संकलयन्कलाः कलयतु स्त्रष्टा सृजत्वादरा-
दाज्ञायाः परतन्त्रतामुपगतो मथ्नातु वा मन्मथः ।
क्रीडाडम्बरमम्बराश्रयमिव स्वोल्लेखरेखाक्रमं
देहाद्याश्रयमस्तु वैकृतमहामोहे न पश्यामि किम् ॥११॥

kālaḥ saṃkalayankalāḥ kalayatu sraṣṭā sṛjatvādarā-
dājñāyāḥ paratantratāmupagato mathnātu vā manmathaḥ |
krīḍāḍambaramambarāśrayamiva svollekharekhākramaṃ
dehādyāśrayamastu vaikṛtamahāmohe na paśyāmi kim || 11

कः कोऽत्र भोर्यं कवलीकरोमि कः कोऽत्र भोर्यं सहसा निहन्मि ।
कः कोऽत्र भोर्यं परबोधधामसञ्चर्वणोन्मत्ततनुः पिबामि ॥१२॥

kaḥ ko'tra bhooryaṃ kavalīkaromi kaḥ ko'tra bhoryaṃ sahasā nihanmi |
kaḥ ko'tra bhooryaṃ parabodhadhāmasañcarvaṇonmattatanuḥ pibāmi || 12

भवोत्थभयभंगदंगदश्शृगालविद्रावणं
प्रबोधधुरिधीमतामपि सकृद्यदुद्दीपनम् ।
सुधामगहनाटवीविहरणातितृप्त्युद्गमाद्
अभेदकरिबृंहितं व्यधित रम्यदेवो हरिः ॥१३॥

bhavotthabhayabhaṃgadaṃgadaśṛgālavidrāvaṇaṃ
prabodhadhuridhīmatāmapi sakṛdyaduddīpanam |
sudhāmagahanāṭavīviharaṇātitṛptyudgamād
abhedakaribṛṃhitaṃ vyadhita ramyadevo hariḥ || 13

Übersetzung

1. Bleibe immer im Frieden, gib das unnütze Gerede auf, mach wenige Worte!
Stelle keine Fragen wie: »Was ist los? Warum ist es so? Wer bist du?«, die nur den Weg verstellen.
Das Licht, das sich ungeteilt und stufenlos offenbart
in den Erscheinungsformen des Seienden und Nichtseienden,
dies ist die Leere, das Reich Śivas, die höchste Wirklichkeit,
das ist Brahman – wie kann es als Objekt begriffen werden?

2. Wenn du die Wirklichkeit findest, indem du die Unwirklichkeit aufgibst,
so ist auch das (was du findest) nur unwirklich.
Ob unwirklich oder wirklich – bist nicht du selbst diese Wirklichkeit?

3. Alles, was erscheint, ist nicht verschieden vom Licht (in dem es erscheint).
Wenn du meinst, dass auch (das Licht) getrennt erscheint,
scheint nicht auch diese Trennung im (selben) Licht?
Gib daher diese bruchstückhafte Vorstellung auf.

Wenn man im Traum weiß, dass man träumt, so ist es wie ein Spiel –
selbst wenn man vom Speer getroffen wird, ertrinkt, verbrennt oder gefangen genommen wird,
hat man keine Furcht.

4. Was immer man erkennt dank der Energien der Erkenntnis und der Tat,
sage, o Herr, wie ist es verschieden von einem ungeistigen Gegenstand?
Vibriert nicht auch das Ungeistige als das Reich der zweitlosen Erleuchtung,
grenzenlos, ewig, ungehindert und wahr!

5. Wenn Du es bist, der alle Dinge zur Erscheinung bringt,
warum verbreiten sie dann Verblendung?
Und wenn sie als solche erscheinen, so ist auch das Dein Werk.
Selbst darin bleibt Dein Licht ungeteilt,
denn sonst hätten sie kein Sein.
In beiden Fällen, o Herr, bist Du der ewig Erwachte,
unverstellt, ungebunden, den Irrtum zerstörend,
Deine Herrlichkeit ist immer erfüllt.

6. »Wende deinen Blick nach außen,
ohne ihn auf einen Gegenstand zu fixieren« –
das ist nur eine Nachahmung des göttlichen Zustandes,[1] mein Lieber!
Im Firmament der zweitlosen Erleuchtung gibt es weder Außen noch Innen,
denn im lichtvollen Reich der Entfaltung ist kein Raum (für eine solche Unterscheidung).

---

[1] Wörtlich Bhairava, d. h. der *bhairava-mudrā*.

7. Alles, was erscheint, wenn sich die psychischen Eindrücke ergießen,
betrachte es intensiv!
Wenn (dein Bewusstsein) am Beginn, in der Mitte und am Ende (der Erfahrung)
immer wieder leuchtet, mein Lieber,
so löst sich die Welt (der Vielheit) auf!

8. Die Verwirrung verdichtet sich, wenn
man über Leid und Zweifel nachdenkt.
Die Unruhe, die dem Irrtum und seiner Ursache folgt, ist vielfältig,
sie kann mit der Stadt der Gandharvas[1] verglichen werden.
Wenn sie nicht im Himmel des Bewusstseins leuchtet
dem Bereich, der Grundlage für die Gedanken von Dualität und Nichtdualität ist –,
wo anders würde sie leuchten und was wäre ihr letzter Grund, da sie von vielfältiger Natur ist?

9. Im Traum ist der Fluss (der psychischen Eindrücke) unwirklich,
im Zustand tiefen Schlafs offenbart er sich nicht;
wie kann man sie erfassen im Firmament des Bewusstseins,
jenseits aller Zustände und Begrenzungen?
Wenn im Wachzustand die Vielheit der Gegenstände wie die Erde existiert,
in einem Augenblick und an einem bestimmten Ort,
so ist dies nicht getrennt von der Erkenntnis.
Wie kann also hier eine Trennung (des Bewusstseins vom Gegenstand) bestehen?

---

[1] Die Gandharvas sind mythische Himmelsbewohner, die als Musikanten dargestellt werden.

10. Alle Erscheinungen bestehen in mir,
sie erlangen Raum in der höchsten Leere des Firmaments.
Seine Strahlen leuchten in meiner ewigen Herrlichkeit, ungeteilt.
Dieses Licht der grenzenlosen Erkenntnis, unverstellt, ewig, makellos, wahr,
unabhängig, das die Finsternis der beiden Gegensätze Dualität und Nichtdualität vertreibt –
dieses Licht *bin ich*!

11. Möge die Zeit die zeitlichen Fragmente antreiben und in eins sammeln!
Möge der Schöpfer mit Achtsamkeit schaffen!
Möge der Gott der Liebe die Herzen erregen, von der Anweisung (Śivas) geleitet!
Dieses Spiel ist wie eine Zeichnung, die er selbst auf der Oberfläche des Himmels zeichnet.
Möge (alles scheinbar) auf dem Körper (dem Atem, dem Geist usw.) beruhen:
Sehe ich dich nicht (selbst) in dieser großen Illusion der Veränderung?

12. Was ist hier, dass ich es verschlinge?
Was ist hier, dass ich es mit Gewalt vernichte?
Was ist hier, dass ich es trinke, da ich trunken bin
vom Verzehren des Reiches der höchsten Erleuchtung!

[*Es folgt noch ein unklarer 13. Vers, der entweder eine spätere Hinzufügung ist oder korrupt überliefert. In Ermangelung einer besseren Version lassen wir ihn aus. Die Zahl 13 widerspricht auch dem Titel der Hymne.*]

FÜNFZEHN VERSE ÜBER DIE ERKENNTNIS: *BODHAPAÑCADAŚIKĀ*

Einführung

Diese philosophische Hymne hat das Wesen des höchsten Herrn und der mit ihm unzertrennlich verbundenen Energie (Śakti) zum Inhalt. Ihr Zweck ist, wie der praktisch aller Werke Abhinavaguptas, zur Erkenntnis Gottes, zur Erleuchtung (*bodha*) zu führen, die in ihrem höchsten Grad nicht verschieden ist von der »Erlösung zu Lebzeiten« (*jīvanmukti*, Vers 13). Die höchste, geistige Wirklichkeit wird in diesem System immer wieder »Licht« genannt (*prakāśa*, auch *tejas*, *jyoti*), doch will gleich der erste Vers die falsche Ansicht überwinden, dieses Licht schließe die Finsternis aus. Das »Licht aller Lichter«, das schon der *Yajurveda* (36.1), die Upaniṣaden (*Bṛhadāraṇyaka* IV.4.16) und die *Bhagavad-Gītā* (XIII.17) beschrieben haben, ist hier ebenfalls das »Licht aller Finsternisse«. Es ist ein Licht, das weder Auf- noch Untergang kennt (*anastamita*, hier mit »unveränderlich« übersetzt). Es ist aber keine statische Klarheit, sondern es enthält in sich die Dynamik von Licht und Dunkel. Die Finsternis kann das Licht nicht ›begreifen‹ (vgl. den Prolog zum Johannesevangelium, Johannes 1,5), sonst würde sie aufhören zu sein, doch das Licht der Lichter kann die Finsternis ›umgreifen‹. Der kurze Kommentar zum *Parātrīśikā Tantra* drückt es in einem anderen Vers poetisch aus:

Ich verehre dieses unübertreffliche Licht,
in dem das Licht der Lichter und die Finsternis der
Finsternisse enthalten sind,
das alle Lichter und Finsternisse in sich schließt.[1]

[1] *Parātrīśikā Laghuvṛtti* 1: *yatra tejasi tejāṃsi tamāṃsi ca tamasyalaṃ, tejāṃsi ca tamāṃsy etad vande jyotir anuttaram.*

Ohne den Schatten wäre das Licht nicht als solches erfahrbar, so wie ohne die Unwissenheit die Erkenntnis nicht deutlich würde.

Die innere Dynamik im Absoluten ist ein wesentliches Merkmal der Metaphysik des Trika; sie drückt sich im Begriff der Śakti aus, die in ihrem Wesen dynamische Energie oder Kraft ist. Sie ist aber von Śiva ebenso wenig zu trennen wie die Brennkraft vom Feuer (Vers 2). Der Herr ist unveränderlich, Träger des Alls, Fülle des Seins (Vers 4-5), Schöpfer und Auflöser der Welt, doch seine Energie ist das Instrument all seiner Tätigkeit. Alles, was erscheint, erscheint im Spiegel seines Selbst, seines Geistes – ein immer wiederkehrendes Bild dieser Metaphysik (siehe *Paramārthacarcā*, unten S. 201-205). Die dynamische Beziehung zwischen Gott und seiner Energie, die aller Erscheinung zugrunde liegt, wird mit einem freudigen Spiel verglichen (Vers 6), Ausdruck seiner uneingeschränkten Freiheit (Verse 7, 9).

Nach der Erkenntnislehre des Trika bestehen die Dinge nur, weil sie teilhaben am Licht des Geistes. Selbst ein Stein ist, was er ist, weil er Anteil an der Lichtnatur hat. Doch das Leblose, Ungeistige *(jaḍa)* besitzt nur begrenzte Lichtnatur und ist daher in Unkenntnis gefangen (Vers 8), die es im *Saṃsāra* festhält. Diese unerleuchteten Wesen sind von Furcht gekennzeichnet (Vers 11). Doch selbst die Unwissenheit, Ursache aller Begrenztheit, ist nur möglich aufgrund der Freiheit Gottes (Vers 11). Die Vorstellung von Gebundenheit und Erlösung ist ja nur wirklich vonseiten der Kreatur, der unerlösten Wesen. Vonseiten Gottes besteht kein Unterschied, denn beide Zustände der Seele sind nicht verschieden von Ihm selbst (Vers 14).

Wie aber geschieht Erkenntnis, die Befreiung bewirkt? Nach der Lehre der Tantras gibt es drei Möglichkeiten, Erkenntnis zu erlangen, die entweder einzeln oder kombiniert wirken können (Vers 12-13): durch die göttliche Gnade, das heißt direkt oder spontan (*svatah*, hier *tatprasādāt*), durch die Vermittlung eines erfahrenen Meisters (Guru) oder durch die heiligen Schriften (Āgama, hier Śāstra), die in Ermangelung eines Guru auch die Wahrheit erfahrbar machen können. Meist wird eine der drei Weisen am Anfang stehen und dann ergänzt durch die beiden anderen. So mag zum Beispiel jemand durch die Lektüre der Schriften eine erste Einsicht gewinnen, aufgrund derer er sich auf die Suche nach einem Meister macht, der ihn darin weiterführt. Oder aber jemand erlangt spontan, gnadenhaft die Erleuchtung, die er dann mithilfe eines Meisters und der heiligen Texte bestätigt. Auch wenn jemand das Glück hat, gleich einen wahren Meister zu finden, nützt ihm dieser nichts, wenn nicht die göttliche Gnade zu Hilfe kommt und er sich selber bemüht, meditiert usw.

Die vollkommene Erkenntnis, die unmittelbar Erlösung bringt, bedeutet in Wirklichkeit Teilhabe an der Göttlichkeit Gottes, an seiner Fülle und Herrschermacht (Vers 13). Diese Erkenntnis kommt einer ›Berührung‹ mit dem Herrn gleich.

Der letzte Vers deutet die symbolische Darstellung an, wie Gott Bhairava mit seinen drei Śaktis verbunden ist: Der Dreizack, Symbol Śivas, bedeutet im Trika besonders den Einen Herrn mit seinen drei Energien Wille, Erkenntnis und Tätigkeit, die auf Lotosblüten dargestellt werden. Bhairava selbst ruht auf der Spitze des Dreizacks, in unveränderlicher Ruhe und Transzendenz.

Wer die vollkommene Erkenntnis besitzt, betrachtet alles Entstehen und Vergehen als eine Entfaltung der Energie, und er sieht darin nur die Freiheit des Herrn. Indem er sich an die Quelle dieser Energie, Śiva, hält, erfreut er sich an Bhairava und ebenso an der Welt in der Form göttlicher Energie.[1]

Am Schluss deutet Abhinavagupta die Absicht an, mit der er diese Hymne verfasst hat, und zwar seine Schüler zur Erleuchtung zu führen.

[1] L. Silburn, *Hymnes de Abhinavagupta*, S. 30.

Text und Transkription

बोधपञ्चदशिका
Bodhapañcadaśikā

अनस्तमितभारूपस्तेजसां तमसामपि ।
य एकोऽन्तर्यदन्तश्च तेजांसि च तमांसि च ॥१॥
anastamitabhārūpastejasāṃ tamasāmapi |
ya eko'ntaryadantaśca tejāṃsi ca tamāṃsi ca || 1

स एव सर्वभूतानां स्वभावः परमेश्वरः ।
भावजातं हि तस्यैव शक्तिरीश्वरतामयि ॥२॥
sa eva sarvabhutanāṃ svabhāvaḥ parameśvaraḥ |
bhāvajātaṃ hi tasyaiva śaktirīśvaratāmayi || 2

शक्तिश्च शक्तिमद्रूपाद्व्यतिरेकं न वांच्छति ।
तादात्म्यमनयोर्नित्यं वह्निदाहिकयोरिव ॥३॥
śaktiśca śaktimadrūpādvyatirekaṃ na vāṃcchati |
tādātmyamanayornityaṃ vahnidāhikayoriva || 3

स एव भैरवो देवो जगद्भरणलक्षणः ।
स्वात्मादर्शे समग्रं हि यच्छक्त्या प्रतिबिम्बतम् ॥४॥
sa eva bhairavo devo jagadbharaṇalakṣaṇaḥ |
svātmādarśe samagraṃ hi yacchaktyā pratibimbatam || 4

तस्यैवैषा परा देवी स्वरूपामर्शनोत्सुका ।
पूर्णत्वं सर्वभावेषु यस्य नाल्पं न चाधिकम् ॥५॥
tasyaivaiṣā parā devī svarūpāmarśanotsukā |
pūrṇatvaṃ sarvabhāveṣu yasya nālpaṃ na cādhikam || 5

एष देवोऽनया देव्या नित्यं क्रीडारसोत्सुकः ।
विचित्रान् सृष्टिसंहारान् विधत्ते युगपद्द्विभुः ॥६॥
eṣa devo'nayā devyā nityaṃ krīḍārasotsukaḥ |
vicitrān sṛṣṭisaṃhārān vidhatte yugapad vibhuḥ || 6

अतिदुर्घटकारित्वमस्यानुत्तममेव यत् ।
एतदेव स्वतन्त्रत्वमैश्वर्यं बोधरूपता ॥७॥
atidurghaṭakāritvamasyānuttamameva yat |
etadeva svatantratvamaiśvaryaṃ bodharūpatā || 7

परिच्छिन्नप्रकाशत्वं जडस्य किल लक्षणम् ।
जडाद् विलक्षणो बोधो यतो न परिमीयते ॥८॥
paricchinnaprakāśatvaṃ jaḍasya kila lakṣaṇam |
jaḍād vilakṣaṇo bodho yato na parimīyate || 8

एवमस्य स्वतन्त्रस्य निजशक्त्युपभेदिनः ।
स्वात्मगाः सृष्टिसंहाराः स्वरूपत्वेन संस्थिताः ॥९॥
evamasya svatantrasya nijaśaktyupabhedinaḥ |
svātmagāḥ sṛṣṭisaṃhārāḥ svarūpatvena saṃsthitāḥ || 9

तेषु वैचित्र्यमत्यन्तमूर्ध्वाधस्तिर्यगेव यत् ।
भुवनानि तदंशाश्च सुखदुःखमतिर्भवः ॥१०॥
teṣu vaicitryamatyantamūrdhvādhastiryageva yat |
bhuvanāni tadaṃśāśca sukhaduḥkhamatirbhavaḥ || 10

यदेतस्यापरिज्ञानं तत्स्वातन्त्र्यं हि वर्णितम् ।
स एव खलु संसारो जडानां यो विभीषकः ॥११॥
yadetasyāparijñānaṃ tatsvātantryaṃ hi varṇitam |
sa eva khalu saṃsāro jaḍānāṃ yo vibhīṣakaḥ || 11

तत्प्रसादरसादेव गुर्वागमत एव वा ।
शास्त्राद्वा परमेशस्य यस्मात् कस्मादुपागतम् ॥१२॥
tatprasādarasādeva gurvāgamata eva vā |
śāstrādvā parameśasya yasmāt kasmādupāgatam || 12

यत्तत्त्वस्य परिज्ञानं स मोक्षः परमेशता ।
तत्पूर्णत्वं प्रबुद्धानां जीवन्मुक्तिश्च सा स्मृता ॥१३॥
yattattvasya parijñānaṃ sa mokṣaḥ parameśatā |
tatpūrṇatvaṃ prabuddhānāṃ jīvanmuktiśca sā smṛtā || 13

एतौ बन्धविमोक्षौ च परमेशस्वरूपतः ।
न भिद्येते न भेदो हि तत्त्वतः परमेश्वरे ॥१४॥

etau bandhavimokṣau ca parameśasvarūpataḥ |
na bhidyete na bhedo hi tattvataḥ parameśvare || 14

इत्थमिच्छाकलाज्ञानशक्तिशूलाम्बुजाश्रितः ।
भैरवः सर्वभावानां स्वभावः परिशील्यते ॥१५॥
itthamicchākalājñānaśaktiśūlāmbujāśritaḥ |
bhairavaḥ sarvabhāvānāṃ svabhāvaḥ pariśīlyate || 15

सुकुमारमतिञ्छिष्यान् प्रबोधयितुमञ्जसा ।
इमेऽभिनवगुप्तेन श्लोकाः पञ्चदशोदिताः ॥
sukumāramatiñchisyān prabodhayitumañjasā |
ime'bhinavaguptena ślokāḥ pañcadaśoditāḥ ||

Übersetzung

1-2. Der Eine, dessen Wesen das unveränderliche Licht aller Lichter und aller Finsternisse ist,
in dem alle Lichter und alle Finsternisse enthalten sind,
Er ist der höchste Herr, die wahre Natur aller Lebewesen.
Alles entstandene Sein ist nichts als seine Energie voller Herrlichkeit.

3. Die Energie (*śakti*) will nicht getrennt sein vom Herrn der Energie (*śaktimat*),
ihre Einheit ist untrennbar, so wie das Feuer und seine Brennkraft.

4. Er ist der Gott Bhairava, der die ganze Welt trägt.
Im Spiegel seines Selbst spiegelt sich die ganze Wirklichkeit
durch seine Energie.

5. Sie ist die höchste Göttin, die sich daran erfreut,
sein Wesen zu betrachten, dessen Fülle
in allen Zuständen nicht weniger und nicht mehr wird.

6. Dieser Gott erfreut sich beständig
am Genuss des Spiels mit dieser Göttin.
Er, der Herr, bringt gleichzeitig die vielfältigen
Schöpfungen und Auflösungen hervor.

7. Dies ist seine unübertreffliche Schöpferkraft,
die äußerst schwer zu erlangen ist,
dies ist seine Freiheit, seine Herrlichkeit
und seine Erkenntnisnatur.

8. Das ungeistige Sein ist durch begrenztes
Selbstleuchten gekennzeichnet,
doch die Erkenntnis ist verschieden vom
Ungeistigen,
weil sie unbegrenzt ist.[1]

9. Schöpfung und Auflösung gehören zum Wesen
seines Selbst,
des absolut Freien,
der nur durch seine eigene Energie differenziert
ist.
Sie bestehen kraft seiner eigenen Natur.

10. Die Welten sind ein Teil von ihm, und alles
Dasein,
das Quelle von Freude und Leid ist.
In ihnen besteht wunderbare Vielfalt:
oben, unten und in der Mitte.

11. Selbst die Unkenntnis Gottes wird (als
Ausdruck) Seiner Freiheit erklärt.
Dies ist wahrlich die Welt der Bedingtheit
(*saṃsāra*),
ein Schrecken für die unwissenden Wesen.

---

[1] Diesen Vers zitiert Abhinavagupta in mehreren Werken: *Mālinīvijaya Vārttika* I.371-372; ĪPVV, Bd. 2, S. 7, Bd. 3, S. 25.

12-13. Ob man ihn durch das Geschenk seiner
Gnade,
durch die Vermittlung eines Meisters
oder durch die heiligen Schriften erlangt:
Die volle Erkenntnis dieser Wahrheit ist
Befreiung, höchste Herrlichkeit,
sie ist die Vollkommenheit der Erleuchteten
und wird auch »Erlösung zu Lebzeiten«
(*jīvanmukti*) genannt.

14. Gebundenheit und Befreiung sind beide nicht
verschieden
von der Natur des höchsten Herrn,
denn in Wahrheit besteht keine Unterscheidung
oder Trennung in Gott.

15. So kommt man (ständig) in Berührung mit Gott
Bhairava,
dem eigensten Wesen aller Seienden,
ruhend auf dem Lotos des Dreizacks der Energien:
des Willens, der Tätigkeit und der Erkenntnis.

Diese fünfzehn Verse hat Abhinavagupta verfasst,
um seine aufmerksamen Schüler unmittelbar zu erleuchten.

Abb. 5: Maṇḍala des Dreizacks und der Lotosblüten (*triśūlābjamaṇḍala*), das den einen Śiva und die drei Śaktis symbolisiert.

BETRACHTUNG ÜBER DIE HÖCHSTE WIRKLICHKEIT: *PARAMĀRTHACARCĀ*

Einführung

Diese »Betrachtung über die höchste Wirklichkeit« verbindet den Charakter einer Hymne der Anbetung mit philosophischer Spekulation – im wörtlichen Sinn, weil das zentrale Thema das der Spiegelung der gesamten Wirklichkeit im göttlichen Bewusstsein ist (*pratibimba*). Das Thema der Lichtnatur Gottes wird wieder aufgegriffen, wie wir es in der *Bodhapañcadaśikā* betrachtet haben. Alle irdischen Lichter haben ihr

Licht von der alldurchdringenden Lichtnatur des Geistes (Vers 1). Dieses eine Licht des Universums ist Śiva, weil er erfüllt ist von Selbsterkennen und Selbstleuchten (Vers 2-3). Unterscheidung und Vielfalt bestehen, dank seiner Energie, nur in ihm selbst. Das Gleichnis des Spiegels dient vor allem dazu, dieses Verhältnis zwischen der göttlichen Einheit und der Mannigfaltigkeit der Erscheinung unmissverständlich zu erklären. Die Verse 4 und 5 fassen abgekürzt zusammen, was Abhinavagupta an anderer Stelle philosophisch ausgeführt hat: Der göttliche Geist ist wie ein großer, makelloser Spiegel, in dem sich alle Dinge reflektieren. Jedoch haben die Dinge ihre Wirklichkeit nur in diesem Gespiegeltsein und nicht davon getrennt, weshalb das Gleichnis nicht wörtlich genommen werden darf. Damit wird auch ausgedrückt, dass der Spiegel in seiner Reinheit bestehen bleibt, auch wenn sich die ganze Vielfalt der Welt darin getreu spiegelt.[1]

Im sechsten und siebten Vers wendet sich der Dichter an den Herrn, Bhairava, und preist seine Vollkommenheit, eine Fülle, die keiner Beweise bedarf und die jeder selbst erfahren muss.

Text und Transkription

परमार्थचर्चा
Paramārthacarcā

अर्केन्दुदीपाद्यवभासभिन्नं नाभात्यतिव्याप्ततया ततश्च ।
प्रकाशरूपं तदियत् प्रकाश्यप्रकाशताख्या व्यवहार एव ॥१॥
arkendudīpādyavabhāsabhinnaṃ nābhātyativyāptatayā tataśca |
prakāśarūpaṃ tadiyat prakāśyaprakāśatākhyā vyavahāra eva || 1

ज्ञानाद्विभिन्नो न हि कश्चिदर्थस्तत्तत्कृतः संविदि नास्ति भेदः ।
स्वयंप्रकाशाच्छतमैकधाम्नि प्रातिस्विकी नापि विभेदिता स्यात् ॥२॥

[1] Hier berührt sich die śivaitische Lehre von *pratibimba* mit der buddhistischen des *ālayavijñāna.*

jñānādvibhinno na hi kaścidarthastattatkṛtaḥ saṃvidi nāsti bhedaḥ |
svayaṃprakāśācchatamaikadhāmni prātisvikī nāpi vibheditā
syāt || 2

इत्थं स्वसंविद्घन एक एव शिवः स विश्वस्य परः प्रकाशः ।
तत्रापि भात्येव विचित्रशक्तौ ग्राह्यगृहीतृप्रविभागभेदः ॥३॥
itthaṃ svasaṃvidghana eka eva śivaḥ sa viśvasya paraḥ prakāśaḥ |
tatrāpi bhātyeva vicitraśaktau grāhyagṛhītṛpravibhāgabhedaḥ || 3

भेदः स चायं न ततो विभिन्नः स्वच्छन्दसुस्वच्छतमैकधाम्नः ।
प्रासादहस्त्यश्वपयोदसिन्धुगिर्यादि यद्वन्मणिदर्पणादेः ॥४॥
bhedaḥ sa cāyaṃ na tato vibhinnaḥ
svacchandasusvacchatamaikadhāmnaḥ |
prāsādahastyaśvapayodasindhugiryādi yadvanmaṇidarpaṇādeḥ || 4

आदर्शकुक्षौ प्रतिबिम्बकारि सबिम्बकं स्याद्यदि मानसिद्धम् ।
स्वच्छन्दसंविन्मुकुरान्तराले भावेषु हेत्वन्तरमस्ति नान्यत् ॥५॥
ādarśakukṣau pratibimbakāri sabimbakaṃ syādyadi mānasiddham |
svacchandasaṃvinmukurāntarāle bhāveṣu hetvantaramasti
nānyat || 5

संविद्घनस्तेन परस्त्वमेव त्वय्येव विश्वानि चकासति द्राक् ।
स्फुरन्ति च त्वन्महसः प्रभावात् त्वमेव चैषां परमेश कर्ता ॥६॥
saṃvidghanastena parastvameva tvayyeva viśvāni cakāsati drāk |
sphuranti ca tvanmahasaḥ prabhāvāt tvameva caiṣāṃ parameśa
kartā || 6

इत्थं स्वसंवेदनमादिसिद्धमसाध्यमात्मानमनीशमीशम् ।
स्वशक्तिसम्पूर्णमदेशकालं नित्यं विभुं भैरवनाथमीडे ॥७॥
itthaṃ svasaṃvedanamādisiddhamasādhyamātmānamanīśamīśam |
svaśaktisampūrṇamadeśakālaṃ nityaṃ vibhuṃ
bhairavanāthamīḍe || 7

सद्वृत्तसप्तकमिदं गलितान्यचिन्ताः
सम्यक् स्मरन्ति हृदये परमार्थकामाः ।
ते भैरवीयपरधाम मुहुर्विशन्ति
जानन्ति च त्रिजगतीपरमार्थचर्चाम् ॥८॥

sadvṛttasaptakamidaṃ galitānyacintāḥ
samyak smaranti hṛdaye paramārthakāmāḥ |
te bhairavīyaparadhāma muhurviśanti
jānanti ca trijagatīparamārthacarcām || 8

Übersetzung

1. Er leuchtet nicht getrennt vom Licht der Sonne und des Mondes,
weil er alle Dinge im höchsten Maß durchdringt.
Sein Wesen ist das Licht des Geistes (*prakāśa*) –
die Ausdrücke »Erleuchteter« und »Erleuchtung« sind nur relativ.

2. Kein Ding besteht getrennt von der Erkenntnis,
im reinen Bewusstsein gibt es keine Unterscheidung verschiedener Dinge.
Im einen Reich des Selbstleuchtens
besteht weder Trennung noch Vielfalt.

3. So ist Śiva, der Einzige, höchstes Licht des Universums,
voll intensiven Selbsterkennens.
In Ihm allein erscheint die Unterscheidung in Objekt und Subjekt,
in der Mannigfaltigkeit seiner Energie (*śakti*).

4. So wie Paläste, Elefanten, Pferde, Kühe, Flüsse und Berge,
in einem Spiegel oder Edelstein reflektiert, (von diesem nicht getrennt sind,)
so ist die Unterscheidung nicht getrennt von Ihm:
Sein eines Reich ist völlig unabhängig und rein.

5. Wenn auch bewiesen werden kann, dass das Gespiegelte
und die Spiegelung im Spiegel real sind,
so gibt es doch keinen anderen Existenzgrund für die Dinge,
die sich im Spiegel des reinen Bewusstseins reflektieren.

6. Daher bist Du allein die höchste Fülle des Bewusstseins,[1]
in Dir allein erscheinen die Welten in einem Augenblick.
Sie leuchten vom Licht Deiner Herrlichkeit,
denn Du allein bist ihr Schöpfer, o höchster Herr.

7. So verehre ich Bhairava, den Herrn, den Alldurchdringenden, Ewigen,
jenseits von Raum und Zeit, erfüllt von seiner eigenen Energie,
der spontan erfahren wird, die Quelle aller Gewissheit,[2] das Selbst,
der sich allen Beweisen entzieht,[3]
den Herrn, der keinen Herrn über sich hat.

8. Wenn jene, welche die höchste Wirklichkeit begehren, im Herzen
diese sieben wahren Strophen erinnern, frei von allen anderen Gedanken,
so gehen sie in Dein göttliches Reich ein
und erkennen »die Betrachtung über die höchste Wirklichkeit« der drei Welten.

---

1 *Saṃvidghana.*

2 Doppelbedeutung in Sanskrit, die andere Bedeutung würde lauten: »der von Anfang an Vollkommene«.

3 Andere Bedeutung: »der durch keine Mittel erlangt wird«.

HYMNE AN DAS RAD DER GOTTHEITEN IM LEIB: *DEHASTHADEVATĀCAKRA-STOTRA*

Einführung

Was ist der Kreis oder das Rad (*cakra*) der Gottheiten, das in dieser Hymne gepriesen wird? Es bedeutet zunächst, dass die gesamte Wirklichkeit, Makrokosmos wie Mikrokosmos, eine Mitte hat, das Herz Gottes,[1] und eine Peripherie, die sich in ständiger Bewegung befindet aufgrund der göttlichen Dynamik. Die acht Speichen dieses kosmischen Rades weisen in die acht Himmelsrichtungen; sie sind im Zentrum, in der Nabe, verankert und verbinden es mit den Punkten an der Peripherie. Jede Himmelsrichtung hat nach der hinduistischen Vorstellung eine eigene Schutzgottheit, doch in dieser Hymne sind es die acht »Mütter« (*Mātṛkā*) oder Aspekte der Śakti, der göttlichen Energie, die diesen Himmelsrichtungen vorstehen.

In einer gängigen Übertragung der Symbolik wird im Hinduismus wie im Buddhismus das Rad mit dem Lotos identifiziert, die acht Speichen mit dessen acht Blütenblättern. Dabei verschmilzt das Symbol der zentrierten und geordneten Dynamik (das Rad) mit dem Symbol der Reinheit, Schönheit, des Göttlichen sowie des Herzens (der Lotos). Auch in der buddhistischen Kunst gibt es schon früh symbolische Darstellungen, die Rad und Lotos verbinden. Im tantrischen Yoga sind es die Zentren des subtilen Körpers, die entweder als *cakra* oder als Lotos vorgestellt werden. Es ist also nicht erstaunlich, wenn hier beide Symbole in eins verschmelzen.

Das »Rad der Energien« (*śakticakra*) hat zunächst eine kos-

1 Das Herz, *hṛdaya*, ist ein zentraler Begriff im Trika, vgl. vor allem das *Parātrīśikā-Vivaraṇa*.

mische und theologische Bedeutung. Einer der Grundtexte der Spanda-Schule, die *Spanda Kārikā*, beginnt mit dem folgenden Vers:

Wir verehren den Herrn Śaṅkara,
Ursprung der wunderbaren Entfaltung
des Rades der Energien,
der den Untergang und die Erscheinung der Welt
durch das Schließen und Öffnen seiner Augen bewirkt.[1]

Kṣemarāja, unmittelbarer Schüler von Abhinavagupta, erklärt den Ausdruck *śakticakravibhavaprabhava* (»Ursprung der wunderbaren Entfaltung des Rades der Energien«) auf vielfältige Weise:[2] Das gesamte Universum ist nichts anderes als die Ansammlung der Energien des Herrn, des Geistlichtes. Er ist die Quelle seiner Herrlichkeit und der Selbstentfaltung. Der Herr ist also die Mitte dieses Rades des Universums, das aus seinen Energien besteht. Er nennt auch die acht Energien, die Göttinnen, die in dieser Hymne verehrt werden, als die »Girlande der Ursachen«, die die Schöpfung mit dem Herrn verbinden.

Im mikrokosmischen Sinn entspricht dieses »Rad der Energien« den Sinnesorganen, deren »Herrlichkeit« oder Ausfaltung (*vibhava*) darin besteht, mit ihren jeweiligen Sinnesgegenständen in Kontakt zu treten, und deren Quelle und Ursprung wiederum der Herr ist. Es ist dieses »Rad«, das die verschiedenen Dinge hervorbringt und wieder einzieht, dessen Bewegung die verschiedenen Phasen in Erscheinung bringt, dessen ruhiger Punkt der Mitte aber der Herr ist, das Licht des Geistes. Dieses »Rad« wird noch auf andere, spirituelle Weise interpretiert, was sich auf die Praxis der Mantras und die verinnerlichten Energien bezieht.

Vereinfachend können wir diese Symbolik so zusammenfassen: Auf der Ebene des Universums sind es die kosmischen Energien des Herrn, die sich entfalten, die in Bewegung

---

1 *Spanda Kārikā* I.1. Dieser Vers wurde so ausführlich kommentiert, dass wir hier seine Bedeutung nur andeuten können.

2 In seinem *Spanda Sandoha*, einem ausführlichen Kommentar allein des ersten Verses.

sind und die das Entfaltete wieder in seinen Ursprung zurückführen. Die göttliche Energie besitzt ja immer diese doppelte Funktion, die der Manifestation und der Absorption, der Veräußerlichung und der Verinnerlichung. Auf der körperlich-psychischen Ebene tritt der Geist durch die Sinnesorgane nach außen und trifft auf die Objekte, deren Eindruck er wieder nach innen nimmt. Der natürliche Mensch wird durch die Sinne zentrifugal nach außen gezogen; doch der Yogi oder geistig Geübte benutzt die Sinne, nicht um sich nach außen zu zerstreuen und seine Mitte zu verlieren, sondern um durch jede Erfahrung zur Quelle der Erfahrung zu gelangen, dem Herrn, dem Herzen, der Mitte des Rades. Die Kontemplation dieses »Rades der Energien«, die unsere Hymne vorschreibt, ist also ein Mittel, um durch alle Zustände, alle Sinneseindrücke vorzudringen bis zu Śiva, deren Mitte, der auch oft der »Herr des Rades« genannt wird (*cakreśvara*). Im Gegensatz zu dem natürlichen Menschen, der bewusstlos seinen Sinneseindrücken folgt, besitzt der Yogi eine verfeinerte Aufmerksamkeit und bleibt sich bei allen Erfahrungen der Gesamtheit des »Rades« bewusst. Die Speichen des Rades sind für ihn die Strahlen seiner eigenen Herrlichkeit, die der Schwingung (*spanda*) des göttlichen Zentrums entspringen. Abhinavagupta selbst sagt im *Tantrāloka*: »Man konzentriere sich auf das in Bewegung befindliche große Rad als die dynamische Manifestation[1] des Selbst« (TĀ V.33).

Die vorliegende Hymne offenbart nun eine alte tantrische Praxis, die nicht auf die Unterdrückung der Sinne, sondern auf deren Verwandlung abzielt, eine Verwandlung, die durch ihre Vergöttlichung geschieht. Diese Vorstellung ist nicht neu, denn schon in den Upaniṣaden wurden die Sinnesorgane als Gottheiten bezeichnet; doch erhält sie im Kontext des Tantrismus eine etwas andere Färbung. Den Hintergrund bildet

[1] Das Verb *ucchalat* bezeichnet ein lebendiges, sprühendes Aufspringen. Die Bedeutung ist die, dass auch das äußere, bewegliche Rad der Sinne der Quelle des Selbst entspringt und daher das Selbst offenbart.

der Kult, den man für die Gottheit ausübt, indem man ihr Blumen, Lichter, Weihrauch und dergleichen opfert, begleitet von der Rezitation der entsprechenden Mantras. Dieser äußere Kult der verschiedenen Gottheiten wird hier verinnerlicht. Anstatt den Kult in einem Tempel zu verrichten, dient der menschliche Körper mit seinen geistigen und sinnlichen Organen als Tempel, und dieser Tempel des Leibes wird in der Form einer achtblättrigen Lotosblüte vorgestellt. Der Leib ist Tempel und Maṇḍala,[1] der eigentliche ›Ort‹ des Göttlichen. Der Kult, der für diese Gottheiten ausgeübt wird, besteht in den gewöhnlichen Tätigkeiten unserer Sinne, mit dem einzigen Unterschied, dass sich der Ausübende dabei des Zentrums dieses Lotos bzw. Rades bewusst bleibt und alle Sinnestätigkeiten dorthin zurückführt.

Die Hymne beginnt mit dem Preis der Gottheiten, die mit dem Aus- und Einatmen (*prāṇa* und *apāna*)[2] identifiziert werden: Gaṇapati oder Gaṇeśa, mit dessen Anrufung jeder Ritus und jede Tätigkeit beginnt, ist die Verkörperung der Atemenergie als Aushauch (*prāṇatanu*), ebenfalls der Beginn des verkörperten Lebens. Jeder philosophische oder religiöse Text beginnt mit einer Anrufung des »Herrn der Heerscharen«, Gaṇapati, der die Hindernisse aus dem Weg räumen soll (Vers 1). Der Sohn Śivas, Vaṭuka, der die Leiden seiner Verehrer beseitigt, wird im zweiten Vers angerufen als Einatmen (*apāna*). Nach dieser Anrufung wendet sich die Kontemplation dem Herzen zu, in dem Ānanda Bhairava thront, der »Herr der Seligkeit«. Der dritte und der letzte Vers enthalten das Geheimnis der ganzen Hymne: Die Gottheiten der Sinne verehren ständig den Herrn im Innern des Herzenslotos durch die Hingabe ihrer Sinneserfahrungen, die im Folgenden einzeln aufgezählt werden.

---

1 Der heilige Kreis, das sakrale Diagramm, das in Ritus und Meditation verwendet wird und wie in einem Mikrokosmos die verschiedenen Gottheiten enthält.

2 Im Unterschied zu den Texten des Haṭhayoga bezieht sich im śivaitischen Yoga *prāṇa* auf das Aus- und *apāna* auf das Einatmen.

Die hier beschriebene Erfahrung ist aber nur möglich durch die Hilfe des wahren Meisters (*sadguru*), der in Vers 4 verehrt wird; denn es ist seiner spirituellen Kraft (*dhībala*) und seiner gesammelten Aufmerksamkeit (*avadhāna*) zu verdanken, dass das Universum, und somit alle Gegenstände der Sinneserfahrung, zum Weg wird, der zu Gott führt (*śivapatha*). Es ist die Transparenz (*amala*) des Meisters, die das Universum transparent werden lässt (*bhāti*) für die Liebenden (*bhakta*, »die Frommen, Gott Hingegebenen«). Der Vers hat eine doppelte Bedeutung, er kann auch so verstanden werden, dass die Aufmerksamkeit selbst der wahre Meister ist – denn auch der verkörperte Guru ist nur Instrument und der Schüler selbst muss es nachvollziehen. Im einen oder anderen Sinn bedeutet der Vers, dass die Hingabe an die geistige Kraft des Guru bzw. an die unerschütterliche Aufmerksamkeit für diese neue Schau notwendig ist.

Der Herr, Ānanda Bhairava, ist untrennbar verbunden mit seiner Śakti, Ānanda Bhairavī, die in Vers 5 gepriesen wird als diejenige, die das ganze Spiel des Universums hervorbringt. Eine wichtige philosophische Aussage ist in den beiden Versen enthalten, die Śiva und Śakti preisen (Vers 3 und 5): Śiva (Ānanda Bhairava) besitzt die Natur des reinen Geistes (*cinmaya*), und seine Energie (Ānanda Bhairavī) ist die Form der Selbsterkenntnis (*vimarśa*); dieses metaphysische Paar macht, wie wir gesehen haben, die innere Dynamik des Absoluten aus. Ein monistisches Absolutes, das nur reiner Geist wäre (wie eine gewisse Vorstellung des Brahman im Vedānta), würde die Sinneswelt nicht ein-, sondern ausschließen. Die Einbeziehung des Universums, der Sinne und aller damit verbundenen Erfahrungen ist nur möglich in dem dynamischen Spiel zwischen Geist und Selbsterkenntnis (*prakāśa – vimarśa*), zwischen Gott und seiner Energie.

Nach der Verehrung der im Herzen, im Zentrum des Lotos weilenden Gottheit (Bhairava-Bhairavī) werden nun die menschlichen Organe aufgezählt und mit göttlichen Energien identifiziert und ihre je eigene Tätigkeit wird betrachtet als eine Darbringung an den Herrn. Es handelt sich dabei um die fünf Sinnesorgane, um das Denkorgan (*manas*), den Ich-Sinn (*ahaṃkāra*) und die Vernunft (*buddhi*, der Intellekt), die auf die acht Blütenblätter des Lotos verteilt sind. Auf diese Weise bringt der Meditierende alle »Blumen« dar, die er im Universum und in seinem eigenen Geist findet.

1. Im Osten thront die Göttin Brahmāṇī als Vernunft (*buddhi*) und sie bringt die Blumen der Gewissheit dar (die Funktion der Vernunft ist Unterscheidung oder Entscheidung) (Vers 6).

2. Im Südosten thront Śāmbhavī, identifiziert mit dem Ich-Sinn (*ahaṃkāra*), und sie opfert ihrem Herrn die Blumen ihres Stolzes oder Egoismus (Vers 7).

3. Im Süden, der Himmelsrichtung des Todesgottes Yama, thront die jungfräuliche Göttin Kaumārī in der Gestalt des Denkorgans (*manas*), die dem Herrn die Blumen der Gedanken darbringt (Vers 8).

4. Im Südwesten, der Himmelsrichtung der Göttin der Zerstörung (Nirṛti), thront die Energie Vaiṣṇavī in der Form des Sprachorgans oder der Stimme (*śabda*), die dem Herrn die Blumen der Worte darbringt (Vers 9).

5. Im Westen, dem Bereich Varuṇas, weilt Vārāhī, in Gestalt des Tastsinnes, die dem Herrn Blumen der angenehmen Berührung darbringt (Vers 10).

6. Im Nordwesten, der Himmelsrichtung des Windgottes Vāyu, weilt Indrāṇī, die Göttin des Auges[1] oder der Sehkraft, und verehrt den Herrn mit Blumen in den schönsten Farben (Vers 11).

7. Im Norden, dem Bereich von Kubera,[2] thront die schreckliche Göttin Cāmuṇḍā, Verkörperung der Zunge oder des Geschmackssinnes, die dem Herrn die verschieden schmeckenden Speisen darbringt (Vers 12).

---

[1] Diese Vorstellung geht auf den Veda zurück, und es gibt ikonographische Darstellungen dieser Göttin, deren ganzer Körper mit Augen übersät ist, zum Beispiel Indrāṇī aus der Guptazeit (6. Jh.) im Museum Bharat Kala Bhavan in Varanasi.

[2] Gott des Reichtums, Dhanapati.

8. Im Nordosten thront die Göttin des Glücks und der Schönheit, Lakṣmī, in Gestalt des Geruchssinnes, die dem Herrn die feinsten Düfte darbringt (Vers 13).

Doch der Herr des Leibes (*kṣetrapati*)[1] ist das innerste Selbst (*ātman*), das von allen Prinzipien der Wirklichkeit (den 36 *tattvas* der śivaitischen Kosmologie) umgeben ist. Die Sinne, einschließlich der geistigen Fähigkeiten wie Denken, Ich und Vernunft, sind geordnet auf ihre Mitte, das Selbst, das allein zur Vollkommenheit führt (Vers 14).

Im letzten Vers fasst Abhinavagupta den Sinn der ganzen Hymne zusammen: Der Meditierende befindet sich im Innern dieses Lotos und verneigt sich vor den Gottheiten seiner eigenen Sinne, die ihm durch ihre Erfahrungen die Essenz der Erfahrung vermitteln. »Schließlich gibt es kein einziges Organ mehr, das nicht ›verwirklicht‹ hat: Der Mensch ist von Kopf bis Fuß von Energie durchdrungen, was im Trika mit dem Begriff *dehavyāpti* wiedergegeben wird. Sobald die Schwingung das Selbst ergreift (*ātmavyāpti*), wird der Yogi zum ›Herrn des Rades‹ (*cakravartin*).«[2] Diese »Essenz der Erfahrung« ist die Seligkeit, die aus der verwandelten, vergöttlichten Sinnesfreude entspringt, als Teilhabe an der Fülle der göttlichen Dynamik.

Gott setzt das Rad der Energien durch sein Spiel in Bewegung, er ist das Ich in seiner reinsten Form, der Lenker des großen Rades der Energien. (*Paramārthasāra*, Vers 47)

Text und Transkription

देहस्थदेवताचक्रस्तोत्रम्
Dehasthadevatācakrastotra

[1] Wörtlich »der Herr des Feldes« (*kṣetra*), denn der Körper wird oft mit einem Feld verglichen.

[2] L. Silburn, *Hymnes de Abhinavagupta*, S. 95.

असुरसुरवृन्दवन्दितमभिमतवरवितरणे निरतम् ।
दर्शनशताग्र्यपूज्यं प्राणतनुं गणपतिं वन्दे ॥१॥

asurasuravṛndavanditamabhimatavaravitaraṇe niratam |
darśanaśatāgryapūjyaṃ prāṇatanuṃ gaṇapatiṃ vande || 1

वरवीरयोगिनीगणसिद्धावलिपूजितांघ्रियुगलम् ।
अपहृतविनयिजनार्तिं वटुकमपानाभिधं वन्दे ॥२॥

varavīrayoginīgaṇasiddhāvalipūjitāṃghriyugalam |
apahṛtavinayijanārtiṃ vaṭukamapānābhidhaṃ vande || 2

आत्मीयविषयभोगैरिन्द्रियदेव्यः सदा हृदम्भोजे ।
अभिपूजयन्ति यं तं चिन्मयमानन्दभैरवं वन्दे ॥३॥

ātmīyaviṣayabhogairindriyadevyaḥ sadā hṛdambhoje |
abhipūjayanti yaṃ taṃ cinmayamānandabhairavaṃ vande || 3

यद्धीबलेन विश्वं भक्तानां शिवपथं भाति ।
तमहमवधानरूपं सद्गुरुममलं सदा वन्दे ॥४॥

yaddhībalena viśvaṃ bhaktānāṃ śivapathaṃ bhāti |
tamahamavadhānarūpaṃ sadgurumamalaṃ sadā vande || 4

उदयावभासचर्वणलीलां विश्वस्य या करोत्यनिशम् ।
आनन्दभैरवीं तां विमर्शरूपामहं वन्दे ॥५॥

udayāvabhāsacarvaṇalīlāṃ viśvasya yā karotyaniśam |
ānandabhairavīṃ tāṃ vimarśarūpāmahaṃ vande || 5

अर्चयति भैरवं या निश्चयकुसुमैः सुरेशपत्रस्था ।
प्रणमामि बुद्धिरूपां ब्रह्माणीं तामहं सततम् ॥६॥

arcayati bhairavaṃ yā niścayakusumaiḥ sureśapatrasthā |
praṇamāmi buddhirūpāṃ brahmāṇīṃ tāmahaṃ satatam || 6

कुरुते भैरवपूजामनलदलस्थाऽभिमानकुसुमैर्या ।
नित्यमहंकृतिरूपां वन्दे तां शाम्भवीमम्बाम् ॥७॥

kurute bhairavapūjāmanaladalasthā'bhimānakusumairyā |
nityamahaṃkṛtirūpāṃ vande tāṃ śāmbhavīmambām || 7

विदधाति भैरवार्चां दक्षिणदलगा विकल्पकुसुमैर्या ।
नित्यं मनः स्वरूपां कौमारीं तामहं वन्दे ॥८॥

vidadhāti bhairavārcāṃ dakṣiṇadalagā vikalpakusumairyā |
nityaṃ manaḥ svarūpāṃ kaumārīṃ tāmahaṃ vande || 8

नैऋतदलगा भैरवमर्चयते शब्दकुसुमैर्या ।
प्रणमामि शब्दरूपां नित्यं तां वैष्णवीं शक्तिम् ॥९॥
nairtadalagā bhairavamarcayate śabdakusumairyā |
praṇamāmi śabdarūpāṃ nityaṃ tāṃ vaiṣṇavīṃ śaktim || 9

पश्चिमदिग्दलसंस्था हृदयहरैः स्पर्शकुसुमैर्या ।
तोषयति भैरवं तां त्वग्रूपधरां नमामि वाराहीम् ॥१०॥
paścimadigdalasaṃsthā hṛdayaharaiḥ sparśakusumairyā |
toṣayati bhairavaṃ tāṃ tvagrūūpadharāṃ namāmi vārāhīm || 10

वरतररूपविशेषैर्मारुतदिग्दलनिषण्णदेहा या ।
पूजयति भैरवं तामिन्द्राणीं दृक्तनुं वन्दे ॥११॥
varatararūpaviśeṣairmārutadigdalaniṣaṇṇadehā yā |
pūjayati bhairavaṃ tāmindrāṇīṃ dṛktanuṃ vande || 11

धनपतिकिसलयनिलया या नित्यं विविधषड्रसाहारैः ।
पूजयति भैरवं तां जिह्वाभिख्यां नमामि चामुण्डाम् ॥१२॥
dhanapatikisalayanilayā yā nityaṃ vividhaṣaḍrasāhāraiḥ |
pūjayati bhairavaṃ tāṃ jihvābhikhyāṃ namāmi cāmuṇḍām || 12

ईशदलस्था भैरवमर्चयते परिमलैर्विचित्रैर्या ।
प्रणमामि सर्वदा तां घ्राणाभिख्यां महालक्ष्मीम् ॥१३॥
īśadalasthā bhairavamarcayate parimalairvicitrairyā |
praṇamāmi sarvadā tāṃ ghrāṇābhikhyāṃ mahālakṣmīm || 13

षड्दर्शनेषु पूज्यं षट्त्रिंशत्तत्त्वसंवलितम् ।
आत्माभिख्यं सततं क्षेत्रपतिं सिद्धिदं वन्दे ॥१४॥
ṣaḍdarśaneṣu pūjyaṃ ṣaṭtriṃśattattvasaṃvalitam |
ātmābhikhyaṃ satataṃ kṣetrapatiṃ siddhidaṃ vande || 14

संस्फुरदनुभवसारं सर्वान्तः सततसन्निहितम् ।
नौमि सदोदितमित्थं निजदेहगदेवताचक्रम् ॥१५॥
saṃsphuradanubhavasāraṃ sarvāntaḥ satatasannihitam |
naumi sadoditamitthaṃ nijadehagadevatācakram || 15

Übersetzung

1. Ich preise den Herrn der Heere (Gaṇapati), dessen Leib der Atem ist,
der zu Beginn von Hunderten philosophischer Schriften verehrt wird,
dem es gefällt, die gewünschten Gnaden zu gewähren,
und der von der Schar guter und böser Geister gepriesen wird.

2. Ich preise Vaṭuka, der mit dem Aushauch eins ist,
der die Bedrängnisse seiner Anbeter beseitigt,
dessen Lotosfüße von einer Reihe vorzüglicher Helden,
von der Gemeinschaft der Yoginīs und der Vollkommenen verehrt wird.

3. Ich preise Bhairava voller Seligkeit, Geist ist sein Wesen,
der von den Gottheiten der Sinne
immer im Lotos des Herzens verehrt wird
mit den (Opfergaben der) Sinnesfreuden an ihren eigenen Gegenständen.

4. Ich preise immerdar den reinen, wahren Meister,
dessen Wesen gesammelte Aufmerksamkeit ist
und durch dessen geistige Kraft das Universum
für die Gottliebenden als der Weg Śivas leuchtet.

5. Ich preise Bhairavī voller Seligkeit, ihr Wesen ist Selbsterkennen,
die sich ständig am Spiel des Aufgehens,
der Erscheinung und des Untergangs
des Universums erfreut.

6. Ich verneige mich immer wieder vor Brahmāṇī
in der Gestalt der Vernunft,
die auf dem östlichen Blütenblatt ruht
und Bhairava verehrt mit den Blumen der
Gewissheit.

7. Ich preise ständig die Mutter Śāmbhavī
in der Form des Ich,
die auf dem südöstlichen Blütenblatt ruht
und die mit den Blüten des Stolzes
Bhairava verehrt.

8. Ich preise immerdar Kaumārī
vom Wesen des Gedankens,
die auf dem südlichen Blütenblatt ruht
und den Kult Bhairavas ausübt
mit den Blumen der Gedanken.

9. Ich verneige mich immer vor der Energie Vaiṣṇavī
in der Gestalt der Sprache,
die auf dem südwestlichen Blütenblatt ruht
und Bhairava mit den Blumen der Worte verehrt.

10. Ich verehre Vārāhī in der Gestalt der Haut,
die auf dem westlichen Blütenblatt ruht
und Bhairava erfreut
mit den Blumen der Berührung, die das Herz
ergreifen.

11. Ich preise Indrāṇī, Verkörperung des Auges,
die auf dem nordwestlichen Blütenblatt ruht
und Bhairava verehrt (mit Blumen)
in vielfältigen Farben.

12. Ich verneige mich vor Cāmuṇḍā, genannt »Zunge«,
ruhend auf dem nördlichen Blütenblatt,
die Bhairava ständig einen Kult darbringt

mit den verschiedenen Nahrungen von sechsfachem
Geschmack.[1]

13. Ich verneige mich immerdar vor Mahālakṣmī,
genannt »Geruch«,
ruhend auf dem nordöstlichen Blütenblatt,
die Bhairava verehrt mit mannigfaltigen
Wohlgerüchen.

14. Ich preise unentwegt den Herrn des Leibes,
genannt »Selbst«, der Vollkommenheit verleiht,
der in allen sechs philosophischen Systemen verehrt
wird
und mit den sechsunddreißig Prinzipien verbunden ist.

15. Allem innerlich, verneige ich mich
vor dem Kreis der Gottheiten,
die im eigenen Leib immer gegenwärtig sind
als leuchtende, immer nahe Essenz der Erfahrung.

---

[1] Die sechs Geschmacksarten sind nach der indischen Medizin: süß, sauer, salzig, scharf, bitter und herb.

Abb. 6: Śakti Devī, die Göttin, 700 n. Chr., Chamba Himachal Pradesh (Nordindien)

DIE GÖTTIN DES BEWUSSTSEINS: HYMNEN-FRAGMENTE

Einführung

Abhinavagupta hat zweifellos weit mehr Hymnen verfasst, als uns vollständig überliefert sind. Einige Fragmente der verlorenen Stotras finden sich in seinen eigenen Werken verstreut. In seinem Kommentar zur *Bhagavad-Gītā* (*Gītārthasaṃgraha*) zitiert er einige Verse, die es wert sind, in diese Sammlung aufgenommen zu werden.[1]

1. Fragment: Das Feuer der Erleuchtung

Einführung

Der Kontext, in dem dieses Fragment vorkommt, ist ein Vers der *Bhagavad-Gītā*, der den »höchsten Yoga« (*yogam uttamam*) als totale Hingabe an den Herrn beschreibt (XII.8). Für Abhinavagupta ist dies der Anlass, den Zustand der Erleuchtung (*bodha*) und der spontanen Vereinigung mit Gott (*yoga* im Kontext der *Gītā*, *samāveśa* im Śivaismus) zu beschreiben.

Wie in den meisten Hymnen geht der Autor hier von der höchsten mystischen Ebene aus, dem Bereich von *anupāya*, in dem alle Übungen des Yoga nutzlos sind. Am Anfang begründet er eigentlich, warum kein Mittel, keine Übung angemessen sein kann, um den Zustand der Erleuchtung zu erlangen; denn eine Erkenntnis oder Erleuchtung, die das Resultat

[1] Entnommen dem Kommentar zu BhG XII.8 und XV.19. Die Verse, die im Kommentar zu BhG IV.26 und XII.11 vorkommen, wurden hier wegen ihrer Fragmenthaftigkeit nicht aufgenommen.

von Übungen ist, kann nicht das reine Bewusstsein sein, das von nichts abhängig, immer gegenwärtig und daher nicht verursacht ist. Der Ausdruck, den Abhinavagupta mit Vorliebe verwendet, ist *nityodita*, wörtlich »immer aufgegangen«, wie eine Sonne, die nie untergegangen ist. Das reine Bewusstsein, der Geist, wird ferner als *svarasa-vāhinī* beschrieben, eine dynamische Eigenschaft der Nichtdualität, die bedeutet, dass seine Seligkeit aus ihrer eigenen Kraft strömt.

Der zweite Vers besagt, dass dieses Feuer der Erleuchtung »ohne Brennstoff« leuchtet. Dieser Ausdruck wird oft in den Upaniṣaden und in der Literatur des Yoga verwendet, um zu besagen, dass nichts Kreatürliches, nichts von den psychophysischen Eindrücken übrig bleibt, dass diese Flamme der Erleuchtung rein aus sich selbst leuchtet. Hier bedeutet das »Brennholz« aber die Übungen, die menschliche Anstrengung, um in diesen Zustand zu kommen. All das ist unnötig, wenn die Erleuchtung spontan und gnadenhaft geschieht.

Die körperlichen Begleiterscheinungen können ein befreiender Tränenausbruch, eine Erschütterung oder andere sein – und dies geschieht unwillkürlich, weil die Erleuchtung die gesamte Person erfasst, erschüttert und verwandelt. Der Körper ist nicht ein Hindernis, sondern ein Instrument der Erleuchtung, und doch wird diese in einem Augenblick der Verinnerlichung wie vom Körper losgelöst erfahren.

Die Göttin, deren Gestalt sich hier offenbart, ist keine andere als die reine Energie des Geistes, die vom Herrn nicht verschieden ist.

Diese wenigen Verse leuchten von einer Intensität, die nur aus der Erfahrung des Mystikers kommen kann.

Text und Transkription

विशिष्टकरणासनस्थितिसमाधिसंभावना-
विभाविततया यदा कमपि बोधमुल्लासयेत् ।
न सा तव सदोदिता स्वरसवाहिनी या चिति-
यतस्त्रितयसंनिधौ स्फुटमिहापि संवेद्यते ॥ १ ॥

viśiṣṭakaraṇāsanasthitisamādhisaṃbhāvanā-
vibhāvitatayā yadā kamapi bodhamullāsayet |
na sā tava sadoditā svarasavāhinī yā citi-
yatastritayasaṃnidhau sphuṭamihāpi saṃvedyate || 1

यदा तु विगतेन्धनः स्ववशवर्तितां संश्रय-
न्नकृत्रिमसमुल्लसत्पुलककम्पबाष्पानुगः ।
शरीरनिरपेक्षतां स्फुटमुपाददानश्चितः
स्वयं झगिति बुध्यते युगपदेव बोधानलः ॥ २ ॥

yadā tu vigatendhanaḥ svavaśavartitāṃ saṃśraya-
nnakṛtrimasamullasatpulakakampabāṣpānugaḥ |
śarīranirapekṣatāṃ sphuṭamupādadānaścitaḥ
svayaṃ jhagiti budhyate yugapadeva bodhānalaḥ || 2

तदैव तव देवि तद्वपुरुषाश्रयैर्वर्जितं
महेशमवबुध्यते विवशपाशसंक्षोभकम् ॥ ३ ॥

tadaiva tava devi tadvapuruṣāśrayairvarjitaṃ
maheśamavabudhyate vivaśapāśasaṃkṣobhakam || 3

Übersetzung

1. O Göttin! Selbst wenn eine Einsicht aufleuchtet,
bewirkt durch besondere Übungen, Sitzhaltungen,
Selbstkontrolle und Versenkung,
so ist dies doch nicht das reine Bewusstsein, das immer
aufgegangen ist,
in der Seligkeit des eigenen Wesens strömend,
denn dieses wird in allen drei Zuständen – Wachen,
Traum und Schlaf – klar erkannt.

2. Wenn das ohne Brennholz lodernde Feuer der
Erleuchtung
wie von selbst plötzlich und mit einem Mal erkannt wird,
ruhend in seiner eigenen Natur,
so sprüht es spontan auf, begleitet vom Sträuben der
Haare,

Erschütterung und Tränen der Freude.
Das Bewusstsein wird dabei wie vom Körper befreit erfahren
wenn es in die Versenkung eingeht.

3. O Göttin! In demselben Augenblick
wird deine wahre Gestalt offenbar,
frei von allen Stützen,
und der große Herr wird erkannt,

2. Fragment: Von der unzertrennlichen Einheit von Śiva und Śakti

Einführung

Dieses Hymnenfragment, das ebenfalls in Abhinavaguptas Kommentar zur *Bhagavad-Gītā* erscheint (XV.19), entstammt einer sicher längeren Hymne, die der Autor selbst als *Śivaśaktyavinābhāva Stotra* bezeichnet, das heißt die Hymne, die die unzertrennliche Einheit von Śiva und Śakti, dem Gott und seiner Energie, zum Inhalt hat. Das erhaltene Fragment richtet sich aber an die Göttin (Ambikā, wörtlich »die Mutter«). Der Kontext des kommentierten Verses der *Bhagavad-Gītā* ist bedeutungsvoll:

Wer Mich ohne Verwirrung erkennt
als den höchsten Geist (Puruṣottama),
der wird allwissend, o Bharata,
und in allen Zuständen hat er Anteil an Mir.
(BhG XV.19)

»Hat er Anteil an Mir« (*bhajati*) bedeutet auch »verehrt er mich«, nach der Etymologie des Wortes *bhakti*.

Abhinavagupta zitiert seine eigene Hymne, um das »in allen Zuständen« zu illustrieren. Die wahre Verehrung, das wahre Lob besteht nicht in einem isolierten, zeitlich begrenzten Akt, sondern in einer das ganze Leben umfassenden Haltung. Die Grundlage dieser Haltung besteht darin, in allen Dingen, ob sie in der Vorstellung oder in der äußeren Welt existieren, die Gestaltwerdung der göttlichen Energie zu sehen. Dieselbe Energie enthält in sich alle Wörter, die Sprache in ihrer höchsten Form (*parā*, das transzendente Wort) – und deshalb ist im Grunde jedes Wort, das vom Menschen ausgesprochen wird, sind auch die banalen, alltäglichen Wörter nichts als ein Preis der Göttin. Denn ist nicht die Gabe der Sprache selbst eine Teilhabe an der göttlichen Energie des Wortes?

Text und Transkription

तव च काचन न स्तुतिरम्बिके
सकलशब्दमयी किल ते तनुः ।
निखिलमूर्तिषु मे भवदन्वयो
मनसिजासु बहिष्प्रसरासु च ॥

tava ca kācana na stutirambike
sakalaśabdamayī kila te tanuḥ |
nikhilamūrtiṣu me bhavadanvayo
manasijāsu bahiṣprasarāsu ca ||

इति विचिन्त्य शिवे शमिताशिवे
जगति जातमयत्नवशादिदम् ।
स्तुतिजपार्चनचिन्तनवर्जिता
न खलु काचन काल कलापि मे ॥

iti vicintya śive śamitāśive
jagati jātamayatnavaśādidam |
stutijapārcanacintanavarjitā
na khalu kācana kāla kalāpi me ||

Übersetzung

O Mutter! Wer singt nicht Dein Lob,
da doch Dein Leib aus allen Wörtern besteht?
In allen Formen, gedanklichen
oder äußeren Dingen,
finde ich meine Verbindung mit Dir.

Wenn ich so denke,
o Gnadenvolle,
die alles Unheil
zum Frieden bringt,
so gibt es in dieser Welt
keinen Augenblick,
der nicht spontan erfüllt wäre
von Deinem Lob,
von Gebet und Verehrung
und Meditation über Dich.

ZUR TRANSKRIPTION UND AUSSPRACHE DER SANSKRIT-WÖRTER

Die Wiedergabe von Sanskrit-Wörtern folgt der in der Indologie üblichen Transkription.

Die Vokale *ā*, *ī*, *ū* (mit Längungsstrich) werden gedehnt ausgesprochen, *e* und *o* sind immer lang, *ṛ* ist vokalisches *r*, das wie *ri* ausgesprochen wird (z. B. *hṛdaya* wie *hridaya*). *c* wird wie *tsch*, *j* wie *dsch*, *ś* und *ṣ* werden wie deutsches *sch* gesprochen (z. B. Śiva wie Schiva), *y* ist wie deutsches *j*, *v* wie *w* zu sprechen. *jñ* wird wie italienisch *gn* ausgesprochen (z. B. *jñāna* wie *gnyāna*). *ṃ* deutet die Nasalierung des vorhergehenden Vokals an, *ḥ* ist ein leichter Nachhauch am Ende eines Wortes. Ein auf einen Konsonanten folgendes *h* wird als deutlich hörbare Aspiration gesprochen (z. B. *bhakti* wie deutsch »abholen«).

Betont werden jeweils die langen Silben (Länge bedeutet entweder langen Vokal oder von Doppelkonsonant gefolgter kurzer Vokal).

GLOSSAR

abheda: Ununterschiedenheit, Einheit, Identität, Lehre des Nichtdualismus oder Monismus.

Advaita: Nichtdualität, Lehre von der letzten Einheit von Seele und Gott.

Āgama: heilige Überlieferung, heilige Schriften des Śivaismus, die als von Śiva geoffenbart gelten, auch Tantra genannt.

aham: »ich«, absolutes Subjekt; das Wort setzt sich zusammen aus *a* und *ha*, dem ersten und dem letzten Buchstaben des Sanskrit-Alphabets, mit Nasalisierung.

ahaṃkāra: Ego, Ich-Sinn.

ajñāna: Nichtwissen, Verblendung, Unkenntnis des eigenen Wesens; *bauddha ajñāna*: geistiges Nichtwissen; *pauruṣa ajñāna*: Unkenntnis des eigenen Selbst.

ālayavijñāna: buddhistische Lehre vom Bewusstsein als ›Behälter‹ der psychischen Eindrücke.

amṛta: Unsterblichkeit; Nektar.

ānanda: Freude, Seligkeit.

āṇava (upāya): individueller Weg; einer der vier Heilswege.

aṇu: wörtl. Atom, Individuum; die Seele als von Gott getrennt; eines der drei Prinzipien des Trika.

anubhava: Erfahrung, mystische Erfahrung.

anugraha: Gnade, Gunst, Barmherzigkeit; eine der fünf Tätigkeiten Śivas, durch die er die Seelen befreit.

anupāya: Unvermitteltheit, wegloser Weg; die höchste Stufe der vier Heilswege (*upāya*).

anusandhāna: Weise der Meditation als ständige Aufmerksamkeit, intensive Achtsamkeit, verinnerlichter Nachvollzug, Sammlung.

anuttara: wörtlich »ohne ein Höheres«, die höchste, unübertreffliche, transzendente Wirklichkeit, das Absolute.

apāna: Einatmen; eine der fünf Atemfunktionen.

aparā: die niedere, immanente Energie.

Ardhanārīśvara: »der Herr, der halb Mann und halb Frau ist«; androgyne Form Śivas.

atimārga: transzendenter Weg, auch im Sinn der Transgression gesellschaftlicher Normen; Bezeichnung für bestimmte śivaitische

Schulen, die sich durch extreme Askese und andere ausgefallene Praktiken auszeichnen.

ātman: Selbst, innerstes Wesen.

āveśa: Eindringen, Durchdrungensein, Erfüllt- oder Besessensein von der göttlichen Wirklichkeit.

Bhairava: »der Furchtbare«, Name Śivas in seinem Aspekt als *mysterium tremendum*; im kaschmirischen Śivaismus Bezeichnung des Absoluten, des transzendenten Gottes schlechthin.

Bhairavī: die Energie des Gottes Bhairava.

bhairavīmudrā/bhairavamudrā: mystische Haltung, die Innen und Außen in eins »versiegelt« (vgl. *mudrā*).

bhakta: der Gottliebende, Anbeter, Verehrer.

Bhakti: Gottesliebe, Hingabe; Religion der liebenden Verehrung Gottes.

bhāva: Seinszustand, psychischer Zustand, Emotion, Gefühl.

bhāvanā: Kontemplation, vorstellende Betrachtung, Meditation, die sich mit dem Gegenstand der Meditation identifiziert.

bheda: Unterschiedenheit, Trennung, Differenzierung, Dualität.

bhedābheda: Einheit-in-Unterschiedenheit; Lehre, die Monismus und Dualismus verbindet.

bhoga, *bhukti*: Genuss, Erfahrung, weltliche und geistige Freuden.

bīja: Same, Keim; einsilbige Mantras (*bīja-mantra*); in der Sprachspekulation die Vokale.

bodha: Erleuchtung, Erkenntnis.

bodhisattva: im Mahāyāna-Buddhismus der zukünftige Buddha, der sein Leben für die Befreiung anderer Lebewesen hingibt.

brahmacārin: zölibatärer Mönch.

Brahman: das Absolute (in Upaniṣaden und Vedānta).

buddhi: Vernunft, Intellekt, Einsicht, höchstes Organ der Erkenntnis.

caitanya: absolutes Bewusstsein, Geistigkeit.

cakra: Rad, Kreis; dynamische Zentren im subtilen Körper, die beim Aufsteigen der Energie der Kuṇḍalinī geweckt werden.

camatkāra: Staunen, Wunder, Wundermacht (im Kontext des Yoga oder der ästhetischen Erfahrung).

carya: Wandel, religiöse Vorschriften des Lebenswandels.

cit: Geist; reines, absolutes Bewusstsein.

cit-śakti: Energie des Geistes.

cittaviśrānti: das Ruhen des Denkens (individueller Weg); *cittasambodha*: das Erwachen des Denkens (Weg der Energie); *cittapralaya*: die Auflösung des Denkens (göttlicher Weg).

Dakṣiṇāmūrti: eine Gestalt Śivas, der als junger Meister die Weisen im Schweigen belehrt.

Darśana: Schau, Vision, Anschauung; Weltanschauung, philosophisches System; Anblick eines Gottesbildes oder eines Heiligen.

deha: Körper, Leib.

dhāraṇā: Konzentration, eine der Stufen des Yoga.

dhvani: Ton, Laut, Resonanz; in der Poetik Lehre von der poetischen Andeutung oder Suggestion.

dhyāna: Meditation, Innenschau; innere Visualisierung einer göttlichen Gestalt.

dīkṣā: Initiation, Einweihung durch einen Guru, die verschiedene Arten und Stufen enthält; sie kann mithilfe eines ausführlichen Rituals geschehen oder durch eine einfache Geste oder ein Wort des Guru.

dvādaśānta: »das zwölf Finger lange Ende«; Begriff der yogischen Atemübung, der die Punkte bezeichnet, an denen die Ein- bzw. Ausatmung endet, die als Konzentrationspunkte dienen. Der äußere *dvādaśānta* befindet sich außerhalb des Körpers, der innere im Herzen.

Gandharva: himmlische Musikanten.

ghūrṇi: mystische Trunkenheit; eines der fünf »Zeichen« des yogischen Weges.

Guru: Meister, Lehrer.

Hara: »der Wegraffer«, der alle Hindernisse beseitigt; Name Śivas.

homa: Feueropfer.

hṛdaya: Herz, Wesensmitte; eines der Zentren (*cakra*) des subtilen Körpers.

icchā: Wille, Impuls; eine der drei Hauptenergien Śivas.

īśāna: Herrschermacht, Herrlichkeit; symbolisiert durch den Vokal ī.

jaḍa: Materie; die ungeistige, bewusstlose Wirklichkeit.

jagadānanda: universale Freude, die Seligkeit, die das ganze Universum einschließt; höchste Stufe der Glückseligkeit.

japa: Gebet, Wiederholung eines Mantra oder Namens Gottes; es kann hörbar rezitiert oder nur innerlich wiederholt werden (vgl. das Jesusgebet der Hesychasten).

jīvanmukta: der zu Lebzeiten Erlöste, Vollkommene oder Heilige.

jñāna: Erkenntnis, Weisheit, Gnosis; *jñānaśakti*: eine der drei Hauptenergien Śivas.

Kālī: Göttin; in der Krama-Schule eine der göttlichen Energien (zwölf Kālīs), abgeleitet von *kāla*, »Zeit«.

Kaliyuga: das letzte der vier Weltzeitalter (*yuga*), in dem wir heute leben, das Zeitalter des Verfalls der Werte und der allgemeinen Degeneration.

kampa: Erschütterung, Erbeben; eines der fünf »Zeichen« des yogischen Weges.

kanda: Wurzel; eines der Zentren (*cakra*) des subtilen Körpers, an der Stelle der Genitalien.

Kāpālika: »die Schädeltragenden«; extreme Sekte des Śivaismus.

karaṇa: geistige Übungen, die die Sinnesorgane und Körperhaltungen einbeziehen; sie gehören zum individuellen Weg (*āṇava upāya*).

karma: Tun, Handlung, Werk, und die Folgen des Tuns in mehreren Leben.

Kaula: tantrische Schule, in der die Śakti eine zentrale Rolle spielt (vgl. Kula).

Kaulikī: eine Śakti, abgeleitet von *kula*, »Gesamtheit, Familie, Energie«.

khecarī: göttliche Energie, die sich im leeren Raum des Bewusstseins bewegt.

Krama: Fortschreiten, Prozess, Stufe; Name einer der mystischen Schulen des kaschmirischen Śivaismus, die ein stufenweises Aufsteigen der Seele durch die verschiedenen Phasen der Śakti vertritt.

kramamudrā: mystische Übung, die die Erfahrung des Innen und Außen verbindet und integriert.

kriyā: Tätigkeit, Aktivität, Ritual; *kriyāśakti*: die Energie der Aktivität; eine der drei Hauptenergien Śivas.

Kula: wörtl. »die Familie«, die Gesamtheit, Totalität, bezeichnet auch die göttliche Energie (*śakti*); Name einer der mystischen Schulen des kaschmirischen Śivaismus.

Kuṇḍalinī: »Schlangenenergie«, Śakti oder vitale Energie, die im menschlichen Körper ruht und durch spirituelle Übungen geweckt werden kann; dann richtet sie sich senkrecht auf, steigt von der Basis der Wirbelsäule durch alle Zentren (*cakras*) des subtilen Körpers auf bis zum Scheitel und darüber. Wenn diese Energie vollkommen erweckt ist, erlangt der Übende die Befreiung.

Lakulīśa: śivaitischer Heiliger und dessen Tradition.

līlā: Spiel; Ausdruck der göttlichen Freiheit.

Liṅga: Zeichen, Symbol; Symbol Śivas in Form eines kegelförmigen Steines, das in Tempeln, unter Bäumen usw. verehrt wird.

madhyamā: die mittlere Stufe in der Manifestation des Wortes (*vāc*), die gedankliche Ebene der Sprache, die dem Aussprechen vorausgeht.

madhyanāḍī: der mittlere Kanal im subtilen Körper; der mittlere Weg des Atems im Kontext des Kuṇḍalinī-Yoga.

Mahādeva: »großer Gott«; Name Śivas.

Mahākāla: »die große Zeit«, der Tod; Name Śivas.

mahāvyāpti: »große Durchdringung«, mystischer Zustand der Vereinigung.

mala: Befleckung, Unreinheit, Fehler oder Mangel, der der Seele anhaftet und wovon sie sich befreien muss.

manas: Denkorgan, Gemüt.

maṇḍala: heiliger Kreis, sakrales Diagramm, das den Kosmos symbolisiert und alle Götter enthält; grundlegend für das tantrische Ritual und die Meditation.

Mantra: sakrales Wort, mystische Gebetsformel, die bei der Initiation vom Guru gegeben wird als Mittel der Verbindung mit Gott. Einsilbige Mantras werden *bīja* genannt.

Mātṛkā: Mutter, Aspekt der Śakti; die Laute des Alphabets als Aspekte der Energie.

māyā: göttliche Schöpferkraft; Illusion, eines der 36 Prinzipien.

mokṣa: Befreiung, Erlösung.

Mṛtyuñjaya: »der Besieger des Todes«, Name Śivas.

mudrā: »Siegel, Prägung«; Geste, Handgeste in Ritual und Tanz, auch innere, mystische Haltung.

mūlādhāra: eines der Zentren (*cakra*) des subtilen Körpers an der Basis der Wirbelsäule.

mūrti: Gottesbild, Ikone.

nāda: Ton, Urlaut; *anāhata nāda*: der nicht angeschlagene Ton, mystische Erfahrung des inneren Tones.

Nara: Mensch; mit Śiva und Śakti das dritte Prinzip der śivaitischen Trinität (Trika), das die gesamte geschaffene, manifeste Wirklichkeit bezeichnet (vgl. auch *aṇu*).

Naṭarāja: »König des Tanzes«; eine der Gestalten Śivas, der in seinem kosmischen Tanz die Welt erschafft und wieder absorbiert.

nidrā: Schlaf, yogischer Schlaf; eines der fünf ›Zeichen‹ des yogischen Weges.

nirvikalpa: frei von Vorstellung und von der Unruhe der Gedanken; Zustand des *samādhi*.

nityodita: »immer aufgegangen«; die immer offenbare Natur Gottes und seine ständige Gegenwart.

niyama: innere Disziplinen des Yoga, die zweite Stufe des Patañjali-Yoga: Reinheit, Zufriedenheit, Askese, Studium und Hingabe an Gott.

ojas: Vitalkraft.
pañcakṛtya: die fünf kosmischen Tätigkeiten Śivas: Schöpfung, Erhaltung, Auflösung, Verhüllung und Gnade.
pañcamukha: Śiva, der mit fünf Gesichtern dargestellt wird, die seine universale Gegenwart symbolisieren.
Pāñcarātra: alte Schule des Viṣṇuismus.
Parā: die Höchste, Transzendente (Energie). *parā vāc*: die transzendente Ebene des Wortes.
parāmarśa/parāmarśana: Akt der Bewusstwerdung, Selbsterkenntnis, inneres Gewahrwerden; das Auftauchen der Laute als Bestandteile der Sprache aus dem göttlichen Bewusstsein.
paramārtha: das Absolute, die höchste Wirklichkeit.
Parameśvara: »höchster Herr«, Gott; Name Śivas.
Parāparā: die Transzendent-Immanente (Energie), die eine mittlere Stellung einnimmt zwischen der höchsten und der niederen Energie (vgl. Śakti).
Pārvatī: die Göttin, Tochter des Himalaya; Gemahlin Śivas.
pāśa: Bindung, Verbindung; eines der drei metaphysischen Prinzipien des Śaiva Siddhānta.
paśu: Tier; die individuelle, gebundene Seele.
Pāśupata: die Religion von Paśupati, dem »Herrn der Tiere«, das ist Śiva; streng asketische Schule des Śivaismus.
Paśupati: »Herr der Tiere«, d. h. der Seelen; Śiva als der ›gute Hirte‹.
paśyantī: das »sehende« Wort, die Sprache auf der Ebene der reinen Intuition, vor jeder Formulierung; eine der vier Stufen des Wortes.
prakāśa: Licht, Geistlicht, das absolute Licht des Bewusstseins, der Geist; Śiva selbst.
pramāṇa: Erkenntnismittel, Erkenntnis als Vermittlung zwischen Erkenner und Erkanntem.
pramātṛ: erkennendes Subjekt; *parapramātṛ*: das höchste und einzige Subjekt, Gott (Śiva).
prameya: das zu erkennende Objekt.
prāṇa: Atem, vitale Energie; Ausatmen als eine der fünf Funktionen der Atemenergie.
prāṇāyāma: Atemdisziplin des Yoga.
prasāda: Gnade.
pratibhā: Erleuchtung, Inspiration, Intuition, sowohl im Bereich der künstlerischen Kreativität wie im Bereich der mystischen Erfahrung.
pratibimba: Spiegelung, Reflexion der ganzen Wirklichkeit im göttlichen Bewusstsein.

Pratyabhijñā: »Wiedererkennen«, Lehre von der Erkenntnis Gottes als Wiedererkennen des eigenen, wahren Selbst; Philosophie des kaschmirischen Śivaismus.

pratyāhāra: das Zurückziehen der Sinne von ihren Gegenständen; eine der acht Stufen des Patañjali-Yoga.

pūjā: rituelle Verehrung, meist eines Gottesbildes oder Symbols.

pūrṇa, pūrṇatā: Fülle, Vollkommenheit.

puruṣa: Person, Mensch, Seele.

rasa: Saft, Essenz, Geschmack; Grundstimmung der ästhetischen Erfahrung.

śabda: Wort, Stimme, Laut.

sadguru: der wahre Meister; Gott.

sādhaka: geistig Übender, einer, der sich auf dem spirituellen Weg befindet; im Śivaismus eine besondere Gruppe von Eingeweihten.

sahaja: angeboren, natürlich, der spontane und ursprüngliche Zustand.

sahasrāra: »der tausendblättrige Lotos«; oberstes Zentrum (*cakra*) des subtilen Körpers am Scheitel.

sahṛdaya: wörtl. »mit Herz«; empfindsamer, ästhetischer Kenner, auch ein für die mystische Erfahrung Empfänglicher.

Śaiva Siddhānta: Schule des Śivaismus, die heute vor allem in Südindien lebendig ist.

śākta (upāya): Weg der Energie; einer der vier Heilswege.

Śakti: Energie, Kraft, göttliche Dynamis, die schöpferisch und zerstörerisch wirkt; Śivas weiblich vorgestellte Energie, die mit ihm eins ist. Die drei Hauptenergien Śivas sind *icchā* (Wille), *jñāna* (Erkenntnis) und *kriyā* (Tätigkeit).

śaktipāta: wörtlich »die Herabkunft der göttlichen Energie«, Gnade.

samādhi: Versenkung, Absorption (in das Absolute); höchste Stufe des Yoga.

samāna: ausgleichender Atem; eine der fünf Atemfunktionen.

samatā: Gleichheit, Harmonie, Ausgeglichenheit in allen Zuständen; höchstes Ziel des śivaitischen Yoga.

samāveśa: vollkommenes Eindringen (in Gott), Vereinigung, Absorption, Versenkung.

samayin: Novize, Eingeweihter der ersten Stufe der śivaitischen Initiation.

śāmbhava (upāya): der göttliche Weg (abgeleitet von Śambhu, einem Namen Śivas), einer der vier Heilswege (*upāya*).

śāmbhavī-mudrā: die göttliche Haltung, mystischer Zustand.

Śambhu: »der Heilbringende, Gütige«; Name Śivas.

saṃhāra: Auflösung, Absorption, Vernichtung der Welt am Ende einer Weltzeit; eine der fünf Tätigkeiten Śivas.

Saṃhitā: »Sammlung«; Bezeichnung einer Gruppe geoffenbarter Texte (vedisch oder viṣṇuitisch).

saṃsāra: Welt der Wiedergeburt, der Gebundenheit und des Leides.

saṃvit: reines Bewusstsein, Geist, Geistigkeit.

Śaṅkara: »der Heilbringer, Friedenspender«; Name Śivas.

śānti: Friede.

sāra: Essenz, Auszug, kurze Darstellung.

sarvaṃ sarvātmakam: »alles ist von der Natur von allem«, Lehre von der Ganzheit und dem inneren Zusammenhang aller Dinge.

Śāstra: heilige Schrift, Lehrtext.

sattarka: wahre Überlegung, wahre Einsicht in die Natur der Wirklichkeit.

siddha: Vollkommener, ein Yogi, der übernatürliche Fähigkeiten erlangt hat, śivaitischer Heiliger.

Śiva: der Gnädige, Gütige; Name Gottes.

Śivādvayavāda, Śivādvaita: nichtdualistische śivaitische Lehre, der zufolge Gott (Śiva) und Seele (*aṇu*) nicht zwei sind, wird oft als Monismus übersetzt.

śivatva: »das Śiva-Sein«; Zustand der Einheit mit Śiva, Göttlichkeit.

spanda/Spanda: Schwingung, Vibration; Lehre von der kosmischen Schwingung und der göttlichen Dynamik; eine der Schulen des kaschmirischen Śivaismus.

sphurattā: Leuchten, Sprühen, Vibrieren; lebendiger Akt der Erkenntnis.

srotas: Quelle, Strom; auf die Offenbarung der Āgamas bezogen »Quelle der Überlieferung«, die aus den fünf Gesichtern Śivas entspringt.

sṛṣṭi: Schöpfung, Emanation (der Welt); eine der fünf Tätigkeiten Śivas.

Śruti: »das Gehörte«; die Offenbarung des Veda.

sthānaprakalpanā: Konzentration auf bestimmte Orte oder Zentren im subtilen Körper oder außerhalb; eine Methode des individuellen Weges.

sthiti: Erhaltung (der Welt); eine der fünf Tätigkeiten Śivas.

sthūla: materiell, grobstofflich.

Stotra: Hymne, Lobpreis.

śuddhavidyā: die Reine Weisheit; eines der höheren Prinzipien in der Hierarchie der 36 Prinzipien, das jenseits von *māyā* liegt.

sūkṣma: subtil, feinstofflich.

Sūtra: »Faden«; kurzer Text in Form von Aphorismen oder Leitfaden; alle philosophischen Schulen haben ihre eigenen Grundtexte in der Form von Sūtren (z. B. *Yoga-Sūtra*, *Brahma-Sūtra*, *Śiva-Sūtra*).

svabhāva: Eigenwesen, Natur.

svarūpa: eigenes Wesen, eigene Natur, wahres Sein; *svasvarūpa*: Selbstidentität, das eigenste, innere Wesen jedes Menschen, das göttlich ist.

svarūpa-lābha: das Erlangen der eigenen Natur; Ziel des geistigen Weges.

svātantrya: Freiheit, Unabhängigkeit, absolute göttliche Autonomie.

Svātantryavāda: Lehre von der absoluten Freiheit; Bezeichnung für den kaschmirischen Śivaismus.

tālu: Gaumen, Kehle; eines der Zentren (*cakra*) des subtilen Körpers.

Tantra: Name von heiligen Texten, Bezeichnung einer religiösen Tradition.

tarka: Überlegung, Vernunft, Reflexion über die wahre Natur; ein Glied des śivaitischen Yoga.

tattva: Prinzip, Kategorie der Wirklichkeit; im Śivaismus besteht die Hierarchie der Prinzipien aus 36 *tattvas*, von Śiva bis zur Erde.

tirodhāna: Verhüllung, Verbergen der göttlichen Wirklichkeit; eine der fünf Tätigkeiten Śivas.

Trika: Trinität, Dreiheit, bestehend aus Śiva (Gott), Śakti (Energie) und Nara (Mensch, geschaffene Wirklichkeit); Bezeichnung einer philosophisch-mystischen Schule des Śivaismus.

triśūla: Dreizack; Emblem Śivas, Symbol für die Dreiheit oder Trinität (die drei Energien).

turya: der »Vierte«, Zustand, der die drei Zustände des Wachens, Traumes und Tiefschlafs transzendiert.

turyātīta: der »den Vierten transzendierende Zustand«, das transzendente Bewusstsein, das alle Zustände durchdringt.

tvam: du.

uccāra: Aufsteigen und Ausstoßen des Atems; Aussprechen, Rezitation (von Mantras).

udāna: der aufsteigende Atem; eine der fünf Atemfunktionen.

udbhava: Erhebung; eines der fünf ›Zeichen‹ des yogischen Weges.

udita: aufgegangen, erweckt, offenbar.

unmeṣa: Erwachen, das Öffnen der Augen, die Manifestation der Welt, das Entfalten des Bewusstseins.

upāya: Weg, Mittel, Methode, Heilsweg.

upeya: das zu erlangende Ziel.

ūrmi: »Welle«; Schwingung der Energie (vgl. *spanda*); symbolisiert durch den Vokal *ū*.

utsava: Fest.

vāc: das Wort, die Rede, die Sprache, der Logos; als Göttin personifiziert. Im Śivaismus gibt es vier Stufen der Manifestation des Wortes: *parā*, *paśyantī*, *madhyamā*, *vaikharī*.

vaikharī: das ausgesprochene Wort; die letzte der vier Stufen des Wortes (*vāc*).

vairāgya: Loslösung, Verzicht, Leidenschaftslosigkeit.

varṇa: Laut, Phonem.

vāsanā: unterbewusste psychische Eindrücke, aus denen die Triebe entspringen.

vidyā: Weisheit, Erkenntnis, Wissen.

vikalpa: Vorstellung, Gedanken, Zweifel, das Denken in seinem unruhigen, zerstreuenden Aspekt ohne Basis in der wahren Erkenntnis.

vimarśa: Selbsterkennen (des Absoluten), Reflexion (des Geistlichtes), dynamisches Selbstbewusstsein; identifiziert mit der göttlichen Energie (Śakti).

visarga: Schöpfung, Emission; in der Sanskrit-Grammatik der Nachhauch am Ende eines Wortes, dargestellt durch zwei vertikale Punkte (:).

vismaya: Staunen; die Überraschung über das Wunder der mystischen Erfahrung.

Viṣṇuismus: Religion, deren höchster Gott Viṣṇu ist.

viśrānti: Ruhe, Frieden.

viśvamaya: die immanente Wirklichkeit Gottes, der in alles eingeht und alles durchdringt.

viśvarūpa: »der Allgestaltige«; die kosmische Form Gottes.

vrata: Gelübde.

vyāna: eine der fünf Atemfunktionen: der den Körper durchdringende Atem.

yama: Disziplinen des Yoga; die erste Stufe des Patañjali-Yoga: Gewaltlosigkeit, Wahrhaftigkeit, Nichtstehlen, Keuschheit und Nicht-Besitz-Ergreifen.

yantra: sakrales Diagramm, symbolische geometrische Figur, die als Grundlage für Ritual und Meditation dient.

Yoga: spirituelle Praxis, geistige Übung; bestimmte Methoden wie Sitzhaltung (*āsana*), Atemkontrolle (*prāṇāyāma*) usw.

Yogī, Yogin: der geistig Übende; oder der im Yoga Vollkommene.

Yoginī: im Yoga Vollkommene, Heilige; weibliche Entsprechung zum *siddha*.

yoni: Schoß, Ursprung, Matrix; in der Sprachsymbolik Bezeichnung für die Konsonanten.

ABKÜRZUNGEN

BhG	*Bhagavad Gītā*
ĪPVV	*Īśvarapratyabhijñā Vivṛti Vimarśinī*
KSTS	Kashmir Series of Texts and Studies
MVT	*Mālinīvijayottara Tantra*
PTV	*Parātrīśikā-Vivaraṇa*
TĀ	*Tantrāloka*
TS	*Tantrasāra*

LITERATURVERZEICHNIS

1. Abhinavagupta

a) Sanskrit-Quellen

Die Hymnen wurden dem Appendix zu K. C. Pandeys Werk *Abhinavagupta* (siehe unten unter c]) entnommen.

Bhagavadgītārthasaṃgraha by Abhinavagupta, hg. von Laksmana Raina, KSTS, Srinagara 1933.

Śrīmad Bhagavad Gītā with Commentary by Rājānaka Abhinava Gupta, edited with notes by Pandit Lakshman Raina (= Swami Lakshman Joo), Srinagara 1933 *(Sanskrittext mit kurzer englischer Einleitung)*.

The Dhvanyāloka of Śrī Ānandavardhanāchārya with the Lochana and Bālapriyā Commentaries, hg. von Pattābhirāma Śāstrī, Kashi Sanskrit Series 135, Alankāra Section No. 5, Benares 1940.

Īśvarapratyabhijñā Kārikā by Utpaladeva with Vimarśinī by Abhinavagupta, 2 Bde., KSTS, Srinagara 1918-1921.

Īśvarapratyabhijñāsūtravimarśinī of Abhinavagupta. Bhāskarī, a Commentary on the Īśvarapratyabhijñāvimarśinī, hg. von K. A. Subramanya Iyer und K. C. Pandey, Bd. 1-2, The Princess of Wales Sarasvati Bhavana Text Nos. 70 and 83, Allahabad 1938-1950.

Abhinavagupta, *Īśvarapratyabhijñāvivṛtivimarśinī*, hg. von M. K. Shastri, 3 Bde., KSTS, Bombay 1938-1943.

Abhinavagupta, *Paramārthasāra with vivṛti by Yogarāja*, hg. von Jagadish Chandra Chatterji, KSTS 7, Srinagara 1916 *(Sanskrittext)*.

Mālinīvijaya Vārttikam of Abhinavagupta, edited with notes by Madhusudan Kaul Shastri, KSTS 31, Srinagara 1921 *(Sanskrittext)*.

Nāṭyaśāstra of Bharatamuni with the Commentary Abhinavabhāratī by Abhinavaguptācārya ([1]1926). Revised and critically edited by K. Krishnamoorthy, Vadodara [4]1992.

The Parā Triṃshikā (Parātrīśikā Vivaraṇa). With Commentary. The Latter by Abhinavagupta, hg. von M. R. Shastri, KSTS 18, Bombay 1918.

The Parātrīśikā Laghuvṛtti by Abhinavagupta, hg. von Jagaddhara Zādoo, KSTS 68, Srinagara 1947.

The Tantrāloka with Commentary by Rājānaka Jayaratha, 12 Bde., KSTS, Srinagara 1918-1938.

The Tantrasāra of Abhinavagupta, edited with notes by Mukund Rām Shastrī (Mukundarāma śāstrin), KSTS 17, Srinagara 1918.

b) Texte und Übersetzungen

Ins Englische:

The Dhvanyāloka *of Ānandavardhana with the* Locana *of Abhinavagupta*, übers. von Daniel H. H. Ingalls, Jeffrey Moussaieff Masson, M. V. Patwardhan, hg. von D. H. H. Ingalls, Cambridge/Mass. und London 1990.

Bhāskarī, Bd. 3: *An English Translation of The Īśvara Pratyabhijñā Vimarśinī in the Light of the Bhāskarī with an Outline of History of Śaiva Philosophy*, by K. C. Pandey, The Princess of Wales Saraswati Bhavana Texts 84, Lucknow 1954.

Abhinavagupta, *Parātrīśikā Vivaraṇa. The Secret of Tantric Mysticism*, übers. von Jaideva Singh, Sanskrit Text hg. von Swami Lakshmanjee, hg. von Bettina Bäumer, Delhi 1988.

An Introduction to Tantric Philosophy. The Paramārthasāra of Abhinavagupta with the Commentary of Yogarāja, übers. von Lyne Bansat Boudon und Kamaleshadatta Tripathi, Introduction, notes, critically revised Sanskrit text, appendix, indices by Lyne Bansat Boudon *(englische Übersetzung und Sanskrittext)*.

Essence of the Exact Reality, or, Paramārthasāra by Abhinavagupta, hg. von Balajinnatha Pandit, New Delhi 1991 *(Sanskrittext, englische Übersetzung und Kommentar)*.

Tantrasāra of Abhinavagupta. Translation from Sanskrit and Introduction by H. N. Chakravarty, hg. von Boris Marjanovic, Portland 2012.

Ins Deutsche:

Ānandavardhana's Dhvanyāloka (1902/1903), Nachdruck in: Hermann Jacobi, *Schriften zur indischen Poetik und Ästhetik*, Darmstadt 1969, S. 21-161.

Ins Französische:

Abhinavagupta, *La lumière sur les Tantras. Chapitres 1 à 5 du Tantrāloka*, Publications de L'Institut de Civilisation Indienne, Série in 8, Fasc. 66, übers. und kommentiert von Lilian Silburn und André Padoux, Paris 1998 *(französische Übersetzung der Kap. 1-5, mit Auszügen aus dem Kommentar von Jayaratha)*.

La Parātrīśikālaghuvṛtti de Abhinavagupta. Texte traduit et annoté par André Padoux, Paris 1975 *(Sanskrittext, französische Übersetzung).*

Hymnes des Abhinavagupta. Traduits et commentés par Lilian Silburn, Paris 1970 (abgekürzt: *Hymnes*).

Le Paramārthasāra de Abhinavagupta. Traduction et introduction par Lilian Silburn, Paris 1979 *(Sanskrittext, französische Übersetzung und Kommentar).*

Ins Italienische:

Luce delle Sacre Scritture (Tantrāloka) di Abhinavagupta. A cura di Raniero Gnoli, Turin 1972.

Essenza dei Tantra (Tantrasāra). Prefazione, traduzione e commento di Raniero Gnoli, Turin 1960.

La Trentina della Suprema (Parātrīśikālaghuvṛtti). Introduzione, traduzione e note di Raniero Gnoli, Turin 1965.

Il Commento di Abhinavagupta alla Parātrīśikā (Parātrīśikātattvavivaraṇam). Traduzione e testo a cura di Raniero Gnoli, Serie Orientale Roma LVIII, Rom 1985 *(Sanskrittext, italienische Übersetzung).*

Ins Hindi:

Tantrasāra by Abhinavaguptacharya, übers. von Hemendranāth Chakravarty, Varanasi 1986.

Paramārthasāra, mit Hindiübersetzung hg. von Prabha Devi, Srinagara 1971.

c) Studien

Bäumer, Bettina: *Abhinavagupta's Hermeneutics of the Absolute* Anuttaraprakriyā. *An Interpretation of his* Parātrīśikā Vivaraṇa, New Delhi 2011, [2]2020.

Bäumer, Bettina Sharada: »Die Unvermitteltheit der höchsten Erfahrung bei Abhinavagupta«, in: Gerhard Oberhammer (Hg.): *Transzendenzerfahrung, Vollzugshorizont des Heils*, Sammlung De Nobili, Wien 1978, S. 61-79.

Barnett, L. D.: »The Paramārthasāra of Abhinavagupta«, in: Journal of the Royal Asiatic Society of Great Britain and Ireland, London 1910, S. 707-747 *(erste englische Übersetzung).*

Dupuche, John R.: *Abhinavagupta: The Kula Ritual as Elaborated in Chapter 29 of the Tantrāloka*, Delhi 2003 *(Dissertation Universität Melbourne).*

Gnoli, Raniero: *The Aesthetic Experience According to Abhinavagupta*, Chowkhamba Sanskrit Studies LXII, Rom 1956; 2., revidierte

und erweiterte Auflage 1968 (*klassische Studie zur RasaTheorie Abhinavaguptas, einschließlich des Sanskrittextes und Übersetzung eines Teils des Kommentars zum* Nāṭyaśāstra*)*.
Hanneder, Jürgen: *Abhinavagupta's Philosophy of Revelation. An Edition and Annotated Translation of Mālinīślokavārttika I,1-399*, Groningen Oriental Studies 14, Groningen 1998.
Padoux, André, und Meera Rastogi (Hg.): *Abhinavā. Perspectives on Abhinavagupta. Studies in Memory of K. C. Pandey on His Centenary*, New Delhi 2013 *(Gedenkband für den bedeutenden Experten für die ästhetische Theorie Abhinavaguptas, mit Beiträgen über ihn, kaschmirischer Śivaismus und die Ästhetik von Abhinavagupta, mit Beiträgen westlicher und indischer AutorInnen)*.
Pandey, Kanti Chandra: *Abhinavagupta. An Historical and Philosophical Study*, 2nd rev. and enlarged edition, Varanasi 1963 *(nach wie vor einzige umfassende Monographie zu Leben und Werk von Abhinavagupta)*.
Poggi, Colette: *Les Œuvres de vie selon Maître Eckhart et Abhinavagupta*, Paris 2000.
Raghavan, Venkatarama: *Abhinavagupta and His Works*, Chaukhambha Oriental Research Studies 20, Varanasi 1981.
Rastogi, Navjivan: *Introduction to the Tantrāloka. A Study in Structure*, Delhi 1967.
Abhinavagupta, *The Short Gloss on the Supreme, the Queen of the Three (Parātrīśikālaghuvṛtti)*, in: Paul Eduardo Muller Ortega, *The Triadic Heart of Śiva. Kaula Tantricism of Abhinavagupta in the Non-Dual Shaivism of Kashmir*, Albany 1989, Appendix, S. 203-232 *(englische Übersetzung)*.

2. Śivaismus von Kaschmir

a) Sanskrit-Quellen

Gurunāthaparāmarśa by Madhurāja, hg. von Prithvi N. Pushp, KSTS 85, Srinagara 1960.
Mahārthamañjarī of Maheśvarānanda with his Parimala, hg. von Mukunda-Rāma Shastri, KSTS 11, Bombay 1918 *(Sanskrittext)*; Neuausgabe (hg. von Vrajavallabha Dvivedi), Varanasi 1972.
The Mālinīvijayottara Tantram, hg. von Madhusudan Kaul Shastri, KSTS 37, Bombay 1922.
Netra Tantra with Commentary by Kṣemarāja, hg. von Madhusudan Kaul Shastri, Bombay, Bd. 1, KSTS 46, 1926; Bd. 2, KSTS 61, 1939;

Neuausgabe: *Netratantram with Commentary Uddyota by Kṣemarāja*, hg. von Vrajavallabha Dvivedi, Delhi 1985.

Pañcastavī. Five Hymns to the Goddess, in Three Parts with Sanskrit Commentary by Hara Bhaṭṭa Śāstrī, hg. von Dinanātha Yaksa, Teil 1, KSTS 90, 1963; Teil 2, KSTS 92, 1962; Teil 3, KSTS 87, 1960.

Siddhitrayī and the Pratyabhijñā Karika Vritti of Rajanaka Utpaladeva. Edited with notes by Madhususan Kaul Shastri, KSTS 34, Srinagara 1921.

Spanda Kārikā, hg. von Jagadish Chandra Chatterji, KSTS 4 und 5, Srinagara 1916.

Spandanirṇaya of Kṣemarāja, hg. von Madhusudan Kaul Shastri, KSTS 25, Bombay 1925.

Somānanda: *The Śivadṛṣṭi, with the Vṛtti by Utpaladeva*, hg. von Madhusudan Kaul Shastri, KSTS 54, Srinagara 1934; Nachdruck: Delhi 1991.

Stava Chintāmaṇi of Bhāṭṭa Nārāyaṇa with Commentary by Kṣemarāja. Edited with notes by Mukunda Rama Shastri, KSTS 10, Srinagara 1918 *(Sanskrittext)*.

Svacchanda Tantra with Commentary by Kṣemarāja, hg. von Mukunda Rama Shastri, KSTS 31, 38, 44, 48, 51, 53, 56, Bombay 1921-1935; Neuausgabe: *The Svacchandatantram with Commentary Udyota by Kṣemarājācārya*, hg. von Vrajavallabha Dvivedi, Parimal Sanskrit Series 16, Delhi 1985.

Śivasūtra of Vasugupta, with Śivasūtravimarśinī by Kṣemarāja, hg. von Jagadish Chandra Chatterji, KSTS 1, Srinagara 1911.

Vātūlanāthasūtra, with Anantaśaktipāda's Vṛtti, KSTS 29, Bombay 1923.

The Vijñāna Bhairava with Commentary partly by Kṣemarāja and partly by Śivopadhyāya, hg. von Mukunda Rama Shastri, KSTS 8, Bombay 1918 *(Sanskrittext)*.

Yoginīhṛdayam, with Dīpikā, hg. von Vrajavallabha Dvivedi, Delhi 1988.

b) Texte und Übersetzungen

Frauwallner, Erich: Aus den »Merkversen über das Wiedererkennen« (Pratyabhijñākārikāḥ), in: Erich Frauwallner: *Aus der Philosophie der śivaitischen Systeme*, Berlin 1962, S. 33-43 *(deutsche Übersetzung von 96 Versen aus Kapitel 1 und 2)*.

Pratyabhijñākārikā of Utpaladeva, Parts I-II, übers. von R.K. Kaw, Vishveshvaranand Institute Series No. 40, Hoshiarpur 1967 *(englische Übersetzung)*.

Mahārthamañjarī of Maheśvarānanda with his Parimala, hg. von Mukunda-

Rāma Shastri, KSTS 11, Bombay 1918 *(Sanskrittext)*; Neuausgabe (hg. von Vrajavallabha Dvivedi), Varanasi 1972.

La Mahārthamañjarī de Maheśvarānanda avec des Extraits du Parimala. Traduction et introduction par Lilian Silburn, Publications de l'Institut de Civilisation Indienne Série IN 8, Fasc. 29, Paris 1968 *(ausführliche Einleitung, Sanskrittext, franz. Übersetzung).*

Vasudeva, Somadeva: *The Yoga of the Mālinīvijayottaratantra. Chapters 1-4, 4-17.* Critical Edition, Translation and Notes, Collection Indologie 97, Pondicherry 2004.

Pañcastavī (The Pentad of Hymns of Kuṇḍalinīyoga). English translation with explanatory notes by Jankinath Kaul »Kamal«, Crest Jewel Series 3, Srinagara 1996.

Kṣemarāja, *Pratyabhijñāhṛdayam. The Secret of Self Recognition*, hg. und übers. von Jaideva Singh, Delhi 1963, [4]1982 *(Sanskrittext, englische Übersetzung und Kommentar).*

Hanneder, Jürgen: »Pratyabhijñāhrdayaṃ. Textedition und Übersetzung« *(unveröffentlichte Magisterarbeit, Universität Bonn 1992).*

Spanda Kārikās. The Divine Creative Pulsation, hg. und übers. von Jaideva Singh, Delhi 1980 *(Sanskrittext, englische Übersetzung und Kommentar, einschließlich Kommentar »Spandanirṇaya« von Kṣemarāja).*

Dyczkowski, Mark S. G.: *The Stanzas on Vibration. The Spandakārikā with Four Commentaries*, SUNY Series in the Shaiva Traditions of Kashmir, Albany 1992; indische Ausgabe: Varanasi 1994 *(Sanskrittext, englische Übersetzung).*

Silburn, Lilian: *Spandakārikā. Stances sur la vibration de Vasugupta et leurs gloses*, Paris 1990 *(Sanskrittext, französische Übersetzung und Kommentar, einschließlich der Kommentare).*

Gnoli, Raniero: »Sivadṛṣṭi by Somānanda«, East and West 8 (1957), S. 16-22 *(englische Übersetzung von Kap. 1, Vers 1-49).*

Gnoli, Raniero: »Vāc. Il secondo capitolo della Śivadṛṣṭi di Somānanda«, Rivista degli Studi Orientali 34 (1959), S. 55-75 *(italienische Übersetzung des zweiten Kapitels).*

Nemec, John: *The Ubiquitous Siva. Śiva: Somānanda's Śivadṛṣṭi and His Tantric Interlocutors*, New York 2011.

Utpaladevācārya: *The Śivastotrāvalī of Utpaladevā. With the Sanskrit Commentary of Kṣemarāja*, edited with Hindi Commentary by Rājānaka Lakṣmaṇa (Swami Lakshmana Joo), Vārāṇasī 1964, [2]2008.

Bailly, Constantina Rhodes: *Shaiva Devotional Songs of Kashmir. A Translation and Study of Utpaladeva's Shivastotravali*, SUNY Series in the Shaiva Traditions of Kashmir, Albany 1987 *(Sanskrittext, englische Übersetzung).*

Utpaladeva: *Shivastotrāvalī. Les Hymnes de Louange à Shiva*, übers. von Roseline E. Bonnet, Paris 1989 *(französische Übersetzung)*.

ŚivaSūtras. The Yoga of Supreme Identity. Text of the Sūtras and the Commentary Vimarśinī of Kṣemarāja, hg. und übers. von Jaideva Singh, Delhi 1979 *(Sanskrittext, englische Übersetzung und Kommentar)*.

Lakshmanjoo, Swami: *Śhiva Sūtras. The Supreme Awakening. With the Commentary of Kshemaraja*, hg. von John Hughes, Culver City 2002 *(Sanskrittext der Sūtras, Transkription von englischsprachigen Vorträgen von Swami Lakshman Joo zu den Sūtras; Sanskrittext des Kommentars von Kṣemarāja)*.

Silburn, Lilian: *Śivasūtra et Vimarśinī de Kṣemarāja*, Paris 1980 *(Sanskrittext, französische Übersetzung und Kommentar)*.

Vasugupta: *Śivasūtra con il Commento di Kṣemarāja.*Traduzione dal sanscrito, introduzione e note di Raffaele Torella, Rom 1979 *(Sanskrit text, italienische Übersetzung)*.

La Bhakti. Le Stavacintāmaṇi de Bhaṭṭanārāyaṇa, traduit et commenté par Lilian Silburn, Paris 1964 *(Sanskrittext, französische Übersetzung, Kommentar)*.

Stavacintāmaṇi, hg. und übers. von Ram Shankar Singh, Delhi 2000 *(Sanskrittext, Übersetzung in Englisch und Hindi)*.

Vātūlanāthasūtra avec le Commentaire d'Anantaśaktipāda, übers. von Lilian Silburn, Paris 1959 *(Sanskrittext, französische Übersetzung)*.

Vātūlanātha Sūtra with an Exposition of Aphorisms in English by Svāmī Lakṣmaṇa Joo Mahārāj, hg. von N. K. Gurtoo und M. L. Kukiloo, Srinagara 1996 *(Sanskrittext, englische Erklärung)*.

Bäumer, Bettina: *Vijñāna Bhairava – Das göttliche Bewußtsein. 112 Weisen der mystischen Erfahrung im Śivaismus von Kashmir*, Berlin [6]2021 *(Sanskrittext, deutsche Übersetzung und Kommentar)*.

Vijñāna Bhairava or Divine Consciousness. Sanskrit Text with English Translation etc. by Jaideva Singh, Delhi 1979.

Le Vijñāna Bhairava. Texte traduit et commenté par Lilian Silburn, Paris 1983.

Lakshman Joo, Swami: *Vijñāna Bhairava. The Practice of Centring Awareness*, Varanasi 2002 *(Sanskrittext, englische Übersetzung, Kommentar in Englisch)*.

Vijñānabhairava. La conoscenza del Tremendo. Traduzione e commento di Attilia Sironi (Einführung: R. Gnoli), Piccola Biblioteca 237, Mailand 1989.

Padoux, André: *Le Cœur de la Yoginī, Yoginīhṛdaya avec le commentaire Dīpikā d'Amṛtānanda*, Paris 1994 *(Sanskrittext, französische Übersetzung, englischsprachige Einleitung)*.

c) Studien (Monographien)

Alper, Harvey P. (Hg.): *Mantra*, SUNY Series in Religious Studies, Albany 1989.

Bäumer, Bettina, und Hamsa Stainton (Hg.): *Tantrapuṣpāñjali. Tantric Traditions and Philosophy of Kashmir. Studies in Memory of Pandit H. N. Chakravarty*, New Delhi 2018 *(Sammelband zum Gedenken an den bedeutenden śivaitischen Pandit in Varanasi und Schüler von M. M. Gopinath Kaviraj, mit Beiträgen führender Experten für den Trika-Śivaismus und von Schülern H. N. Chakravartys).*

Bäumer, Bettina Sharada: *The Yoga of Netra Tantra. Third Eye and Overcoming Death*, hg. von Shivam Srivastava, New Delhi 2019, [2]2020 *(Einleitung, Interpretation und Übersetzung der Kapitel 1, 7 und 8 mit dem Kommentar von Kṣemarāja).*

Bäumer, Bettina: *Trika. Grundthemen des kaschmirischen Śivaismus*, hg. und übersetzt von Ernst Fürlinger, Salzburger Theologische Studien 21, Interkulturell 1, Innsbruck und Wien 2003, [5]2021.

Chatterji, Jagadish Chandra: *Kashmir Shaivism* (Erstauflage: KSTS 2, Srinagara 1914), Delhi 1987 *(prägte die moderne Bezeichnung für das System; rezeptionsgeschichtlich wichtig, vom Informationsstand her veraltet und fehlerhaft).*

Das, Sadananda, und Ernst Fürlinger (Hg.): *Sāmarasya. Studies in Indian Arts, Philosophy, and Interreligious Dialogue in Honour of Bettina Bäumer*, New Delhi 2005.

Dyczkowski, Mark S. G.: *The Doctrine of Vibration. An Analysis of the Doctrines and Practices of Kashmir Shaivism*, Albany 1987 *(Analyse der Spanda-Schule des kaschmirischen Śivaismus).*

Dyczkowski, Mark S. G.: *The Canon of the Śaivāgama and the Kubjikā Tantras of the Western Kaula Tradition*, New York 1988.

Flood, Gavin: *Body and Cosmology in Kashmir Śaivism*, San Francisco 1993.

Flood, Gavin: *The Tantric Body: The Secret Tradition of Hindu Religion.* London 2006.

Fürlinger, Ernst: *Verstehen durch Berühren. Interreligiöse Hermeneutik am Beispiel des nichtdualistischen Śivaismus von Kaschmir*, Salzburger Theologische Studien 29, interkulturell 4, Innsbruck und Wien 2006.

Goudriaan, Teun, und Sanjukta Gupta: *Hindu Tantric and Śākta Literature*, Wiesbaden 1981 *(erste wissenschaftliche Übersicht zur hinduistisch-tantrischen Literatur von westlichen Forschern).*

Goudriaan, Teun, Sanjukta Gupta und Dirk Jan Hoens: *Hindu Tan-*

trism, Handbuch der Orientalistik, hg. von B. Spuler, Abt. 2: Indien, hg. von J. Gonda, Bd. 4: Religionen, Abschnitt 2, Leiden und Köln 1979 *(Standardwerk zum hinduistischen Tantrismus allgemein).*

Harper, Katherine Anne, und Robert L. Brown (Hg.): *The Roots of Tantra*, SUNY Series in Tantric Studies, Albany 2002 *(Sammlung von Beiträgen vor allem zur Geschichte und Entwicklung des hinduistischen Tantrismus).*

Kak Odin, Jaishree: *To the Other Shore. Lalla's Life and Poetry*, New Delhi 1999 *(erste Darstellung von Leben und Werk der kaschmirischen Mystikerin Lal Ded im 14. Jahrhundert aus feministischer und sozialgeschichtlicher Sicht).*

Kaul, Advaitavadini: *Buddhist Savants of Kashmir – Their Contribution Abroad*, Srinagara 1987.

Kaul, Jankinath Kamal (Hg.): *The Awakening of Supreme Consciousness* (Original *Pazar Pazarāvun*, in Kaschmiri). *Lectures of Swami Lakshman Joo*, Jammu und Delhi 1998 *(Transkription und Übersetzung von sieben Vorträgen von Swami Lakshman Joo zu Fragen der äußeren und inneren spirituellen Disziplin, ergänzt durch weitere Texte und Vorträge, unter anderem einen wichtigen zu Kuṇḍalinī).*

Kumar, Sarla, und Bettina Bäumer (Hg.): *Samvidullāsaḥ. Manifestation of Divine Consciousness. Swami Lakshman Joo, Saint Scholar of Kashmir Śaivism*, New Delhi 2007.

Lakshman Jee, Swami: *Kashmir Śaivisṃ. The Secret Supreme*, Delhi 1991 (1. Aufl. Srinagara 1985) *(Aufzeichnung einer Reihe von englischsprachigen Einführungen in die Tradition).*

Lakshman Ji, Śaivācārya Svāmī: *Trikaśāstra Rahasya Prakriyā*, Delhi 1994 *(Einführung in die* upāyas, *in Hindi).*

Lawrence, David Peter: *Rediscovering God with Transcendental Argument. A Contemporary Interpretation of Monistic Kashmiri Śaiva Philosophy*, SUNY Series: Toward a comparative philosophy of religions, Albany 1999.

Mayer-König, Birgit: *Die Gleichheit in der Unterschiedenheit. Eine Lehre des monistischen Śivaismus, untersucht anhand des fünften Kapitels der Śivadṛṣṭi des Somānanda Nātha*, Frankfurt/Main u. a. 1996.

Mishra, Kamalakar: *Kashmir Śaivisṃ – The Central Philosophy of Tantrism* (1993), Delhi 1999.

Muller Ortega, Paul Eduardo: *The Triadic Heart of Śiva, Kaula Tantricism of Abhinavagupta in the Non Dual Shaivism of Kashmir*, Albany 1989 *(Studie zum bei Abhinvagupta zentralen Symbol des »Herzens«, vor allem auf Basis von* Parātriśikā Laghuvṛtti; *der Anhang enthält die erste englische Übersetzung des kurzen Textes).*

Padoux, André: *Vāc. The Concept of the Word in Selected Hindu Tantras*, übersetzt von Jacques Gontier, Albany 1990 *(erste systematische, tiefgehende Studie zur philosophischen und spirituellen Bedeutung des »Wortes« im nichtdualistischen Śivaismus von Kaschmir; eine der wichtigsten Studien zu dieser Tradition und zum hinduistischen Tantrismus überhaupt)*.

Padoux, André: *The Hindu Tantric World: An Overview*, Chicago und London 2017 *(Übersetzung eines der letzten Werke von Padoux' »Comprendre le tantrisme«, Paris 2010)*.

Rastogi, Navjivan: *The Krama Tantricism of Kashmir. Historical and General Sources*, Bd. 1, Delhi 1979.

Sanderson, Alexis: »Śaivism and the Tantric Traditions«, in: *The World's Religions*, hg. von Stewart Sutherland u. a., London 1988, S. 660-704 *(Überblicksartikel des führenden Experten vor allem für die historischen Beziehungen zwischen den einzelnen Schulen des kaschmirischen Śivaismus)*.

Sanderson, Alexis: »The Śaiva Exegesis of Kashmir«, in: *Mélanges tantriques à la mémoire d'Hélène Brunner / Tantric Studies in Memory of Hélène Brunner*, hg. von Dominic Goodall und André Padoux, Pondicherry 2007, S. 231-442, 551-582.

Sanderson, Alexis: »The Śaiva Age. The Rise and Dominance of Śaivism during the Early Medieval Period«, in: Shingo Einoo (Hg.), *Genesis and Development of Tantrism*, Tokyo 2009, S. 41-350.

Sen Sharma: *Deba Brata. Studies in Tantra Yoga*, Karnal 1985.

Sen Sharma: *The Philosophy of Sādhanā. With Special Reference to the Trika Philosophy of Kashmir*, SUNY Series in Tantric Studies, Albany 1990.

Silburn, Lilian: *Hymnes aux Kālī. La roue des energies divines*, Paris 1975.

Silburn, Lilian: *Kuṇḍalinī. The Energy of the Depths. A Comprehensive Study Based on the Scriptures of Nondualistic Kashmir Śaivism* (franz. Original: Paris 1983), Albany 1988 *(detaillierte Darstellung anhand von Quellentexten und lebendiger Tradition in Kaschmir)*.

Torella, Raffaele, und Bettina Bäumer (Hg.): *Utpaladeva, Philosopher of Recognition*, Shimla und New Delhi 2016 *(Veröffentlichung der Beiträge eines internationalen Seminars des IIAS 2010 über den wichtigsten Vertreter der Pratyabhijñā-Schule des kaschmirischen Śivaismus neben Abhinavagupta)*.

White, David Gordon (Hg.): *Tantra In Practice*, Princeton Readings in Religions 8, Princeton 2000 *(Sammlung von Textauszügen in englischer Übersetzung aus dem hinduistischen und buddhistischen Tantrismus, u. a. kaschmirischem Śivaismus)*.

3. Weitere Ressourcen

Website von Bettina Sharada Bäumer: www.utpaladeva.in.

Unterricht von Bettina Sharada Bäumer zu Texten des kaschmirischen Śivaismus (unter anderem *Netra Tantra*, *Vijñāna Bhairava Tantra*, *Śiva Sūtras Spanda Kārikā*) auf Youtube: bit.ly/2z9Y2s3.

https://www.youtube.com/channel/UCljRqClLfROAgwASugyWmUg/featured

BILDNACHWEISE

Die ikonografischen Beispiele von Śiva stammen aus Südindien (Tamil Nadu) und nicht aus Kaschmir, weil dort nur wenig von der śivaitischen Skulptur erhalten ist, doch gehören sie in dieselbe Periode wie Abhinavagupta und seine Schüler. Die südindische Tradition des Śaiva Siddhānta und der kaschmirische Śivaismus des Trika beruhen auf denselben heiligen Schriften der Āgamas und teilen die meisten Grundvorstellungen und daher die Ikonografie. Nur ein Beispiel (Śakti Devī, Abb. 6) entstammt dem Kulturbereich, der Himachal Pradesh mit Kaschmir verbindet (Chamba). Ähnlich sind die Beispiele der Sanskrit-Kalligrafie in der Devanāgarī-Schrift und nicht in der älteren Schrift von Kaschmir, Śāradā; denn auch in Kaschmir wurden Manuskripte in den letzten Jahrhunderten in Devanāgarī geschrieben.

Abb. 1 (S. 45): *triśūla*, der Dreizack als Symbol für Trika.
Abb. 2 (S. 54): Śiva, Chola-Bronze, etwa 12. Jh., Südindien. Mit freundlicher Genehmigung des British Museum, London.
Abb. 3 (S. 93): Yantra mit dem Herz-Mantra *sauḥ* und den sechs Vokalen in den Ecken des Hexagramms.
Abb. 4 (S. 136): Śiva Naṭarāja, der Herr des Tanzes, Chola-Bronze, etwa 11. Jh., Südindien. Mit freundlicher Genehmigung des Metropolitan Museum of Art, New York. Public Domain.
Abb. 5 (S. 201): Maṇḍala des Dreizacks und der Lotosblüten (*triśūlābjamaṇḍala*), das den einen Śiva und die drei Śaktis symbolisiert.
Abb. 6 (S. 218): Śakti Devī, die Göttin, 700 n. Chr., Chamba, Himachal Pradesh. Mit freundlicher Genehmigung von Frau Usha Hamm.

DANK

Dieser Band ist und bleibt Swami Lakshman Joo (1907-1991) in unaussprechlicher Dankbarkeit gewidmet, dem Meister, der das Wissen der Texte (Śāstra) mit der vollkommenen Verwirklichung ihres Inhaltes (Yoga) vereint und mir Anteil an der lebendigen Tradition geschenkt hat. Die eindrucksvolle Rezitation der Hymnen von Utpaladeva und Abhinavagupta in seinem Ashram haben in mir den Wunsch geweckt, sie zu studieren und zu übersetzen. Nach Abschluss des ursprünglichen Manuskripts erreichte mich die Nachricht von seinem Tod am 27. September 1991. Mit ihm ist der letzte große Meister dieser spirituellen Überlieferung von uns gegangen, doch kann dies nicht ihr Ende bedeuten. Der Geist lebt weiter.

Mein tiefer Dank gilt Lilian Silburn, der Vermittlerin der Tradition des Śivaismus von Kaschmir in Europa, die jahrelang bei Swami Lakshman Joo gelernt hat und deren Bücher (siehe Literaturverzeichnis) für mich Einstieg und Anregung waren. Sie hat mir auch immer wieder erlaubt, sie in Paris zu besuchen und einige Fragen zu klären.

Während der Zeit, die ich mich in Kaschmir in der Nähe des Meisters in die Texte und ihre Spiritualität vertiefen durfte (1986-1990), waren mir sein Bruder Nilkanth Raina und dessen Frau Arunditi rührende und diskrete Gastgeber. Ihnen sei hier von Herzen gedankt. Ihr Haus, in dem die ursprüngliche Fassung dieses Buches zu entstehen begann, wurde tragischerweise im Zuge der gegen Hindus gerichteten politischen Unruhen von Terroristen niedergebrannt.

Bei der Aufbereitung dieses Bandes für die Neuauflage bin ich vor allem den folgenden Mitarbeitern dankbar: Herr Dr. Sadananda Das (Universität Leipzig) hat den Sanskrit-Text der Hymnen bereitgestellt, wofür ich ihm herzlich danke. Frau Patricia Obermeier (Universität München) hat das

Literaturverzeichnis bearbeitet und erweitert, ein ganz herzlicher Dank für ihre Zeit und Mühe. Frau Revati Mann (Kuratorin für indische Kunst am Victoria & Albert Museum, London) danke ich für ihre Hilfestellung, was die ikonographischen Abbildungen betrifft. Herr Rahul K. Shaw (Faculty of Fine Arts, Banaras Hindu University) hat freundlicherweise die Yantras gezeichnet.

Mein herzlicher Dank geht auch an Herrn Dr. Claus-Jürgen Thornton, der diese Neuauflage nicht nur angeregt und unterstützt hat, sondern sie mit viel Aufmerksamkeit und Geduld bis zum Erscheinen begleitet hat.

Die Publikationen des Verlags der Weltreligionen werden gefördert durch die

UDO KELLER STIFTUNG
FORUM HUMANUM

In einer Zeit des zunehmenden Zugriffs von Technik und Ökonomie auf das Humanum möchte die Stiftung an die Bedeutung des geistigen und religiösen Erbes der Weltkulturen erinnern. Sie geht davon aus, daß die weitere Entwicklung des Menschen entscheidend davon abhängen wird, ob und wie es gelingt, die reichhaltigen Potentiale dieser Traditionen für die Zukunft fruchtbar zu machen. In diesem Sinne versteht die Stiftung ihr Engagement im Verlag der Weltreligionen.